영국이라는 ___나라

고정애의 영국 편력기

영국이라는＿＿나라

고정애 지음

페이퍼로드
paperroad

　　예전에 토플 공부를 할 때 제게 가장 도움을 준 준비서에는 두 사람의 주인공이 등장하는데 하나는 셜록이고 하나는 왓슨이었습니다. 두 사람이 각각 다른 방법으로 하나의 문제를 풀어가는 방식을 소개하면서 결국 짧은 시간에 점수를 올리려면 셜록의 방식대로 공부하라는 식이었지요. 그런데 점수 따는 데에야 셜록이 낫겠지만, 깊게 이해하는 데에야 왓슨이겠지요. 책 중에 드라마 〈셜록〉의 주인공들과의 인터뷰가 실렸는데 그 제목이 '셜록은 머리, 왓슨은 가슴'입니다. 제 경험 때문인지 눈에 확 들어왔습니다. 잘은 모르겠지만, 영국사회와 그 역사를 이해하는 데에 두 사람의 특성이 다 필요할 것 같습니다. 고정애 기자는 그런 면에서 참 잘 보낸 특파원이었습니다. 브렉시트와 난민사태 등에 대한 취재는 그녀 안에 있던 셜록과 왓슨이 함께 만들어낸 작품들이었습니다. 저는 앵커였지만 동시에 고정애 런던 특파원의 팬이기도 했습니다.

– 손석희

차례

3장. 과거도 말을 한다

4장. 이 정도일까, 싶지만

5장. 웨스트민스터에서

6장. 내가 '만난' 영국인들

바람은 매섭고 간간이 비도 뿌립니다. 전형적 영국의 겨울 날씨입니다. 엘(L) 두 개로 시작하는, 현지인들도 주저하면서 발음하는 지명의 북웨일스 소읍입니다.

여느 마을과 닮은 데가 있습니다. 전쟁 추모시설이 가장 눈에 띄는 곳에 있다는 점에섭니다. 양차 세계대전은 물론 한국전에서 싸운 희생자도 기립니다.

사실 영국인들은 영국인(브리티시)이란 개념이 약합니다. 애국심보단 애향심입니다. 『반지의 제왕』을 떠올리면 좋을 듯합니다. 프로도가 목숨을 건 건 자신의 마을 샤이어를 지키기 위해섭니다. 그 결과 중간계도 구하게 되지요. 영국인들의 정신세계입니다. 군 편제도 이를 감안했답니다. 마을 단위이곤 했습니다. 여긴 '북서웨일스'군 소속이었습니다. 그러다 보니 희생자들이 한 다리만 건너면 아는 '뉘 집 아들'이곤 했습니다. 추모가 절절할 수밖에 없는 이유입니다.

걸었습니다. 마을의 이력이 눈에 들어왔습니다. 한때 석회석 광산이었고 루이스 캐럴이 『이상한 나라의 앨리스』의 영감을 받은 곳이라고 합니다. 평범한 이들의 생사도 알게 됐습니다. 해변의 벤치는 애니 부스란 여성이 62년간의 결혼 생활 후 세상을 떴고 남편 리처드도 곧 뒤따랐다는 얘기를 들려줍니다. 자손들은 "이제 둘은 함께 이곳을 즐긴다"라고 새겼습니다.

3년 전 영국을 찾을 때만 해도 헨리 8세와 엘리자베스 여왕들, 처칠·대처 정도를 알았을 겁니다.

이젠 아서가 전설적 잉글랜드 왕으로 차용됐지만 실존했더라도 웨일스인일 거라고 여깁니다. 영국이 제2차 세계대전 후에도 10년 가까이 배급제를 했을 정도로 어려웠다는 것, 그럼에도 히틀러에게 맞선 유일한 국가였던 절체절명의 시기를 '가장 좋은 날'(The Finest Hour)로 간주한다는 것도 깨닫게 됐습니다.

영국은 이렇듯 이런저런 장치를 통해 끊임없이 과거를, 앞서간 이들의 존재를 일깨웁니다. 맥락(context)입니다. 또 이해와 긍정입니다. 이방인에게도 뚜렷할 정도로 말입니다. 뉴턴이 언젠가 말했습니다. "내가 좀 더 볼 수 있었던 건 거인들의 어깨에 섰기 때문"이라고. 그답지 않게 겸손한 때가 있었나 했습니다. 이제는 이곳의 바탕 정서란 걸 압니다.

이에 비해 우린 극단적으로 현세적입니다. 치열하지만 맥락을 잃기 십상입니다. 불만이 우리를 끌어 올리는 힘이지만 불행하다고 여기는 상시적 스트레스에 노출되곤 합니다. 이제 다시 두 세계를 가로지릅니다. 서울에서 뵙겠습니다. 바람이 찹니다.

2017년 1월 20일 자《중앙일보》에 실린 칼럼입니다. 3년간의 런던 체류를 마치고 서울로 돌아오는 소회였습니다. 마지막 행선지로 북웨일스 바닷가 마을인 란디드노(Llandudno)를 찾았더랬습니다.

칼럼에 썼듯, 3년 전 영국에 대한 지식은 단편적이었으며 시야도 한정적이었습니다. 정보는 서로 유리된 채로 머릿속에 저장돼 있었을 뿐입니다. 예를 들어 이런 식이었습니다. 영국이 잉글랜드·스코틀랜드·웨일스·북아일랜드의 연합왕국이란 걸 알았지만 그건 끊임없는 암기의 결과였습니다. 영국의 종교개혁이 그저 헨리 8세의 변덕 탓이라고 여겼습니다. 산업혁명으로부터 제국으로의 이행이 순탄했고 양차 세계대전 이후에도 줄곧 선진국이었다고 믿었습니다.

체류 첫해인 2014년 스코틀랜드 독립 여부를 묻는 주민투표를 지켜봤습니다. 이태엔 영국 총선을, 그리고 마지막 해엔 영국의 유럽연합(EU) 이탈 여부(Brexit, 브렉시트)를 묻는 국민투표를 목격했습니다.

특히 브렉시트 투표하는 날, 런던 일대 폭풍우가 몰아쳤던 게 기억납니다. 영국의 날씨가 변덕스럽긴 해도 극단적이진 않습니다. 런던의 경우 한겨울 10도 아래로 떨어지는 날도, 한 여름 30도 이상으로 치솟는 날도 며칠 안 됩니다. 비가 오는 날이 이어질 때도 있으나 대개 금방 그칩니다. 그러나 그날은 달랐습니다. 하늘이 뚫린 듯 비가 내렸고 바람이 불었습니다. 그래서 불안했습니다. 그리고 불안할 만했습니다.

영국민의 브렉시트 결정이 한국에선 세계화·양극화에 분노한 노동자계급의 비이성적 선택으로 소개됐습니다. 저도 초기엔 그렇게 여겼습니다. 그러다 보스턴이란 동네의 사연을 듣게 됐습니다. 하버드대학교가 있는 미 동부의 잘나가는 도시가 아닌, 잉글랜드 중부 해안가 마을입니다.

"눈 감고 있으면 들리는 말이라곤 온통 동유럽어다."

"걷다보면 나만 영국인이다. 두렵다."

최근 10년 사이 인구가 20%가 늘었는데 대부분 동유럽 출신이어서 벌어진 일입니다. 학교에서 사용되는 언어만 15개이고 학교·병원 등 공공시설은 미어터집니다. 이곳 주민들의 75.6%가 브렉시트를 지지했습니다. 이네들에겐 이민은 곧 일상의 고통·분노·박탈감이었던 겁니다.

흔히들 런던의 화려함에 끌려 영국도 그럴 거라고 여깁니다. 영국 전체를 놓고 보면 런던이 오히려 이질적인 곳이란 걸, 런던 밖을 돌아다니면서 절감합니다. '선진국'(先進國)이란, 우리보다 앞서 나아간다는 의미일 뿐, 나아가는 과정이 덜 고통스러웠다거나 덜 힘들었다는 걸 뜻하는 게 아니란 것도 말입니다. 앞서 살아간 이들의 분투－이는 현재 진행형이기도 합니다－의 집적물이 오늘 보는 영국이란 걸 말입니다.

점차 런던 밖으로 향하던 발걸음이 목적이 담긴 편력이 됐습니다. 이네들의 삶을, 역사를, 그리고 그 안 사이의 맥락을 알고 싶어졌습니다.

윈스턴 처칠이 그토록 사랑한 말년의 집(Chartwell)에 갔습니다. '전쟁광'으로 손가락질 받을 때 그림을 그리며 '실패한 삶'을 달래던 아틀리에가 있는 곳입니다. 그곳에 묻히고 싶어 했던 처칠은 그러나 120km 떨어진 가족교회를 영면처로 택합니다. 아들(윈스턴)을 구제불능이라고 믿은 채 요절한 선친 옆입니다.

서로 의지한 채 『제인 에어』 『폭풍의 언덕』을 써내려 간 브론테 자매들이 거닐었을 법한 골목을 찾았고 들판과 언덕을 누볐습니다. 작은 마을을 거대한 황량함 – 때론 광활함 – 이 감싼 곳이었습니다. 셜록 홈스의 작가 아서 코넌 도일에게 『바스커빌 가의 개』의 영감을 준 황무지 다트무어의 바람은 날카로웠습니다.

낭만주의 시인 윌리엄 워즈워스에 의해 이상화된 자연으로 묘사된 레이크 디스트릭트(Lake District, 호수 지방)는 한때 산업혁명의 발상지 중 한 곳이었으며, 너무나도 운치 있는 잉글랜드 곳곳의 운하 풍경은 불과 100여 년 사이 탐욕과 빈곤, 쇠락과 부흥이 교차하는 격동의 현장이었습니다.

어느 순간, 그간 호기심과 배움을 공유하고 싶어졌습니다. 대지에, 또 대기에 녹아 있는 영국의 과거와 현재를 전하고 싶었습니다. 통념의 영국이 아닌 실재의 다면적 영국을 전하고 싶었습니다.

눈치 빠른 독자는 목차만으로도 알아챌 터인데, 대부분의 얘기는 잉글랜드와 웨일스에 대한 겁니다. 제 여정의 편의성, 그리고 호기심의 흐름 때문이었습니다. 스코틀랜드와 북아일랜드는 런던에 근거를 둔 저에게도 다소 먼 곳이었습니다. 특파원으로 있으며 쓴 글 일부가 포함됐습니다.

사립학교에서 교육을 받은 중산층 출신의 소설가 조지 오웰은 "노동자계급의 벽돌공과 흉금을 터놓고 친구가 되기란 매우 어렵다"고 썼습니다. 같은 영국인이지만 계급이 다른 이들이 속속들이 알기란 어렵다는 토로입니다.

영국에 있었다 한들 '이방인'이란 본질이 달라질 순 없습니다. 조지 오웰의 말을 빌려, 제 글이 영국인 한 명 한 명의 일상으로 들어가지 못했다는 점을 실토합니다. 제 그림은 세밀화라기보다 스케치입니다.

런던에서 함께 지낸 동료 특파원들의 채근이 없었다면 글을 쓸 엄두를 내지 못했을 겁니다. 또 페이퍼로드 분들의 꼼꼼한 도움이 없었다면 책으로 이어지지 않았을 지도 모릅니다. 저의 '방랑'에 동행해준 지인들과 오지랖 넓은 호기심을 감내해준《중앙일보》·《JTBC》동료 선후배들, 멀리서 노심초사하며 저를 지켜본 가족에게 감사의 마음을 전합니다.

1장

영국은
없다

우린 그저 영국이라고 부르곤 하지만 실제론 중층의 의미다. 잉글랜드·스코틀랜드·웨일스·북아일랜드의 연합왕국을 가리킬 수도, 때에 따라 잉글랜드를 뜻할 수도 있다. '영국성'(Britishness)이란 단어 자체가 일상화된 건 20세기 후반의 일이다. 복잡한 정체성의 나라다.

UK, GB, 잉글랜드, 스코틀랜드, 웨일스, 북아일랜드

"왜 UK 대표팀(Team UK)이 아닌 GB 대표팀(Team GB)이냐."

2016년 브라질에서 열린 하계올림픽을 앞두고 영국인들이 가장 빈번하게 구글로 검색한 문장이다. 우린 그저 대한민국 대표팀이라고 하면 된다. 북한과 함께 참가하면 남북공동선수단일 테고.

영국은 그러나 그리 간단하지 않다. 우선 지리적으론 브리튼 섬과 북아일랜드 등으로 이뤄져있다. 브리튼 섬엔 세 나라(country)가 있으니 잉글랜드·웨일스·스코틀랜드다. 1707년 스코틀랜드와 잉글랜드 왕국(여기엔 웨일스도 포함한다)이 통합하면서 탄생한 게 그레이트브리튼(Great Britain) 왕국이다. 또 1800년 이웃 섬인 아일랜드 왕국과 합병하면서 '그레이트브리튼과 아일랜드 연합왕국'이 됐다. 그러다 아일랜드가 1921년 아일랜드자유국 형태로 이탈했고 1949년 아일랜드공화국으로 완전 독립했으되 아일랜드 북부의 얼스터가 왕국에 잔류하면서 '그레이트브리튼과 북아일랜드 연합왕국'(United Kingdom of Great Britain and Northern Ireland)이 됐다.

이런 역사적 배경 때문에 우린 그저 영국이라고 말하지만 정체성은 다층적일 수밖에 없다. 때론 경계도 흐릿하다. 기본적으론 잉글랜드 · 웨일스 · 스코틀랜드 · 북아일랜드가 별개의 나라다. 역사 · 문화 · 종교적으로 다른 배경을 가지고 있다.

스포츠만 봐도 역력한데 축구나 럭비 · 크리켓 등 종목에서 국가대항전에 나설 땐 이들 나라가 각각 출전한다. 세계적인 축구선수로 잉글리시 프리미어리그(EPL)의 맨체스터유나이티드 FC의 간판이었던 라이언 긱스가 월드컵 본선 무대에 한 번도 발을 딛지 못한 게 웨일스 대표선수였기 때문이다. 그가 국가대표 현역으로 있는 동안 웨일스가 본선에 진출한 적이 없었다. 영연방 국가들 사이에서 4년마다 열리는 올림픽 비슷한 체육대회(Commonwealth Games, 영연방 경기대회)에도 네 나라가 각자 뛴다.

이들 나라 사이, 특히 스코틀랜드의 잉글랜드에 대한 경쟁심은 대단하다. 스코틀랜드는 잉글랜드가 다른 나라와 경기를 하면 다른 나라를 맹렬히 응원한다. 상대방이 비록 화성인이어도 응원할 것이란 우스개도 있다. 스코틀랜드 출신의 세계적인 테니스선수인 앤디 머레이를 둘러싼 믿음에도 이런 게 있다. "잉글랜드 언론에서 머레이가 이기면 브리티시(British, 영국인)라고 하고 지면 스코티시(Scottish, 스코틀랜드인)라고 한다"는 게다. 한 연구자가 실제 조사까지 했다. 그 결과 대개의 믿음이 그러하듯, 사실과 다른 것으로 드러났다. 머레이의 승패 여부와 관계없이 전국지는 '스코틀랜드인 머레이'라고 소개한 반면 대중지에선 '영국

1930년부터 대영제국 경기대회란 이름으로 시작했다.
4년마다 영연방 국가들에서 개최된다.

인 머레이'라고 하는 경향이 있다는 것이다.

UK(The United Kingdom)는 이들 네 나라를 포괄한 개념이다. 4년마다 열리는 올림픽엔 영국 깃발인 유니온잭을 흔들며 네 나라 연합팀이 나선다. 하지만 영국이 어떤 나라인가. 이 경우에도 경계가 명료한 건 아니다. 북아일랜드인들은 자신들이 원하면 아일랜드 대표선수로 뛸 수 있다. 북아일랜드 출신 골프선수인 로리 매길로이가 아일랜드 선수로 뛰겠다고 한 일도 있다. 막판 출전 의사를 접었지만 말이다.

얽힌 타래는 또 있다. 브리튼 섬 주변에 있는 도서(島嶼)들이다. 영국 정부가 국방을 제공하긴 해도 영국의 일부는 아니다. 영국과 프랑스 사이에 있는 건지 섬, 저지 섬 등의 채널 제도(Channel Islands)와 영국과 아일랜드 사이에 있는 맨 섬 등이다. 이들 출신은 그러나 영국 대표팀의 일원으로 출전한다.

이쯤에서 앞의 질문으로 돌아가자. 올림픽 대표팀을 왜 'UK 대표팀'이 아닌 'GB 대표팀'으로 했는지 말이다.

곧이곧대로 해석하면 GB이므로 북아일랜드가 빠진다는 의미일 수 있다. 북아일랜드 정부의 스포츠장관이 "북아일랜드를 배제하는 명칭"이라고 강하게 반발하는 까닭이다. 영국올림픽위원회(BOA)는 그러나 "BOA는 네 나라뿐 아니라 인근 섬들, 해외영토까지 관할하는데 이들 중 일부는 영국(UK)의 일원이 아니다. 따라서 UK도 GB도 정확한 명칭이 아니다"라며 "국제올림픽위원회(IOC)가 1896년부터 영국을 'GBR'로 인정한 만큼 상대적으로 GB가 더 나은 이름일 수 있다"고 해명했다. 북아일랜드로선 수긍하기 어려울 게다. 2016년 브라질의 리우데자네이루 올림픽에 북아일랜드 출신 선수가 29명 참가했는데 8명만 GB의 일원이었다.

이 같은 논란이 불거진 건 어쩌면 올림픽 자체의 인기가 올라간 요인도 있을 수 있다. 영국은 스포츠를 만들어내고 규칙을 정하는 일에는 능통했지만 현실에선 참가하는 데 의의를 두는 쪽이었다. 1996년 애틀랜타 하계올림픽에서 딴 금메달이 하나였다. 당시 우린 7개였다. 그 이후 집중적인 투자가 이뤄졌고 그 결실을 자신들이 주최한 2012년 런던 하계올림픽에서부터 거두기 시작했다. 리우에서도 67개의 메달을 땄고 그중 27개가 금메달이었다. 중국을 제친 2위였다. 이러는 와중 올림픽 열풍이 불었고 좀처럼 듣기 어려웠던[1] 'Team GB'이란 문구가 빈번하게 들리니 사람들이 궁금증을 갖게 된 게 아니냐는 것이다. 영 틀린 주장은 아닐 수 있다.

그렇더라도 역시 영국은 영국이었다. 리우 올림픽 기간 중 지방을 돌아다닐 일이 있었다. 지역별 라디오에선 끊임없이 올림픽 소식을 전했다. 흥미로운 건 아무리 뉴스에 귀를 기울인들, 영국 대표팀 전반의 소식을 알기 대단히 어려웠다는 점이다. 청취력만의 문제가 아니었다. 지역방송에서 자기 지역 출신 선수들 경기는 시시콜콜한 것까지 다 챙겼다. 심지어 "어느 지역에서 훈련했다더라"라는 설명까지 했다. 그러나 영국 대표팀 전적은 거의 다뤄지지 않았다.

어려운 얘기다. 그렇지만 한 가지는 분명히 기억하자. 스코틀랜드 인을 만났을 때 절대 "Are you English?"라고 묻지 말자. 진정 스코틀랜 드인이라면 진정 화낼 게다. 위스키를 좋아한다고 얘기해주면 살짝 풀 릴지도 모르지만. 이때도 주의해야 한다. 스코틀랜드를 비롯한 브리튼 섬에선 위스키의 철자에 'e'가 없다.[2]

---

① 생각해보라. 다른 스포츠의 국가대항전은 이런 식으로든 저런 식으로든 매년 그것도 자주 듣는다. 올림픽은 여름과 겨울을 합쳐도 4년에 두 번에 불과한데다 영국이 부진한 분야였고 영국인들이 딱히 선호하는 대회도 아니었다. 과거엔 영연방 경기대회가 훨씬 더 인기 있었 다고 한다. 게다가 Team GB를 1999년부터 본격적으로 쓰기 시작했다니, 영국인들의 귀엔 낯설 수도 있다.

② 그러니까 브리튼 섬에서 위스키의 철자는 whisky다. 미국과 아일랜드에선 e가 들어간 whiskey다. Scotch whisky이고 Irish whiskey다. 아무리 퉁명스러운 스코틀랜드인이라도 "I love whisky without an e"란 말을 해주면 답례로 그가 지을 수 있는 가장 환한 미소를 보낼 게다.

영어가 안 통하는 웨일스

"마이 마이 마~이 딜라일라, 와이 와이 와~이 딜라일라."

후련하게 부를 수 있는 후렴구의 팝송 '딜라일라'다. 웨일스 출신 톰 존스의 노래다. 웨일스인들에겐 사실상 국가(國歌)다. 럭비 국가대표 경기라도 열리면 경기장이 떠나가라 부르곤 한다. 2012년 엘리자베스 2세 즉위 60주년 행사에선 영국인들이 단체로 불렀다.

사실 노랫말이 거시기하다. 삼손과 데릴라에서 영감을 얻었다는데 거칠게 요약하면 '데이트 살해'다. 사랑한 여인에게 다른 남자가 있다는 걸 알고 칼을 휘두른다는 내용이다. 일부 인사들은 이 때문에 국가로 부적절하다고 주장하곤 한다. 물론 다수는 여전히 씩씩하게 부른다.

웨일스라면 낯설 수 있다. 축구선수 기성용의 축구팀 스완지시티 AFC를 떠올리면 된다. 바로 웨일스에 있는 도시 스완지를 연고로 한 팀이다. 스코틀랜드 축구 클럽들이 별도의 축구 리그(Scottish Premiership)로

북웨일스에 있는 한 작은 마을의 버스터미널.
웨일스어 마을명 아래 영어 해석도 병기해놓았다.
유럽에서 가장 긴 지명으로 알려졌다.

운영되는 데 비해 웨일스의 6개 팀은 잉글랜드 축구 리그 시스템 안에 있다. 스완지시티 AFC가 그중 하나다.

이 정도 말해도 막연할 텐데 가보면 확실히 다른 곳임을 느낀다. '과연 내가 잉글랜드를 벗어났구나'라고 말이다. 우선 교통표지판이 다르다. 알파벳이로되 읽히길 거부하는, 그래서 이해할 수 없는 어려운 단어들이 쓰여 있고 그 아래 영어가 보일 게다. 아래 쓴 게 웨일스어의 한 단어다.

Llanfairpwllgwyngyllgogerychwyrndrobwllllantysiliogogogoch.

'난문자표'(亂文字表)인가 싶겠지만 마을 이름이다. 58자나 된다. 북웨일스의 작은 마을이다. 과장법을 다소 써서 말하면 마을 이름이 마을보다 더 크다는 느낌을 주는 곳이다. 과장법 없이 말해도 대부분 건물들은 이름을 한 줄로 새겨 넣길 포기했다. 두 줄, 혹 석 줄짜리도 봤다.

이름의 의미 자체는 '어디 어디 옆에 있는 어디 어디의 세인트 메리 교회' 정도 된다. 원래 Llanfair Pwllgwyngyll였는데 1860년대 확 늘렸다고 한다. 일종의 홍보 효과를 노린 조치였다. 약식 이름이 있는데 교통표지판엔 대체로 Llanfair PG으로 쓰여 있다.

어떻게 읽을지 궁금할 터인데 그게 대단히 까다롭다. 자음이 연속으로 나오는 Pwll의 경우에는 대충 '풀' 정도 소리가 난다. 초성의 LL은 좀 어렵다. 영국인 – 웨일스 사람이 아니란 의미다 – 이라면 l로 발음을 할 것이다. 그러나 웨일스 사람은 자랑스럽게 기이한 소리를 낼 터인데, 혀를 입천장 앞부분에 대고 성대를 울리지 않으면서 내는 마찰음이다. 무슨 발음이냐고? 우리한테도 영어에도 없는 소리여서 뭐라 말하긴 어렵다. 대충 귀엔 θ와 l을 합한 음가로 들렸다. 다르게 들린다고 말하는 이도 있다. 그만큼 기이하다.

웨일스어는 일상적으로 사용되는 언어이기도 하다. 특히 북웨일스에서는 영어가 제2의 언어다. 카나본(Caernarfon)이란 오래된 도시에 들른 일이 있다. 에드워드 1세가 북웨일스를 정벌하고 일대에 일련의 성들을 세웠는데 그중 하나가 카나본 성이다. 웅장하다. 찰스 왕세자를 웨일스 왕자(Prince of Wales)라고 하는데 13세기 이래 왕세자에게 붙이는 칭호다. 1911년부터 바로 카나본 성에서 왕세자 서임식을 했는데 찰스 왕세자 본인은 1969년 이 성에서 왕세자의 자리에 올랐다. 웨일스 출신인 데이비드 로이드조지 전 총리의 지역구도 카나본이었다.

이 마을의 펍(Pub)에 들렀다가 문득 느꼈다. 가족 손님들이 제법 있었는데 귀에 들리는 건 도통 이해 안 되는, 그래서 뜻은커녕 어느 나라 말인지조차 짐작하기 어려운 말이었다. 대여섯 살짜리 꼬마의 입에서도

카나본 성으로 1300년 전후 에드워드 1세의 정벌 이후 지어졌다.
영국 왕세자의 서임식이 열리는 곳이다.

그 소리가 나왔다. 요해가 안 된다는 측면에서 음성이 아닌 음향이었다.

바로 웨일스어였다. 펍에서 일하는 직원에게 영어로 말을 걸었더니
바로 영어로 답했다. 그러다 동료들과 얘기할 땐 다시 웨일스어였다. 영
어와 웨일스어 사이를 오가는 자동 변환 모드가 있는 듯했다. 신기했다.

사실 불과 수십만 명이 사용하는 웨일스어가 수천 년의 세월을 견
디고 살아남았다는 건 놀라운 일이다. 같은 켈트어 계열인 스코틀랜드
게일어의 운명과는 천양지차다. 결론적으로 성령, 더 엄격하겐 성경의
힘이다.

잉글랜드 서남단인 콘월 지방의 해변가 마을인 틴타절(Tintagel).
아서왕이 태어난 곳으로 알려진 틴타절 성이 보인다.

스코틀랜드 신학자인 존 녹스(1513~1572)가 프로테스탄트 성경을 보급하려 할 때 스코틀랜드에선 이미 상당수의 사람들이 영어를 할 수 있었다. 그래서 게일어가 아닌 영어본 성경책을 나눠줬다. 그 결과 영어가 더 공용어가 됐다. 이에 비해 웨일스는 원주민 중 영어를 할 수 있는 이들이 적었다. 웨일스어로 번역된 성경을 허용했다. 웨일스어가 살아남을 수 있었던 까닭이다.

웨일스 자치 정부가 들어선 이래 웨일스어 중시 정책을 쓰고 있기도 하다. 웨일스어를 해야 채용하고 교육 과정에서도 웨일스어를 가르친다. 근래 웨일스인의 20% 정도는 웨일스어를 할 수 있다는 통계도 있다. 웨일스 인구가 300만 명 정도니 60만 명 정도다.

언어가 다르니 혹 인종도 다르지 않을까 궁금해하는 독자가 있을지 모르겠다. 브리튼 섬에 살던 켈트족이 5, 6세기 앵글로색슨들의 침입으로 점차 웨일스와 스코틀랜드, 잉글랜드 서남단 콘월 지방으로 밀려났긴 했다. 2016년 발표된 DNA 조사에선 그러나 잉글랜드 북동쪽의 요크셔[3] 사람들에게서 북방계 빈도가 유독 높고, 나머지 지역들에선 별 차이가 없다고 나왔다. DNA 측면에선 섞여 살았다는 의미다.

하기야 신화도 그렇긴 하다. 아서왕은 토착 켈트족의 전설적 영웅이었다. 대충 5, 6세기 앵글로색슨족의 침공을 물리친 인물로 그려지곤 한다. 현실은 물론 앵글로색슨의 압도적 우위였다. 아서왕은 그러나 12

----

[3] 잉글랜드 내에서 북부 사람들은 담력 있고 퉁명스럽고 엄하면서도 용감하며 마음이 따뜻한데 비해 남부 사람들은 속물 근성이 있다는 통념이 있다. 북부의 대표적 지역이 요크셔다. 다음 이야기에 등장하는 가이 포크스도 요크셔의 주도인 요크 출신이다.

북웨일스 성곽 마을인 콘위에 내걸린 안내문.
웨일스인의 지략이 잉글랜드인의 체력을 이겼다는 내용이다.
1401년 웨일스인들이 목수로 가장해 콘위 성 안으로 들어가 잉글랜드군을
무찌르고 15주간 성을 점령했던 사건을 가리킨다.

세기 이후 범브리튼적 영웅이 됐다.

그렇더라도 잉글랜드나 웨일스나 거기가 거기 아니냐는 말 역시 웨일스인들 앞에서 하면 안 된다.

11월의 폭죽놀이

매년 11월 5일 영국에 있는 이들은 목격할 수 있을 게다. 까만 밤하늘을 수놓는 폭죽 말이다. 곳곳에서 볼 수 있다. 개인들이 쏘아 올리기도 하고 공동체의 작품이기도 하다. 한 지인의 딸이 다니던 학교도 그런 곳 중 하나였다. 장작더미에 불을 지피고, 어느 정도 타들어가면 불꽃놀이가 시작된다. 장관이었다. 일종의 동네 축제였다. '본파이어 나이트'(Bon-fire Night), 또는 '가이 포크스 나이트'(Guy Fawkes Night) 또는 '가이 포크스 데이'(Day)라고 불리는 행사다. 가이 포크스, 들어본 이름일 수 있겠다. 최근 세계화 반대 시위에 자주 등장하는 가면의 주인공이다.

무슨 사연이기에 싶을 텐데 1605년으로 거슬러 올라가야 한다.

종교개혁의 열풍이 유럽대륙은 물론이고 영국도 휩쓸고 지나갈 무렵이었다. 헨리 8세가 로마와 단절했고 그의 아들인 에드워드 6세가 '프로테스탄트(신교)의 나라 영국'을 만들려고 했다. 하지만 열여섯 살로 요

런던의 윔블던이란 동네에서 불꽃놀이를 즐기는 주민들. 이곳 남학교에서 주최하는데 제법 대단해 동네에선 손꼽아 기다리는 연례행사 중 하나다.

절하면서 누나이자 헨리 8세의 장녀인 메리 1세가 권좌에 올랐다. 가톨릭(구교)교도였던 메리는 프로테스탄트를 탄압했다. '블러디 메리'로 불리는 이유다. 메리 1세의 사망 이후 헨리 8세의 차녀로 프로테스탄트였던 엘리자베스 1세가 집권하면서 다시 프로테스탄트의 시대가 열렸다. 45년 통치 후 후사 없이 떠난 엘리자베스 1세에 이어 1603년 스코틀랜드의 제임스 6세가 잉글랜드 왕이 됐다. 잉글랜드론 제임스 1세였다. 튜더에서 스튜어트 왕조로의 교체였다.

그로부터 2년여 후 영국의 지배층을 통째로 날려버리겠다는 음모가 진행됐다. 왕의 의회 출석에 맞춰 의사당을 폭파하겠다는 것이었다. '화약 음모 사건'(Gunpowder Plot)이다. 새 정권에 불만이 많은 가톨릭 귀족들의 음모였다. 이들은 '프로테스탄트 왕조가 아닌 가톨릭 잉글랜드가 돼야 한다'고 믿었다. 제임스 1세가 잉글랜드 왕까지 겸한 걸 계기로 잉글랜드·스코틀랜드를 연합왕국으로 만들려는 것에 대한 반발이기도 했다. 명문세족의 청년들이 참여했다. 날랜 용사였던 가이 포크스도 동참했다. 당시 강대국이었던 스페인까지 끌어들이려 했다. 말 그대로 거사였다.

의회 개회일인 11월 5일이 디데이였다. 그러나 직전에 발각됐다. 가이 포크스는 거사 전날인 4일 의회 지하의 저장고에서 검거됐다. 그는 모진 심문에도 버텼다. 자신의 신분을 '존 존슨'이라고만 했다. "당신들은 여기에 있을 권리가 없다. 산(스코틀랜드 지칭)으로 돌아가라"고 외쳤다. 동료들에게 피할 시간을 주기 위해 중요한 얘기를 하지 않았다. 이같은 '불굴'의 모습에 오히려 심문자들이 매료됐다. 가이 포크스가 13명의 음모자 중 한 명인데도 가장 상징적 인물이 된 까닭이다. 그는 이듬해

1776년 윈저 성 인근에서의 가이 포크스 나이트 행사.
이글거리며 타오르는 불의 기세가 남다르다.

1월 12명의 동료 음모자들과 함께 잔혹하게 처형됐고 효수됐다.

이후 의회에서 11월 5일을 '정부가 음모에서 살아남은 걸 감사하는 날'로 지정했다. 전국에서 모닥불을 피우고 폭죽을 터뜨리기 시작했다. 장작더미 안에 인형을 두는데 이는 음모자들을 상징했다. 1859년 관련 법령이 폐지됐으나 지금껏 의식은 이어지고 있다. 400여 년 동안 영국 곳곳에서 화형에 처해지는 인형들을 떠올려보라. 응징의 집요함이 놀랍지 아니한가.

그러나 세상사가 늘 그러하듯, 불변의 일은 없다. 세평도 마찬가지다. 점차 가이 포크스에 대한 인식이 달라졌다. 테러리스트가 아닌 기성 체제에 맞선 인물로 그려지기 시작했다. 21세기 들어선 "가장 정직한 의도를 가지고 의회에 발을 들여놓은 마지막(또는 유일한) 인물"로 불리곤 한다.

결국 제임스 1세의 꿈은 100년 뒤 이뤄졌다. 스코틀랜드 의회에서 잉글랜드와의 병합을 의결하면서다. 물론 이 같은 물리적 결합이 화학적 결합으로까지 이어졌다고 보긴 어렵다.

스코틀랜드의 민족주의가 주로 얘기되지만 화약 음모 사건을 보면 잉글랜드에서도 잉글랜드 민족주의랄 만한 게 있었다. 하지만 스코틀랜드·웨일스·아일랜드와 달리 공개적으로 표출되는 일은 드물었다. 어차피 연합왕국을 주도하는 건 잉글랜드여서였을 게다. 민족주의는 대개, 특히 유럽에선 약자의 보호·생존 논리여서다. Britain도 England도 대체로 모두 영국으로 번역되는 게 현실 아닌가. 아등바등하지 않아도 됐다는 의미다.

하지만 영국의 위상 변화와 맞물려, 네 나라가 한정된 파이를 놓고 경쟁하는 처지가 되면서 상황이 달라지고 있다. 잉글랜드(2015년 인구 통계로 UK의 84%)가 수적으로 스코틀랜드(8%) · 웨일스(5%) · 북아일랜드(3%)를 압도하면서 나머지 지역들이 자신들의 이익에 반하는 결정이 런던에서 내려진다고 느끼게 됐고 이에 비례해 이들 지역에서 민족주의가 강해졌다.

결국 1990년대 말 스코틀랜드 · 웨일스 · 북아일랜드에 자치가 허용됐다. 스코틀랜드에선 독립을 외치는 정당(SNP, 스코틀랜드국민당)이 집권까지 했다. 잉글랜드에선 그런 조치가 없었다. 웨스트민스터(Westminster)에 있는 의회가 곧 잉글랜드 의회를 겸하도록 했다.

세 나라, 특히 스코틀랜드에서 민족주의 성향이 더욱 강해지면서 역으로 이게 잉글랜드를 자극하고 있다. 잉글랜드 곳곳에서 잉글랜드 깃발인 '성 조지 십자가'[4]가 펄럭인다. 의회에서도 민족주의 충돌 양상이 벌어지곤 한다. 잉글랜드 · 웨일스에서만 적용되는 법안을 논의하는데 스코틀랜드나 북아일랜드 의원들이 참여해서다. SNP 의원들은 "이 정책이 도입되면 여파가 스코틀랜드에도 미칠 수 있다" "우리의 원리원칙과 다르다"는 등의 이유를 들어 비토하기도 했다. 잉글랜드 · 웨일스 의원들로선 용납하기 어려운 상황이다. 보수당[5]을 중심으로 보완책을 마련해야 한다는 목소리가 나오지만 역시 SNP에 막힌다. 우리의 국회 선진화법 양상을 떠올리면 된다.

당분간 갈등이 고조될 조짐이다. 2016년 브렉시트(Brexit, 영국의 EU 탈퇴) 국민투표의 여파다. 잉글랜드인들의 탈퇴 몰표로 스코틀랜드 · 북아일랜드인 다수로선 원치 않는데도 EU를 떠나게 됐다고 생각하기 때문이다.

크게 보면 유럽 전역에서 양차 세계대전을 겪으며 퇴보했던 민족주의가 되돌아오는 추세다. 전쟁의 잿더미 속에서 싹튼 "더 이상 전쟁은 안 된다"는 공감대 아래 유럽 엘리트들이 만들어낸 초국가기구(EU)가 점차 개별 국가 국민들이 거부감을 느끼는 대상으로 전락하면서다. 잉글랜드의 최근 움직임도 그런 차원일 수 있다. 그렇더라도 사실상 영국을 이끄는 잉글랜드마저 그럴 조짐을 보이는 건 아쉬운 일이다.

---

④ 네 나라는 수호성인도 제각각인데 잉글랜드는 성 조지, 스코틀랜드는 성 앤드루, 웨일스는 성 데이비드, 북아일랜드와 아일랜드는 성 패트릭이다. 국가의 경우엔 스코틀랜드와 웨일스가 각각 '스코틀랜드의 꽃'(Flower of Scotland), '내 조상의 땅'(Land of My Fathers)인 데 비해 잉글랜드와 북아일랜드는 영국 국가인 'God Save the Queen'(여왕 폐하 만세)를 부른다. 국화(國花)도 잉글랜드는 튜더 로즈, 스코틀랜드는 엉겅퀴(thistle), 웨일스는 리크(leek) 또는 수선화, 북아일랜드는 토끼풀인 샴록(shamrock) 또는 아마꽃이다.

⑤ 대처 시대 이후인 1997년부터 다섯 차례 총선에서 보수당이 스코틀랜드에서 얻은 의석은 전무했거나 한 석뿐이었다. 보수당이 잉글랜드 이익을 주로 대변하는 듯했던 이유다. 노동당도 스코틀랜드국민당이 강해지면서 최근 스코틀랜드에서 힘을 잃고 있긴 하다. 다만 2017년 총선에서 양상이 급변했는데 보수당이 스코틀랜드에서 13석을 차지했다.

야곱의 돌베개와
스코틀랜드

스코틀랜드의 수도인 에든버러의 성엔 스코틀랜드 왕국의 상징물이 전시돼 있다. 1707년 잉글랜드와 합병 전 왕국이 사용한 왕관과 왕홀 등이다. 화려한 장신구들 사이엔 $66 \times 42.5 \times 27cm$ 크기의 돌덩이도 있다. 이른바 '운명의 돌'로 양쪽 끝에 쇠고리가 달리고 표면에 십자가가 새겨진 사암이다. 성서 창세기에 나오는, 야곱이 베고 자다가 천사를 봤다는 돌로 알려져 '야곱의 돌베개'로도 불린다. 선지자 예레미야가 아일랜드로, 이후 스코틀랜드 왕이 스코틀랜드로 옮겼다고 알려졌다.

이 돌을 놓고 잉글랜드와 스코틀랜드가 수세기 동안 싸웠다. 결국 1296년 잉글랜드의 에드워드 1세가 전리품으로 챙겨 런던 웨스트민스터 사원에 안치했다. 이후 대관식 의자에 설치됐다. 잉글랜드 왕이 왕위에 오를 때 돌 위에 앉았다는 얘기다. 이를 계기로 잉글랜드에서 '대관식의 돌'로 알려졌다.

1855년 그려진 대관식 의자.
앉는 자리 아래 보이는 돌이 바로 '야곱의 돌베
개'이자 '대관식의 돌'이다.

1950년 이 돌이 엄청난 주목을 받았다. 크리스마스 날 스코틀랜드 민족주의 성향의 글래스고대학교 재학생 4명이 돌을 몰래 훔쳐 달아나서다. 영국 경찰이 대대적 수색 작업을 벌였으나 발견하지 못했다. 틀림없이 본 사람들이 있을 터인데 스코틀랜드의 누구도 이들을, 혹은 이 돌을 봤다는 증언을 하지 않았다. 대학생들은 넉 달 만에 스코틀랜드의 한 사원에 돌을 갖다놓았다. 1320년 스코틀랜드 독립을 선포한 곳이었다.

돌은 이후 웨스트민스터 사원으로 옮겨졌다. 그러다 1996년 영국 보수당 정부가 스코틀랜드 여론을 달래기 위해 대관식이 열리지 않는 해엔 스코틀랜드에 보관키로 결정했다. 700년 만의 공식 귀환인 셈이다.

영화 〈하이랜더〉와 〈브레이브하트〉를 봤다면 스코틀랜드를 좋아하지 않을 수 없을 것이다. 원시적이고 거친 땅에서의 삶과 도전·사랑, 그리고 비극적인 패배와 좌절. 여기에 『해리 포터』 시리즈까지 봤다면 더 절절해졌을 게다.

정작 그곳에 사는 스코틀랜드인은 어떻겠는가. 그네들의 얘기를 듣다보면 스코틀랜드가 지상 최고의 곳이란 느낌을 받게 된다. 우선 풍광에 대한 자부심은 우리네 삼천리금수강산 저리 가라다. 때때로 날씨는 변덕스러워 하루에 사계절을 다 체험하기도 한다. 그럼에도 이들은 "스코틀랜드엔 나쁜 날씨는 없다. 제대로 옷을 못 입었을 뿐이다"(There's no such thing as bad weather in Scotland, only inappropriate clothing)라고 주장한다.[6]

또 경제학의 아버지인 애덤 스미스부터 계몽철학자 데이비드 흄, 증기기관의 제임스 와트, 역사소설의 창시자인 월터 스콧 등의 위인들을 쭉 꿰는 모습을 보노라면 세계를 움직여온 건 스코틀랜드인이었다는 생각이 잠시 스칠 정도다. 스코틀랜드인 중에 이런 질문을 던지는 이도 있을 수 있다. "너희 나라에도 세계적으로 유명한 사람이 있니?"

어쩌면 운동 능력도 남다르다는 자랑도 들을 수 있다. 2012년 런던 올림픽 때 영국이 금메달 순위 3위였는데 다섯 중 하나는 스코틀랜드인이 딴 거라고 말이다. 스코틀랜드인의 비중이 영국 전체의 8% 정도란 친절한 설명도 따라붙을 게다.

다만 축구 얘기를 할 땐 목소리가 작아질 수 있는데, 스코틀랜드인이 누군가. 곧 비장한 목소리로 이처럼 한탄할 것이다. "유독 스코틀랜드는 운이 없다. 같은 조에 꼭 직전 월드컵의 우승팀이나 준우승팀이 있단 말이야."[7]

그러다 또 듣게 될 것이다. 1300년대 전후한 스털링 다리 전투(영화 〈브레이브하트〉의 배경)와 베녹번 전투에서 '골리앗' 잉글랜드를 꺾은 기쁨에 대해서 말이다. 또 스코틀랜드의 메리 여왕이 어떻게 엘리자베스 1세에 의해 유폐됐고 죽임을 당했는지,[8] 또 그의 후손들을 연합왕국의 왕으로 내세우고자 반란을 일으킨 자코바이트(Jacobite)들이[9] 어떻게 비참하게 죽어갔는지도 말이다. 길고 긴 탄압의 역사는 마침내 마거릿 대처(Margaret Thatcher)에 이를 게다. 광산 폐쇄로 스코틀랜드 광부들이 어떤 고통을 받았는지도.

울분 어린 목소리를 듣다 지쳐갈 무렵, 문득 깨닫게 될 것이다. 잉글랜드의 기여는 잊고 잉글랜드의 악행만 곱씹는 스코틀랜드인들의 선별적 집단 기억력에 대하여. 잉글랜드에 대한 미움이 곧 스코틀랜드인의 대표 정체성임을.

그러나 이는 과도하게 한쪽 면만 부풀려진 신화다. 스코틀랜드의 현재 이미지는 월터 스콧이 없었다면 불가능했는데, 그 월터 스콧은 잉글랜드 독자의 전폭적 지지 덕분에 영국에선 물론이고 유럽에서도 성공을 거뒀다. 킬트로 알려진 스코틀랜드의 남자용 치마도 실은 잉글랜드인이 개량한 것이다. 잉글랜드 버밍엄 출신 사업가가 없었다면 제임스

---

⑥ 유사한 주장을 북유럽에서도 들을 수 있는데 아이슬란드와 노르웨이 등이 대표적이다.

⑦ 어쩌면 스코틀랜드인과 잉글랜드인들은 스코틀랜드인들이 주장하는 것만큼 동떨어진 '민족'이 아닐 수도 있다. 요즘은 덜하지만 한때 만년 우승 후보로 꼽히던 잉글랜드가 초반에 탈락할 때마다 잉글랜드 팬들은 "불운했다"며 몇 가지를 이유를 대곤 했다. 그중 하나가 대진표 불운설이다.

⑧ '블러드 메리'와 혼동하기 쉽다. 메리 여왕은 헨리 8세의 딸이자 엘리자베스 1세의 이복언니다. 가톨릭 신자로 프로테스탄트를 탄압한 것으로 악명 높다. 스코틀랜드 여왕 메리는 애인과 함께 남편을 죽였다가 스코틀랜드인들이 봉기하자 잉글랜드로 피신했다. 엘리자베스 1세에 의해 18년 유폐 끝에 반역죄로 처형됐다. 엘리자베스 1세 사후 메리의 아들이자 스코틀랜드 왕인 제임스 6세가 잉글랜드의 왕위에 올랐다.

⑨ 제임스 2세와 그의 후손들을 잉글랜드 왕으로 추대하려 했던 정파다. 라틴어명(Jacobus)에서 유래했다. 스코틀랜드와 잉글랜드 북부에서 강했다. 종교적으론 가톨릭이었다.

와트도 성공할 수 없었다. 하기야 엄청난 관광객을 스코틀랜드에 불러들이고 있는 『해리 포터』의 원작자인 J. K. 롤링도 잉글랜드인 아닌가.

1707년 잉글랜드와 스코틀랜드의 합병은 강제적인 게 아니었다. 스코틀랜드 민족주의 성향의 인물이라면 "일부 스코틀랜드 엘리트의 야합"이라고 비난하겠지만 말이다. 인구 비례로 보면 스코틀랜드인은 잉글랜드나 웨일스인보다 더 많이 제국과 관련된 일을 했다. 영국 안에서보다 밖에 기회가 더 많다고 느꼈다. "1775년부터 10년간 인도의 벵골에서 서기로 임용된 249명 중 47%가 스코틀랜드 출신이었다"[10]는 통계도 있다. 용맹한 하일랜드 사람들은[11] 대영제국의 군인이 됐다.

그럼에도 신화는 현실을 압도하고 스코틀랜드 민족주의자들은 독립을 꿈꾼다. 2014년 독립 주민투표를 했을 때 그 수가 절반에 육박했다. 영국이 유럽연합을 탈퇴키로 하면서 다시 들썩이고 있기도 하다.

스코틀랜드에 발을 들여놓으면 독립의 원심력이 연합왕국의 구심력보다 더 크게 느껴진다. 표출되는 감성에선 분명 그랬다. 평소엔 잘 모습을 드러내지 않은 수줍은 이성도 그럴까. 궁금한 대목이다.

---

[10] 박지향의 『클래식 영국사』.

[11] 스코틀랜드는 하일랜드(Highlands)와 로우랜드(Lowlands)로 나뉜다. 각각 산악지대, 나름 평지다. 에든버러가 있는 로우랜드와 달리 하일랜드에선 켈트족 언어인 게일어가 사용될 정도로 문화적 배경도 다소 달랐다. 하일랜드에 사는 클랜(Clan, 씨족)들은 용맹한(때론 폭력적인) 것으로 알려졌다. 영화 <하이랜더>도 1500년대 하일랜드의 마을인 글렌피난에 거주한 한 씨족의 얘기에서 시작한다.

런던데리? 데리?

　북아일랜드를 찾기로 한 건 일종의 의무감이었다. 영국의 일원인 네 나라 가운데 영국 체류 중 막판까지 안 가본 나라여서다. 또 궁금했다. 마을 이름을 어떻게 부르느냐에 따라 정치와 종교 성향이 드러나는 곳이 있다니. 바로 런던데리(Londonderry) 혹은 데리(Derry)다.

　먼저 북아일랜드의 약사(略史)다. 아일랜드 섬은 이웃 브리튼 섬의 영향을 줄곧 받았다. 침략도, 사실상 지배도 받았다. 1592년 헨리 8세 이후 잉글랜드 왕이 곧 아일랜드 왕이었다. 브리튼 섬이 프로테스탄트 즉 신교의 나라가 되어갈 때 아일랜드는 가톨릭 즉 구교의 나라로 남았다. 부유한 브리튼 사람들이 아일랜드를 정치적으로도 경제적으로도 지배했다. 일종의 식민지였다. 자본과 기술은 브리튼 출신들이 대고, 아일랜드인들은 값싼 노동력을 제공했다. 플랜테이션이다.[12] 종교 갈등에 사회 · 경제적 차이까지 더해졌다. 가톨릭 농민의 반발은 프로테스탄트 급진파의 등장으로 이어졌다.

결국 1800년 영국이 아일랜드를 합병했다. 그렇더라도 아일랜드가 진정 연합왕국의 일원이 된 적은 없었다. 19세기 말 프랑스가 브리튼 섬으로 세 차례 침입을 시도했는데 한 번은 웨일스, 두 번은 아일랜드를 통해서였다. 웨일스에선 아무런 지원을 받지 못했는데 아일랜드에선 동조세력이 있었다.

보이콧[13] 운동이 벌어지고 아일랜드 담당 장관이 살해됐다. 지난 세기까지 폭탄 테러가 빈발했다. 영국의 역사는 유럽대륙에 비해선 상대적으로 덜 폭력적이었다. 대륙에서 피바람이 불 때 영국은 안정된 편이었다. 프랑스 프로테스탄트인 위그노나 유대인들에겐 피난처였다. 그러나 아일랜드와의 관계에선 달랐다.

영국이 오히려 충격을 받을 정도였다. 아일랜드 자치 문제가 오랜 논란이 됐다. 진통 끝에 아일랜드 독립으로 가닥이 잡혔는데 프로테스탄트 지역인 북부 얼스터가 반발했다. 결국 1921년 아일랜드자유국(1949년 아일랜드공화국으로 개칭)이 설립됐으나 얼스터는 연합왕국 잔류를 택했다.

1960년대부터 신·구교, 또 연합왕국 잔류파와 아일랜드공화국 합

----

[12] 한두 세기 후 아프리카·동남아시아·아메리카 식민지에서 더욱 일반화된 기업적 농업경영 방식이다.

[13] 거부·배척·불매(不買) 운동을 뜻한다. 아일랜드 부재지주(不在地主)의 경작 관리인인 찰스 보이콧(Charles Boycott, 1832~1897)의 이름에서 유래했다. 1879년 흉년이 들자 소작농들이 토지동맹을 결성, 소작료 인상을 내걸고 투쟁했는데 보이콧이 이들을 내쫓자, 마을 상점은 물론 교회도 보이콧을 배척했다.

류파 간 무력 충돌이 본격화됐다. 북아일랜드에서 트러블(The Troubles)이라고 부르는 시기다. 이 중 특히 아일랜드공화국군(IRA)에 의한 인명피해는 1700여 명에 달한다.[14] 1994년 IRA의 신페인당이 전면휴전을 선언하고 1998년 4월 10일에야 비로소 런던·더블린 당국과 가톨릭교회와 프로테스탄트 정파들이 평화협정(Good Friday Agreement)을 체결하면서 250여 년 분쟁의 질곡에서 벗어나기 시작했다.

《중앙일보》강혜란 기자가 벨파스트를 방문하곤 이런 관찰기를 남길 만했다.[15]

"사실 아일랜드 사람들의 다혈질은 도심 한복판의 석판에도 풍자돼 있을 정도다. '아일랜드는 사랑스러운 나라다. 정말, 이곳의 문제는 사람들에게 딱 하나 상식이 부족하단 건데, 그 상식이란 이웃과 더불어 평화롭게 살아야 한다는 사실이다.' 숱한 내전을 겪고, 오죽하면 이해관계도 없는 스페인 내전 때도 편을 갈라 싸웠던, 아직까지도 잊힐 만하면 급진 무장단체의 테러가 도시를 할퀴는 나라. 그래서 그 광기가 열정으로 시로 음악으로 술로 피어나는 나라."

서두가 길었다. 런던데리(또는 데리)의 얘기다. 북아일랜드 문제의 연원을 보여주는 300여 년 전 사례다.

----

[14] 얼스터대학교 내 CAIN(Conflict Archive on the INternet)에 따르면 30여 단체에 의해 3532명이 숨졌고, 이 중 IRA에 의해서만 1707명이었다.

[15] 강혜란 기자의 페이스북 글이다.

런던데리의 성곽 외벽에 붙어 있는 추모비. 이 지역에서 벌어진 전쟁과 분쟁 과정에서 목숨을 잃은 이들을 기리는 내용이다.

원래 데리였다. 런던 길드에 의해 도시가 세워졌다는 의미를 담기 위해 1662년 왕실칙허로 런던데리가 됐다. 그 이후 법정명은 런던데리다. 그러나 근래 시 차원에서 데리로 개명하자는 움직임이 있었는데 가톨릭교도와 아일랜드공화국 지지파는 찬성했지만 프로테스탄트나 연합왕국 지지파는 압도적으로 반대했다. 이 차이 그대로 이 도시를 영국에선 런던데리, 아일랜드에선 데리라고 한다.

여하튼 도심은 중세 성곽으로 에워싸였다. 이 도시가 영국 역사에 부각될 때가 있었는데 '무혈혁명'으로 불리는 1688년 명예혁명 때의 유혈 사태로다. 당시 프로테스탄트인 '오렌지공' 윌리엄과 메리 부부가, 프랑스 루이 14세의 도움을 받은 가톨릭교도 제임스 2세를 물리치고 영국 왕위에 올랐다.

'무혈'이란 별칭에서 드러나듯 잉글랜드에선 거의 피를 보지 않았다. 스코틀랜드 · 아일랜드에서의 상황은 달랐다. 제임스 2세가 스코틀랜드 · 아일랜드의 왕이어서 두 나라에선 저항이 있었다. 특히 가톨릭의

세가 강한 아일랜드에서 제임스 2세에 대한 지지가 특별했다. 단 예외 지역이 있었다. 얼스터다. 프로테스탄트들이 집중 진출한 지역으로 처음엔 잉글랜드인들이, 나중엔 스코틀랜드인들이 터를 잡았다.

제임스 2세는 왕권을 되찾기 위해 아일랜드에서부터 군을 일으켰다. 브리튼 섬을 공격하기 위한 '뒷문'이었다. 대부분의 아일랜드인들은 제임스 지지자들, 즉 자코바이트였다. 제임스 2세의 눈은 자연히 얼스터, 특히 런던데리로 향했다. 런던데리부터 정리한 후 브리튼 섬을 공략할 작정이었다.

그 무렵 얼스터에 편지가 나돌았는데 "가톨릭교도들이 프로테스탄트들을 대량학살했다"란 내용이었다. 역사적으론 '가짜 뉴스'로 결론이 난 사안이다. 당시 얼스터 사람들은 진짜로 믿었고 결사항전 분위기가 조성됐다. 자체 군을 꾸렸다. 오렌지공 지지자들이었다.

1688년 12월 9일 런던데리의 성문이 잠겼다. 이듬해 4월 제임스 2세가 도착, 세 차례 항복(surrender)을 요구했을 때, 런던데리의 답은 한결 같았다. "No Surrender!" 곧 포위작전이 시작됐고 7월 영국군이 도착했을 무렵에야 풀렸다. 105일간의 포위공격으로 성 안의 프로테스탄트 8000명 중 4000명이 숨진 것으로 알려졌다. 자코바이트에 대한 보복이 뒤따랐다.

이른바 '런던데리 포위'(The Siege of Londonderry)다. 잉글랜드·스코틀랜드·아일랜드 왕국의 운명이 갈리는 결정적 분수령이었다. 동시에 얼스터의 프로테스탄트들에게 깊이 각인된 항전의 신화다.

런던데리의 성곽에서 당시를 기념하는 조형물을 볼 수 있다. 문구를 읽다보면 문득 씁쓸해질 수도 있다. 아일랜드 역사에 깊이 새겨진 지배 · 피지배, 종교 · 민족, 더 나아간 계급 갈등의 양상들이 절절하게 느껴져서다. 약해졌다곤 하나 오늘날의 아일랜드의 저류에 여전히 흐르는 갈등들이다.

마지막으로 얼스터에서 지배계층으로 성장한 스코틀랜드인의 위상을 알고 싶다면 한 곳을 방문해봄 직하다. 벨파스트 인근에 있는 '마운트 스튜어트(Mount Stewart) 하우스'다. 스튜어트란[16] 이름에서 짐작하듯 스코틀랜드계인 런던데리 후작의 저택이다.

16세기 북아일랜드로 이주했다고 한다. 후작 자신은 얼스터의 연합왕국 잔류(Ulster Unionist)를 강하게 주장한 정치인이었다. 그의 정원은 동시에 아일랜드적 상징으로 가득하다. 샴록(토끼풀) 정원도 있다. 한 마디로 복잡한 정체성이다.

----

[16] Stewart는 스코틀랜드식 철자다. 프랑스식으로 바꾼 게 Stuart다. 영국 왕조 중 스튜어트 왕조가 Stuart란 철자를 쓴다. 스코틀랜드 여왕 메리가 프랑스 체류 중 성의 표기법을 바꾼 데서 유래한다. 그의 아들이 스코틀랜드 왕인 제임스 6세로 잉글랜드의 왕위에까지 올랐다. 잉글랜드 기준으론 제임스 1세다.

북아일랜드 주도인 벨파스트로부터 자동차로 한 시간 거리에 있는
마운트 스튜어트 저택이다.
낯선 동물 조각상들이 곳곳에 배치된 정원이 독특했다.

가상의 장미 튜더 로즈

런던으로부터 두 시간여 기차를 타고 북쪽으로 올라가면 요크란 도시가 나온다. 여느 도시가 그러하듯, 가장 중요하고 높은 곳엔 교회가 있는데 이곳의 경우 요크민스터다. 1230년부터 1472년 사이에 세워진 중세의 고딕 교회다. 그러나 지하엔 고대 로마의 흔적도 보인다.

교회 인근에 조각상이 있다. 주인공은 로마 콘스탄티누스 대제의 아버지인 콘스탄티누스 1세(250~306)다. 306년에 이곳에서 황제에 올랐다고 한다. 하드리아누스(76~138), 셉티미우스 세베루스(146~211) 황제도 이곳을 다녀갔단다.

요크의 위상은 로마시대 이후에도 높았다. 스코틀랜드와의 관계 때문이다. 영화 등을 통해 스코틀랜드가 잉글랜드의 침략을 격퇴한 것으로 아는 이들이 많을 게다. 실상은 스코틀랜드가 부유한 잉글랜드를 수시로 괴롭혔다. 그 방어용 후방 도시가 요크였다. 14세기 후 잉글랜드

(위)요크의 한 상가에서 본 흰 꽃잎의 요크 장미.
(아래)요크셔 지방에 있는 중세 대저택인 '해던 홀' 천장에 튜더 로즈가 그려져 있다.

가 스코틀랜드와 상대하기보다, 프랑스 등 외국과 빈번하게 대결하게 되고 스코틀랜드와의 관계도 안정되면서 요크의 위상이 덜해졌지만 말이다.

이로 인해 요크엔 중세의 모습이 비교적 많이 남아 있다. 도시에 발을 들여놓는 순간, 타임머신을 타고 이동한 듯한 느낌이 들 게다.

여기에 더해 다른 도시에서 못 보던 상징을 만날 수 있는데 바로 흰 장미다. 요크의 장미로 불린다. '장미전쟁'의 바로 그 장미다. 1455년부터 1485년 사이에 있었던 왕위 쟁탈전 말이다. 흰 장미가 상징 꽃인 요크가와 붉은 장미의 랭커스터가(家)가 유혈전쟁을 벌였다고 널리 알려졌다. 1485년 보즈워스 전투에서 랭커스터가의 방계 정도 되는 헨리 튜더가 리처드 3세(1452~1485)를 꺾으며 끝났다. 바로 헨리 7세(1457~1509)가 된 인물이다.

헨리 7세는 영민한 군왕이었다. 근면했고 기민했으며 금욕적이었다. 결혼도 요크가의 엘리자베스(1466~1503)와 했다. 엘리자베스는 리처드 3세의 형인 에드워드 4세의 딸이었다. 에드워드 4세의 아들 에드워드 5세(1470~1483)의 누나였고 리처드 3세에겐 조카였다. 요크 왕가의 '순혈'이었다. 헨리 7세와 엘리자베스의 결혼은 곧 랭커스터가와 요크가의 결합을 의미했다. 헨리 7세는 이를 기리는 상징물도 만들어냈는데 바로 '튜더 로즈'였다. 붉은 꽃잎 안에 흰 꽃잎이 있는 장미다. 요크 장미와 랭커스터 장미를 합한 모양이었다. 탁월한 선택이었다. 튜더 로즈는 지금도 유효한 상징이다. 일부 20펜스 동전에서도 볼 수 있다. 왕실 관련 건물이나 고관대작의 집에서도 발견하게 된다. 잉글랜드의 꽃이기도 하다.

여느 상징이 그러하듯 이런 얘기가 늘 진실에 근거한 건 아니다. 요크가 출신인 에드워드 4세가 흰 장미를 배지로 사용하긴 했다. 랭커스터가에선 딱히 붉은 장미를 사용한 건 아니었다는 게 일반론이다. 하지만 통합의 이미지가 필요했던 헨리 7세가 흰 장미에서 착상, 튜더 로즈를 만들어냈다는 게 정설이다.

이는 후대인들의 문학적 상상력도 자극했는데 대표적인 인물이 윌리엄 셰익스피어다. 헨리 7세의 손녀인 엘리자베스 1세 때 활동했다. 그의 작품 『헨리 6세』에선 귀족들이 흰 장미(요크), 또는 붉은 장미(랭커스터)를 들어 이들 가문에 대한 충성심을 드러내는 장면이 나온다. 1800년대 전후 역사소설가인 월터 스콧 경이 장미전쟁이란 표현을 대중화

시켰다.

동전 얘기가 나왔으니 말인데, 이것만 봐도 우리와 비교해 이네들이 얼마나 국가적 상징을 만들어내고 신화화하며 국민들 의식 속에 뿌리내리게 하려고 공을 들이는지 알 수 있다. 한 가지만 예로 들겠다. '로열 쉴드'(royal shield)란 게 있다. 말 그대로 방패인데 그 안에 잉글랜드(사자) · 스코틀랜드(일각수) · 웨일스(용) · 북아일랜드(하프)를 대표하는 상징물이 담겼다. 한마디로 '연합왕국'이란 메시지

영국에서 흔히 사용되는 동전들이다. 맨 위는 로열 쉴드가 새겨진 1파운드 동전.

다. 1파운드 동전 등에서 쉽게 볼 수 있다. 이와 별도로 1페니와 2펜스, 5펜스, 10펜스, 20펜스, 50펜스 동전을 조각 맞추기처럼 잘 배치하면 로열 쉴드 모양이 나온다. 이를 통해 전달하려는 의미는 명백하다.

실상이야 어떻든 국민에게 지속적으로 통합이란 신화를 불어넣는 건 중요했다. 사실 영국 왕가는 단일 혈통이 아니다. 15세기 이래 튜더(1485~1603), 스튜어트(1603~1714), 하노버(1714~1901) 왕가에 이어 윈저(1901~)[17]

로 이어진다. 그럼에도 영국 왕실이란 영속한 이미지를 만들어내곤 한다.

튜더 왕조의 튜더 로즈가 지금껏 쓰이는 걸 떠올리면 좋을 게다. 또다른 예로 '로열 오크'를 들고 있다. 우리네의 '정이품송'을 떠올리면 되는데, 나뭇가지를 들어 올려 임금의 행차를 도운 수준을 넘는다. 사실상왕의 목숨을 구했다.

1651년 내전 당시 찰스 1세의 아들이자 장차 찰스 2세가 될 찰스가하루 동안 숨었던 나무다. 무성한 나뭇가지와 튼실한 줄기는, 의회군에게 쫓기던 찰스와 시종을 너끈히 숨겨주었다. 왕당파였던 집주인도 찰스의 소재를 밝히지 않았다.

올리버 크롬웰에 의한 공화국 시대를 거쳐 다시 왕정이 복고됐을때 찰스 2세는 당시 기억을 잊지 않았다. 그저 풍채 당당한 오크였던 나무가 로열 오크가 된 이유다. 영국 곳곳의 펍 이름 중에 적지 않은 곳이로열 오크다. 당연히 동전에도 있다.

현재 로열 오크에서 400년 전 무성했던 모습을 떠올리려면 대단한

요즘 로열 오크의 모습.
국왕의 목숨을 구한 무성한 모습이 사라진 지 오래다.

상상력을 필요로 한다. 그사이 병들고 쓰러져서다. 지금 나무는 원래 로열 오크의 열매로부터 발아한 것이다. 이게 다시 2000년 폭풍에 손상을 입었고 이듬해 즉 찰스의 방문 350년 만에 또 다른 찰스인 현 찰스 왕세자가 그 옆에 식수를 했다. 대단한 왕가의 기억력, 그리고 관리 능력 아닌가.

영국 왕실이 물론 늘 인기가 있었던 건 아니다. 실상 '군림하되 통치하지' 않게 된 이후로 지지가 올라갔다. 양차 세계대전을 겪으면서 영국의 구심점이 됐다.

그렇다고 위기가 없었던 건 아니다. '인민들의 공주'로 불린 다이애나비의 불행한 죽음 때였다. 여왕은 스코틀랜드의 발모랄 성에 칩거했다. 위기 극복을 위한 '불굴의 의지'(stiff upper lip)를 보여준다는 의미였는데 당시 영국인들은 여왕이 냉담하고 냉정하다고 여겼다. 비난 여론이 급등했다. 여왕은 부랴부랴 런던에 돌아와 예정에도 없는 연설을 했다. "내가 지금부터 하는 얘기는 여왕으로서뿐만 아니라 할머니(grandmother)로서다. 내 마음으로부터 나온 얘기다"라며 시작한 담화였다. 이례적으로 '여왕=할머니'란 인간적 풍모를 드러냈다. 토니 블레어 당시 총리 참모의 조언을 따랐다. 격앙됐던 여론이 누그러진 계기였다.[18]

하늘이 내렸다는 왕권도 이런 노력을 한다. 국민의 위임을 잠시 받은 권력이야.

----

[18] 2017년 이 글을 쓰던 중 런던에선 그렌펠 타워 화재로 대규모 인명 피해가 발생했다. 여왕은 사고 직후 바로 현장을 찾아 피해자들을 위로했다. 여왕의 눈가에 눈물이 어렸다는 보도도 있었다. 《BBC》 방송에선 "여왕이 국민들 마음을 위로했다. 과거의 실수를 되풀이하지 않았다"고 보도했다.

영국인의 가슴에 달린 꽃
개양귀비

가을 런던 시내를 걷다보면 마주치는 이들의 가슴에서 붉은 종이 꽃을 어렵지 않게 보게 될 게다. 포피(poppy, 개양귀비꽃)다. 영국의 한 신문이 "포피를 달아야 한다는 사회적 압력이 있는 건 문제"란 글을 읽은 적도 있다. 그 정도로 일반화됐다는 얘기다.

야생 포피는 유럽 들판에서 어렵지 않게 만나는 꽃이다. 제1차 세계대전 때 격전지였던 벨기에의 플랑드르 들판도 예외는 아니었던 모양이다.

만일 당신들이 여기서 전사한 우리들의 죽음을 외면한다면
여기 플랑드르 들판에서 양귀비꽃이 자란들
우리는 편히 눈감지 못할 것이다.

당시 캐나다군 소속 군의관이었던 존 매크레가 쓴 시 '플랑드르 들판에서'다.

그는 그저 '우리들의 죽음'이라고 표현했지만 현장은 처절했다. 참호와 진흙탕, 기관총탄과 박격포탄, 철조망 그리고 독가스에 뒤엉킨 채 1000만 명이 넘는 청년들이 스러져갔다. 플랑드르 지방의 소도시인 예페르에서만 다섯 차례 큰 전투가 벌어졌고 25만 명의 영국군이 숨졌다. 독일군까지 더하면 갑절도 넘을 터였다.

18세에 참전한 독일의 소설가 레마르크는 『서부전선 이상 없다』에서 전쟁터를 이렇게 묘사했었다. "참호 사이엔 시체가 산더미였다. 어디로 운반해야 할지 몰랐다. 시체는 자연히 포격으로 묻혔다." 참전한 일곱 명 급우 중 레마르크만 유일하게 생존했다.

군의관이자 시인 매크레는 레마르크만큼 운이 좋지 않았다. 그러나 그의 시는 살아남았다. 또 시 덕분에 포피가 영연방 국가들에선 전사자를 기리는 상징이 됐다. 사람들이 때만 되면 꽃을 다는 까닭이다.

2014년은 더 각별했다. 제1차 세계대전 발발 100주기인 해였기 때문이다. 런던 탑(Tower of London)의 해자(垓字)가 세라믹으로 만든 포피로 가득했다. 7월 초부터 전사자 추도일인 11월 11일[19]까지 세라믹 꽃을 하나하나 심었다. 왜 넉 달이나 걸렸냐고? 절대량이 많았다. 88만 8246송이였다. 1차 대전 중 숨진 영연방 군인 숫자였다. 꽃 한 송이가 곧 한 생

----

[19] 호국영령 기념일(Remembrance Day)이다. 제1차 세계대전에서 희생된 이들을 기리기 위한 날이다. 휴전이 된 시각(11번째 달의 11번째 날의 11번째 시각, 즉 11월 11일 11시)에 맞춰 2분간 묵념한다. 1919년부터 시작됐다. 일명 '포피 데이'라고도 알려졌다.

전사자 추도일을 앞두고 영국 곳곳에선 포피를 볼 수 있다.
왼쪽 사진은 런던 탑의 해자가 포피로 가득한 모습이다.

명이었던 게다. 촘촘히 심었는데도 해자를 가득 메울 정도가 됐다. 88만 8246이 얼마나 어마어마한 숫자인지 현장에서 절감했다. 그게 생명이었다. 먹먹해졌다.

영국에 오래 산 이에게 "제1차 대전 100주년이어서 행사가 많은 거냐"고 물었더니 그가 심드렁하게 답했다. "우리 원래 이렇다. 올해 좀 있는 편이긴 하지만." 하기야 제1차 세계대전 직후 웨스트민스터 사원에 무명 용사 시신 한 구를 매장하며 명판에 이렇게 새겼다는 이들이다. '사람들은 이 자를 왕들[20] 가운데 묻었다. 신과 신의 집을 이롭게 했기 때문이다.'

영국에서만 그런 게 아니다. 격전지였던 예페르엔 도시 규모에 걸맞지 않게 큰 석조로 된 문인 메닝 게이트가 있다. 제1차 세계대전 중 이

---

[20] 웨스트민스터 사원엔 3300여 명이 매장돼 있거나 관련 기념물이 있다. 이들 중 왕도 있는데 '고해왕 에드워드'(1003~1066)부터 조지 2세(1683~1760)까진 대부분의 왕이 이곳에 영면했다. 헨리 8세(1491~1547) 묘지는 윈저 궁에 있다.

제1차 세계대전 서부전선 격전지인 벨기에 패션데일에 있는 틴콧 묘지. 영연방 군인 1만 2000명 가까이 묻혀 있다.

곳에서 전사했으나 시신을 찾지 못한 영연방 군인들을 추모하기 위한 추도비다. 이곳에선 1927년부터 오후 8시 영국군 병영에서 일과 종료를 알리는 나팔을 불던 의식(Last Post)을 거의 매일 재연하고 있다. 제2차 세계대전 중 예페르가 독일군에 점령됐을 때 정도만 중단됐다고 한다.

이로부터 10*km*쯤 떨어진 틴콧 영국군 묘지[21]엔 1만 2000개의 비석이 있었다. 영국의 포틀랜드 석회석으로 만든 비석엔 얼룩이 하나도 없었다. 아름다워서 더 처연했다. 틴콧에서 만난 1차 대전 참전용사의 손자라는 캐롤 플레처(64세)는 "할아버지의 희생이 제대로 대접받고 있는 것 같아 행복하다"고 말했다.

전쟁터에서 이럴지니 영국에선 말할 나위가 없다. 어느 마을에 가든 양차 세계대전을 기리는 기념물을 볼 수 있다.

---

[21] 영국군은 전사자를 숨진 곳에 매장하는 전통이 있다. 제1차 세계대전 때도 그랬다. 격전지마다 영국군 묘지들이 있는 이유다. 상공에서 봤을 때 점점이 묘지들이 보인다고 한다. 이들을 연결하면 곧 1차 대전 서부전선과 겹친다고 들었다. 막대한 인명 피해를 드러내는 상징이다.

북웨일스 카나본 성 안에 놓인 포피들.
웨일스를 상징하는 용이 보인다.

북웨일스 소도시인 란디드노에 놓인 한국
전 참전 추모비.
북서웨일스군 소속 장병들이 유엔 결의에
따라 자유를 지키기 위해 참전했다가 일부
가 목숨을 잃었다는 대목이 있다.

런던엔 웨스트민스터 사원과 의회, 관청 가를 관통하는 도로 한복
판에 상징물이 있다. 별다른 수식어 없이 '기념비'(The Cenotaph)라고 부르
는 것이다. 당초엔 제1차 세계대전 전몰자를 기리는 시설이었는데 점차
모든 전쟁에서의 희생자를 추도하는 의미가 더해졌다. 해마다 11월 11
일 11시가 되면 여왕이 추도식을 이끄는 곳이다. 엄숙해야 할 공간이다.
《BBC》의 대표적 자동차 시승 프로그램인 〈톱 기어〉가 이 기념비 인근
에서 촬영했다고 알려졌을 때 영국 사회가 들고 일어나 비난을 쏟아내
기도 했다.

소읍도 다르지 않다. 가장 중심부에 기념비가 있기 마련이다. 전사
자 이름도 새겨져 있다. 동네 교회 안에서도 전사자 명부를 볼 수 있다.
그걸 읽다보면 가슴이 먹먹해지곤 한다. 동일한 성이 반복되어서다. 한
가족에서 한 사람 이상, 종종 여러 사람이 전사했음을 증언한다. 거기엔
어김없이 포피가 놓여 있다. 종종 이런 글귀도 만난다. "잊지 않겠습니

다. 고손자가."

제1차 세계대전으로 인해 가장 활동적인 연령대의 남성 열 명 중 한 명이 숨졌다. 거의 모든 사람이 직·간접적으로 누군가를 잃었다는 얘기다. 이른바 '잃어버린 세대'다. 제2차 세계대전을 두고 영국인들은 즐겨 '가장 좋은 날'이라고 말한다. 그러나 국가적으론 가용 자원을 초과한 전쟁이었다. 그로 인해 제국이 해체됐고 예전의 위상으로 다시 돌아가지 못했다.

상처뿐인 영광일 수도 있는 걸 영국은 반복해서 기억한다. 희생과 고난, 그리고 불굴의 의지와 마침내 승리란 구도의 영웅 신화로다. 그게 전승돼 현재의 공통 체험으로 내재화한다. 국민을 묶어주는 무엇인가다. 계급도, 빈부도 민족도 뛰어넘는 오롯이 영국민, 영연방의 신화다. 끊임없이 변주된다. 우리에겐 과연 그런 게 있는가.

2장

커뮤니티,
축구,
계급

"영국은 햇볕 아래 가장 계급에 물든 국가다."

소설가 조지 오웰의 말이다. 그 계급은 그러나 대체로 부의 유무와는 관련이 없다. 또 영국인들을 두고 태생적으로 수줍음을 탄다고, 혼자 있길 즐긴다고들 말한다. 하지만 둘 이상 모이면 모임을 만들곤 한다. 우리와는 다른 양태다.

브론테 카운티

"저 바람을 쐬어야겠어. 무어에서 불어오고 있어."

소설 『폭풍의 언덕』에 나오는 말이다. 그 바람에 들떠, 잉글랜드 안에 있는 무어(Moor, 황무지)란 무어는 다 가보겠노라고 한때 생각했었다.

일단 발을 떼긴 했다. 우선 행선지는 잉글랜드 북부 요크셔의 하워스(Haworth)다.

흐린 날이었다. 대기에도 우울함이란 게 녹아 있다면 바로 그런 날이었을 게다. 잿빛의 규질암 석재로 지은 건물과 잿빛 하늘 사이 경계는 흐릿했다. 주변의 습기는 곧 빗방울로 변할 기세였다. 비탈진 골목길을 올라가며 이런 날씨에 무슨 일을 할 수 있을까 싶었다. 몸을 돌려보았다. 멀리 구릉진 언덕과 양들이 보였다. 어느 곳 하나 황량하지 않은 데가 없었다. 을씨년스러운 일상에서 벗어나는 유일한 방법은 상상 속으로의 도피뿐이겠다는 생각이 들었다.

잉글랜드의 엑스무어.
엑스무어는 마침 야생화 히스(heath)로 흐드러졌다.

황무지 또는 황야 지대로 번역되는 무어.
영국 곳곳에 있는데 이 사진은 요크셔 북부의 '노스 요크셔 무어'다.

브론테 자매들이 살았던 목사관은 그 비탈길이 끝나는 지점에 있
었다. 이제는 기념관으로 바뀌었다. 부친이 목사였다. 영국 시골의 교회
가 그러하듯, 주변이 묘지였다. 브론테 자매는 여섯 남매의 일원이었다.
그중 성년에 이른 건 네 명이었는데 샬럿 · 브랜웰 · 에밀리 · 앤 순이었
다. 모친은 38세의 나이로 세상을 떠났다.

쉽지 않은 성장기였을 터다. 예술적 재능을 먼저 드러낸 건 브랜웰
이었다. 시집을 발간했고 번역도 했으며 화가이기도 했다. 세 자매가 함
께 있는 초상을 그린 것도 그였다. 브랜웰은 그러나 알코올 · 마약 중독
으로 이력이 꼬이곤 했다. 개인 교사로 있던 저택의 안주인과 사랑에 빠
졌고 그녀의 남편이 숨졌을 때 그녀와 결혼할 수 있을 것이라고 기대했

으나 거절당하자 더한 나락으로 떨어졌다. 마지막엔 친구에게 "진을 마시게 5펜스만 달라"는 쪽지를 보낼 정도로 망가졌다.

세 자매는 이걸 지켜봤다. 글을 쓰는 게 유일한 탈출구였으리라. 샬럿의 주도로 자신들의 작품을 출판하기로 했다. 1846년의 일이다. 각자 이름의 앞 글자를 딴 커러·엘리스·액턴 벨 형제의 시집을 냈다. 이듬해엔 각자의 소설인 『제인 에어』 『폭풍의 언덕』 『아그네스 그레이』를 발표했다. 『제인 에어』는 곧바로 베스트셀러가 됐다. 문단에서 벨 형제가 실제론 한 명의 남성이란 주장이 제기되자, 샬럿과 앤이 런던을 방문해 자신들의 신분을 공개했다.

단색이었을 이들의 삶에 화려함이 스며들었다. 명성이다. 하지만 짧았다. 불행이 닥쳤다. 망가질 대로 망가진 브랜웰이 1848년 9월 31세의 나이로 숨졌다. 사인 자체는 결핵으로 여겨지고 있다. 그로부터 석 달 뒤 에밀리가 같은 질병으로 세상을 떠났다. 에밀리는 일체의 의사 진료를 거부했다. 에밀리와 가까웠던, 막내 앤이 에밀리의 죽음에 충격을 받아 심신이 쇠약해졌고 이듬해 5월 29세의 나이로 사망했다.

샬럿은 버텨냈다. 교회 부목사와 결혼했다. 명성은 견고해졌다. 하지만 샬럿 역시 1855년 39세에 숨졌다.

지금의 기념관은 당시 자매가 함께하던 모양 그대로 남아 있다. 이네들이 대화했을 법한 식탁도 있다. 200년도 지났는데도 '브론테 매니아'의 발길이 끊이질 않는다. 목사관만이 아니다. 브론테 자매들이 활동한, 혹은 영감을 받았음 직한 곳에도 순례의 발길이 이어진다. 이들 지역을 부르는 호칭이 있으니 '브론테 컨트리'다. 최근엔 하워스에 이어 브론테 네 남매가 태어난 손튼이란 곳도 주목받고 있다.

(위)박물관에서 내려다본 마을로 2월의 해질
무렵 대기엔 을씨년스러움이 가득했다.
(오른쪽)브론테 가족이 살았던 목사관이 이젠
박물관이 됐음을 알리는 표지판.

앞서 하워스 주변 풍경에 대해 음산한 곳으로 묘사했다. 흐린 날엔
분명 그렇다. 그러나 해가 나면 완전히 딴 세상이 된다. 『폭풍의 언덕』의
한 대목이다.

"워더링 하이츠는 히스클리프의 집이다. '워더링'이란 이 지방에서 쓰는 함축성 있는 형용사로 폭풍이 불면 위치상 정면으로 바람을 받아야 하는 이 집의 혼란한 대기를 표현하는 말이다. 정말 이 집 사람들은 줄곧 그 꼭대기에 일 년 내내 그 맑고 상쾌한 바람을 쐬고 있을 것이다. 집 옆으로 제대로 자라지 못한 전나무 몇 그루가 지나치게 기울어진 것이나, 태양으로부터 자비를 갈망하듯이 모두 한쪽으로만 가지를 뻗고 늘어선 앙상한 가시나무를 보아도, 등성이를 넘어 불어오는 북풍이 얼마나 거센지 짐작할 수 있으리라."[1]

'맑고 상쾌한 바람'이란 문구가 등장한다. 실제로 그렇다. 낮은 관목과 억새와 풀이 뒤엉킨 말 그대로 황무지는 흐린 날엔 황량하기 그지없지만 맑은 날엔 전혀 다른 얼굴을 드러낸다. 잎사귀·줄기·꽃잎의 한 면 한 면이 오롯이 받은 햇볕을 되쏘아낸다. 빛과 색채의 향연이다. 생명의 기운이라곤 느끼기 어려운 불모의 공간이 생명으로 충일한 곳으로 바뀐다. 태양이 만들어낸 신비다. 에밀리는 이곳을 산책했고 사계절의 모습을 소설에 담았다.

특정 지역과 밀접한 관계를 맺은 작가는 브론테 자매들 말고도 또 있다.

"부인들이 응접실로 물러갔을 때 나는 하디 옆에 앉게 되었다. 내 기억

----

[1] 에밀리 브론테의 『폭풍의 언덕』. 2005년 민음사에서 출간된 판본을 따랐다.

으로 그는 체구가 작고 흠내 나는 얼굴의 소유자였다. 야회복을 입고 깃이 높은 예식용 셔츠를 걸치고 있었지만 그래도 묘한 흙냄새를 풍기는 인물이었다."[2]

하디, 즉 토마스 하디다. 이른바 '웨섹스 소설'로 유명하다. 잉글랜드 남부와 서남부 농촌 지역을 배경으로 한 일련의 소설들이다. 어딘가 싶어 영국 지도를 펴놓고 하루 종일 찾아본들 찾지 못할 게다. 현재 지명에선 에섹스·서섹스는 있어도 웨섹스는 없어서다. 그가 웨섹스라고 설정한 곳은 지금의 도싯·서머셋·데본·월트셔·햄프셔 이런 지역이다.

그 지역에서 웨섹스란 지명을 발견하려면 10세기 이전으로 거슬러 올라가야 한다. 잉글랜드를 지배했던 앵글로색슨계 여러 개 왕국 중 하나가 웨섹스였다. 바이킹의 침입 이후 왕국들이 하나둘 무너졌고 마지막엔 웨섹스만 남았다. 이른바 '마지막 왕국'이었다. 대표적 인물이 알프레드 대왕(Alfred the Great, 849~899)이다. 영국 역사에서 '대왕'이 붙는 유일한 잉글랜드 군주다. 그는 878년 전쟁에서 패해 습지에 몸을 숨길 정도로 절멸의 위기에 처했다가 때를 기다려 군대를 일으켰고 결국 왕국을 살려냈다. 대왕 자신은 사려 깊은 통치자이기도 했다. 학문과 교육에 힘 썼고 스스로도 영어로 책을 썼다. '잉글랜드'란 정체성을 처음으로 만들어낸 군주이기도 했다. 그의 손자 대에 비로소 잉글랜드 왕국으로 확장했다.

----

② 레이먼드 윌리엄스의 「시골과 도시」.

하디의 웨섹스도 팽창했다. 초기 웨섹스는 도싯의 일부 지역이었다. 그러다 소설 출간 권수가 늘면서 권역도 점차 넓어졌다.

지금도 이들 지역을 하디 팬들이 누비고 다닌다. 그중 가장 명소는 하디가 태어난 집이다. 도싯에 있는데 '토마스 하디의 오두막'(Thomas Hardy's Cottage)으로 번역된다. 작은 텃밭이 있는 말 그대로 오두막인데, 본인은 오두막이란 표현을 싫어했다고 한다. 도싯 자체는 '하디 컨트리'로 불린다.

레스터 vs 요크

보즈워스 들판에서 내 좌절로

레스터가 내 마지막 안식처가 된 이래

여우들은 나의 두 번째 사랑이 됐다.

(…)

난 불리함을 딛고 왕이 됐다.

레스터에서 이게 반복될 것이다.

비판가와 비관론자들을 물리치고.

2016년 3월 영국 일간지 《가디언》이 1면에 쓴 글이다. 영국의 대문호 윌리엄 셰익스피어의 리처드 3세 얘기를 인용한 게다. 2015-2016 잉글리시 프리미어리그에서 레스터시티 FC의 우승을 두고서.

만년 하위권으로 강등을 걱정해야 하는 처지의 팀이 창단 이후

레스터 성당 앞에 자리한
리처드 3세의 조형물이다.

132년 만에 우승한 것과 리처드 3세가 무슨 관련이랴 싶을 수도 있다. 현지에선 그러나 "리처드 3세의 음덕(陰德)"이란 얘기가 나왔다. 어떤 연유인가 하면 다음과 같다.

장미전쟁 중 요크가 출신의 리처드 3세가 보즈워스 전투에서 숨졌고 랭커스터가의 방계 출신인 헨리 튜더가 왕위에 올랐다고 앞 장에서 쓴 바 있다.

2012년 보즈워스 들판으로부터 20㎞ 떨어진 도시인 레스터 주차장에서 유골이 발견됐고, 2년 후 리처드 3세의 것으로 확인됐다. 그의 사후 529년 만이었다. 이듬해인 2015년 레스터 성당에선 성대한 장례식이 열렸다. 리처드 3세의 16대손인 세계적 배우 베네딕트 컴버배치가 추도사를 낭독하기도 했다.

주변 도시들에 비해 달리 내세울 게 없었던 레스터는 이를 계기로 '리처드 3세'란 얘깃거리를 갖게 됐다. 성당 주위엔 리처드 3세의 조각상이 섰고 일대엔 그의 일생을 알 법한 조형물도 들어섰다. 전국 각지에서 방문객들도 이어졌다.

그리고 공교롭게 레스터의 우승도 뒤따랐다. 미국 《LA타임스》는 그 무렵 "레스터시티의 믿을 수 없는 상승세에는 세 사람이 연관돼 있다. 클라우디오 라니에리 감독과 주축 공격수 제이미 바디, 그리고 리처드 3세"라면서 "리처드 3세의 장례식을 치른 뒤 레스터시티가 완전히 다른 팀이 됐다"고 전했다.

피터 소울스비 레스터 시장도 당시 "레스터시티의 변신은 단순히 경기력만으로 설명할 수 없는 뭔가가 있다. 리처드 3세의 장례식 이후 도시 전체가 설명하기 힘든 새로운 자신감으로 가득하다"고 전했다. 영국 일간지 《텔레그래프》는 "이쯤 되면 레스터시티의 질주에 대해 '왕실의 도움이 있었다'는 분석이 가능할 것 같다"고 했다.

사실 리처드 3세의 레스터 장례식이 열리기까지 곡절이 있었다. 요크도 "우리 도시에 안장해야 한다"고 주장하고 나섰기 때문이다. 처음에 요크와 랭커스터의 갈등 얘기를 듣곤 "당연히 요크 아닌가"라고 여겼었다. 리처드 3세가 요크가 출신 아닌가 해서다. 요크에서 휘날리곤 하던 요크가의 흰 장미 깃발도 떠올랐다.

결론부터 얘기하면 오해였다. 요크가는 잉글랜드 남부와 웨일스에서 근거한 왕족이었다. 요크의 누구라고 불린 이가 많았지만 대부분 출생지는 런던이거나 런던 인근이었다. 리처드 3세도 요크 출신이라고 보긴 어려웠다. 물론 리처드 3세와 요크 간에 인연이 전혀 없는 건 아니다. 한때 그곳의 영주로 스코틀랜드인들과 맞서 싸웠다. 셰익스피어가 희곡에 그린 두 조카를 죽인 곱사등이 잔혹한 군주란 이미지와 달리, 요크에선 용감했고 능력 있는 귀족이었다. 그보다 앞서 세상을 떠난 아들 에드워드가 묻힌 곳도 요크다.

그렇더라도 요크와 요크셔 주가 흰 장미를 내세운 건 18세기 이후의 일이었다. 요크셔 출신들로 이뤄진 군대에서 전사자를 기리기 위해 하얀 장미를 사용한 게 널리 퍼지는 계기가 됐다고 한다.

같은 맥락으로 도시 랭커스터와 랭카셔 주와 랭커스터 가문과의 연관성도 분명한 게 아니다. 랭커스터가 역시 잉글랜드와 웨일스를 기반으로 한 귀족 가문이었기 때문이다. 장미전쟁의 승자인 헨리 튜더, 즉 헨리 7세는 웨일스의 펨브룩 성(Pembroke Castle)에서 자랐다. 그럼에도 랭카셔의 주화(州花)가 붉은 장미다.

이런 역사적 사실에도 통념 속에선 '요크=흰 장미, 랭커스터=붉은 장미'로 굳어졌다. 놀라운 스토리텔링의 힘이다.

어쨌거나 요크는 요크가의 마지막 왕이자 전쟁터에서 숨진 마지막 왕인 리처드 3세를 진정으로 요크에 안장해야 한다고 주장했다. 요크인들의 청원도 잇따랐다. 셰익스피어의 '악의적 묘사'에도 불구하고 리처드 3세는 요크나 요크셔에선 여전히 인기 있는 인물이라고 강조했다. 실제 두 조카로부터 왕위를 빼앗았다는 후대 역사가들의 기술에도 동의하지 않는, 드문 곳이기도 하다.

그럼에도 리처드 3세를 둘러싼 요크와 레스터의 유치전이 결국 레스터의 승리로 끝났다. 요크의 역사 · 정서적 유착이, 그의 유골이 레스터 주차장 터에 오랫동안 매장돼 있었고 레스터대학교 연구진에 의해 발굴 · 보관됐으며 같은 대학에서 2년여 일련의 DNA 검사 등 정밀 검사를 통해 리처드 3세로 확정한 현재 인연을 압도하지 못한 게다.

참, 레스터시티 FC의 구단주는 리처드 3세 장례식에 앞서 10만 파운드를 기부했었다. "레스터는 위대한 명분을 위해 열정적으로 단결하곤 했다. 이게 우리에게 자부심을 주고 유대도 강하게 한다"며 "레스터 공동체의 일원으로 레스터 시민들이 역사적이며 문화적으로 중요한 행사를 가능케 하는 데 동참하고자 한다"고 했다. 그의 기부가 효험이 있었던 걸까. 참고로 '레스터 공동체 일원'을 강조한 레스터시티 FC의 구단주는 태국 기업인이다.

남성만의 공간

런던의 도심부 부촌인 메이페어의 피츠모리스 거리엔 석조 건물이 있다. 250년 됐다는데 건물 외벽엔 1780년대 총리를 지낸 랜스다운 후작과 1920년대 백화점 소유주로 이름난 해리 셀프리지가 살았던 곳이란 표지[③]가 붙어 있었다.

우리에겐 다른 의미가 있으니, 망국으로 가는 현장이기도 하다. 1902년 1월 영·일 외무장관이 이곳에서 외교문서에 서명했다. 서구의 강대국과 동양의 한 나라가 대등하게 체결한 최초의 조약으로 알려진 영일동맹이다. 랜스다운은 당시 영국 외무장관이었다. 일본엔 아시아

[③] 파란색 원형판으로 현지에선 블루 플라크(blue plaque)로 불린다. 영국 사회에 기여가 있는 사람들과 관련된 장소, 역사적 현장에 붙이곤 한다. 1867년부터 예술위(Society of Arts) 담당이었는데, 1986년부터 잉글리시 헤리티지로 이관됐다고 한다.

런던 한국문화원 인근에 있는 '내셔널 리버럴 클럽'의 내부.
1882년 총리를 지낸 자유당 정치인인 윌리엄 글래드스턴에 의해 설립됐다.
여성 회원은 1960년대부터 가능해졌다.

강국으로 가는 발판이 됐다. 2년 뒤 러일전쟁에서 승리했는데, 앞서 청일전쟁(1884~1885)에서 이기고도 러·불·독의 간섭에 의해 '전리품'을 내놓아야 했던 외교적 패퇴를 9년 만에 설욕한 게다. 일본의 승리는 우리에겐 그러나 재앙이었다.

오늘의 주제는 하지만 한일합병의 씨앗이 된 조약을 곱씹으려는 게 아니다. 그 건물에 현재 자리한 랜스다운 클럽 관련 얘기다. 회원제 클럽이다. 레스토랑도 회의·독서 공간도, 또 아르데코식으로 꾸민 수영장도 있는 사교 모임 장소다. 문을 열고 들어가면 계단참 위에 있는 관리자가 "어떻게 왔느냐"고 물을 게다. 회원과 함께하지 않으면 그 이상 접근은 안 된다. 필자도 그 이상 못 들어갔다.

영국은 물론 대영제국에 속했던 나라들에서 흔히 볼 수 있는 클럽이다. 하지만 랜스다운 클럽은 여느 클럽과 몇 가지 점에서 다른데 우선

1935년에야 시작됐다는 사실이다. 클럽계에선 '신출내기' 축에 속한다. 더욱이 출발 때부터 여성 회원을 받아들였다.

그게 대수랴 싶을 수도 있겠지만 사연을 들으면 생각이 달라질 게 다. 영국에서 회원제 클럽 하면 원래 남성 전용, 즉 젠틀맨 클럽[4]이었다. 그리고 17세기까지 거슬러 올라간다. 당시 커피 하우스에서 유래했다. 유럽에 커피가 퍼진 이후다. 그러다 중산층 남성들이 자신들만의 공간을 마련하기 시작했다.

런던에서 최고(最古)의 클럽은 화이츠(White's)로 1693년 설립됐다. 조선 숙종 때다. 지금도 여전히 남성 전용이어서, 여성의 경우 방문조차 불가한 것으로 알려졌다. 찰스 왕세자나 윌리엄 왕세손 등이 회원이라고 한다.

부들스(Boodle's)는 보수당 계열 인사들, 브룩스(Brooks's)는 화이츠로부터 가입을 봉쇄당한 인물들에 의해 1762년 세워졌다. 이들은 남성만 회원으로 받지만 여성 입장은 가능하다고 한다.

이들 클럽들이 몰려있는 데가 전통의 거리인 버킹엄 궁과 그린 파크 사이에 있는 폴 몰이나 세인트 제임스 거리다. 별다른 표식도 없는데 버젓한 건물이라면 클럽일 가능성이 크다. 배타적인 장소다. 대개 중상층 이상 남성들의 공간이다. 가입하기도 어렵다. 한 지인이 "몇 년 공들인 끝에야 가입했다"며 자랑한 일도 있다.

----

④ gentlemen's club이다. 영국에선 이런 표현이 가능하다. 그러나 미국에선 주의해야 한다. 미국에선 스트립쇼 하는 곳을 젠틀맨 클럽이라고 해서다. 대신 프라이빗 클럽, 시티 클럽 등으로 불린다.

클럽마다 자체 행동·복장 규칙이 있는 경우가 적지 않다. 휴대전화 통화나, 큰 목소리의 대화를 금지한 곳도 있다. 탐정 셜록 홈즈의 형 마이크로프트가 회원으로 있던 디오게네스 클럽을 떠올려보라.[5] 재킷을 걸치지 않았다면, 혹 청바지나 운동화 차림이라면 문간에서 입장 거부될 가능성도 크다.

이런 유의 클럽을 두고 영국에선 오랫동안 사회적 논쟁이 있어왔다. 대강 이런 주장이 오가곤 했다.

A: 남자들은 흥정을 하고 평화롭게 경쟁하고 위험 감수와 사업의 연결망(투쟁 본능을 완화하는 동시에 삶의 목적을 채워주는 역할을 한다)을 형성할 수 있는 통로인 '남성 간의 유대'가 필요하다. 따라서 남자들은 클럽을 결성하고 거기서 저녁 시간에 만나 음료와 음식을 먹고, 저속하고 거친 잡담을 주고받으면서 상호 간의 경쟁심을 누그러뜨린다. 여기에 무슨 해악이 있는가.

B: 클럽은 특권의 무대, 즉 흥정이 이뤄지고 출셋길이 열리는 장소로 탈바꿈한다. 흥정과 출세의 기회는 클럽 회원들, 다시 말해 남자들에게만 제공된다. 따라서 남성 클럽은 성차별적 성격을 띠는 부당한 차별의 수단이다. 여자들도 남성 클럽에 출입할 수 있어야만 비로소 남성 클럽의 존재는 사회적 정의를 둘러싼 요구와 조화될 수

---

[5] 셜록 홈즈의 회상록엔 대충 이렇게 묘사돼 있다. "사교성이 없기로 런던에서 둘째가라면 서러워할 사람들을 위해 발족된 모임이다. 그곳 회원들은 서로에게 절대로 관심을 가져서는 안 된다. 거기에선 내빈실만 빼고 일체의 대화가 금지돼 있다. 이 규정을 세 번 이상 어기면 제명될 수도 있다."

있을 것이다.[6]

골프 클럽도 이 논쟁을 피할 수 없었다. 격론 끝에 오랫동안 '금녀'의 공간이었던 클럽들의 빗장이 풀리고 있는 추세이기도 하다. 여기엔 앞선 논지 외에도 상업적 이유도 있다. 국제적 골프대회를 유치하기 위해선 기업 스폰서가 필수적인데, 성차별을 한다는 비판이 제기될 소지가 있는 곳이라면 기업들이 난색을 표할 가능성이 있어서다.

어찌했거나 클럽하우스 앞에 '개와 여성은 출입 금지'(No dogs or women allowed)란 푯말이 붙었던 골프의 성지인 스코틀랜드의 세인트 앤드루스가 260년 만인 2014년부터 여성도 회원으로 받아들이기 시작했다. 메이저 골프대회인 마스터스 대회가 열리는 미국 오거스타 내셔널 GC는 개장 80년 만인 2012년 8월 처음으로 여성 회원 둘을 받아들였다.

스코틀랜드의 명문 골프장인 뮤어필드의 경우 회원들이 1892년 이래 이어져온 금녀(禁女)의 전통을 유지하겠다고 투표했다가 1년 만에 번복한 일도 있다. 영국왕립골프협회(R&A)가 금녀인 골프장에선 메이저 대회인 디 오픈을 치를 수 없다는 입장을 확고히 한 후다. 뮤어필드 회원들은 초기엔 "디 오픈을 안 치러도 상관없다"고 했었다.

영국이 어딘가. 젠틀맨 클럽이 남아 있듯, 남성 전용 골프장도 남아 있긴 하다. 스코틀랜드 에든버러 인근에 있는 로열 버지스 골프 클럽이다. 누군가는 "남성을 위한 안전한 피난처"라고 썼다. 남성 회원과 함께 하면 여성들도 경기는 가능하다고 한다.

----

⑥ 로저 스크러튼의 『합리적 보수를 찾습니다』.

그래도 대세는 '금녀의 장벽'들이 곳곳에서 허물어진다는 데 있겠다. 영국 런던의 새빌 로(Savile Row)는 수제 양복점들이 몰려 있는 곳으로 유명하다. 이 거리에 양복 장인이 둥지를 틀기 시작한 지 213년 만인 2015년 처음으로 여성 장인이 양복점을 열었다. 캐스린 사전트다. 새빌 로 양복점인 기브스 앤 호크스에서 15년간 재단사로 일했고 2009년엔 새빌 로 사상 첫 여성 수석 재단사가 된 인물이다. 사전트는 "새빌 로는 오래됐고 대단히 남성적인 거리"라며 "나는 그러나 상대적으로 남녀 모두에게 다가가는 양복을 만들 것"이라고 말했다. 그리고 이렇게 말했다. "내가 여성이란 건 부차적이긴 하지만 그래도 역사를 만들고 있다는 사실에 흥분된다."

영국도 더딜 뿐 변하고 있다.

고가 아래 공간이
공동체 공간으로 태어나다

영화 〈노팅힐〉의 배경이 된 영국 런던의 포토벨로 거리를 따라 북쪽으로 가면 거대한 고가도로가 나온다. 웨스트웨이다. 히스로공항에서 런던 도심으로 들어갈 때 혹 나갈 때 고가도로를 탄다 싶으면 이 도로일 가능성이 크다.

1960년대에 건설됐다. 당시부터 주민들의 반발이 거셌다. 너무나도 현대적이어서 런던과 동떨어졌다고들 느꼈다. 진정 그랬다.

영화를 본 이들은 상상이 잘 안 가겠지만 1950년대부터 노팅힐 일대는 카리브해에서 이주한 이들이 주로 정착한 곳이다. 백인 노동자계급 청년들이 이에 반발했고 둘 사이 충돌이 잦았다. 인종 갈등이다. 1958년 백인 갱들이 흑인들을 무자비하게 공격했다. '노팅힐 폭동'이다. 1976년에도 카리브해 문화를 즐기는 축제인 '노팅힐 카니발'이 폭동으로 돌변했다. 인종 갈등과 경찰의 진압이 맞물리면서다.

이런 가운데 웨스트웨이가 냉소의 대상이 되곤 했다. 남과 북을 가르는 장벽으로 여겨졌다. '이질적 괴물'이었다. 당시 록밴드 크래시의 노래다.

"웨스트웨이를 오르내리지/ 불이 들고 나는 듯해/ 멋진 교통체계야/ 정말 밝아/ 이보다 더 밤을 잘 보내는 방법은 없어."

그러나 일부 시민들이 고가 아래 버려진 땅을 주목했다. 1971년 시민운동가와 시민들이 '웨스트웨이 트러스트'라는 조직을 만들고 9만 3000㎡에 달하는 고가 밑 공간 활용 방안을 찾아 나섰다. 주민들이 낸 아이디어에 따라 고가 밑에 개성 있는 상가를 유치해 수익원으로 삼았다. 시민을 위한 교육시설이나 암벽등반 · 테니스 · 축구 · 농구 등 체육시설과 극장이 설치됐다. 죽은 공간이었는데 이젠 연간 50만 명이 이용하는 곳으로 탈바꿈했다.[7]

물론 여전히 이질적인 데가 있다. 같은 첼시 · 켄싱턴 자치구에 속하는데도 웨스트웨이를 두고 부유한 남쪽과 서민 지역인 북쪽 분위기가 확연히 다르다. 게다가 아랫동네는 더 부유해지고 있다. 웨스트웨이 트러스트의 마크 록하트 재정국장은 "남쪽 시민의 기대수명이 북쪽보다 8년 이상 길다"며 "건강 · 구직 프로그램을 강화해 이런 불평등을 해소하자는

---

[7] 2017년 이 글을 쓰고 있던 중 발생한 대규모 화재 참사 장소(그렌펠 타워)가 바로 웨스트웨이 남쪽이다. 런던에서 가장 부유한 지역에 있는 임대아파트였다. 웨스트웨이 스포츠센터는 이 재민들을 수용하는 곳이 됐다. 이곳의 주민들은 분노 속에서도 서로 돕기 위해 팔을 걷어붙였다고 들었다.

게 요즘 우리 단체의 목표"라고 설명했다. 트러스트도 주민 요구에 맞춰 진화하고 있다는 얘기다. 영국은 이 같은 시민적 전통이 강하다.

세계 최초의 협동조합은 맨체스터 인근 작은 마을인 로치데일에서 생겨났다. 공급자가 가격을 들쭉날쭉 매기자 1840년대 가난한 노동자들이 1파운드씩 출자해 생필품 판매 조합을 만들었다. 당시 1파운드는 노동자 월급의 절반이었다.

19세기에 영국의 자연환경 보호에 나선 자원봉사자들과 운동가들, 시골과 촌락 보존에 헌신하는 400만 명의 회원들로 구성된 영국 명승사적보호협회(National Trust, 내셔널 트러스트)[8]도 있다. 내셔널 트러스트가 소유한 건물에 가면 인근에 사는 연로한 자원봉사자들이 기꺼운 마음에 안내를 하는 모습을 어렵지 않게 본다.

12월에 런던을 찾는다면 주요 거리마다 크리스마스 등(燈)이 달린 걸 볼 게다. 이 또한 상인들이 모임을 만들어서 갹출해서 자금을 댄다. 거리에는 자선단체들 소속 모금 중인 봉사자들이 적지 않다.

영국에선 소중히 여기는 대상에 대한 애착이 모임·결사로 연결되곤 한다. 학교·교회·동호회·축구단·역사학회·사냥·낚시협회 등등. 뭐 그 정도쯤이야 싶겠지만 상상 이상이다. 《데일리 텔레그래프》가 기이한 모임들을 소개한 적이 있는데 '비스킷 평가 모임'(The Biscuit Appreciation Society)도 있다고 했다. 무려 회원이 300만 명이라고 한다. 구름을

----

[8] 영국(스코틀랜드는 별도)에서 역사적인 의미가 있거나 자연미가 뛰어난 곳을 소유, 관리하며 일반인들에게 개방하는 일을 하는 민간재단이다. 문화유산신탁으로도 불린다. 소유할 수 있으되 팔 순 없다. 350여 채 넘는 대저택의 소유주다. 영국 해안을 가장 많이 보유한 곳도 내셔널 트러스트다. 이 책에서 거명되는 대저택들의 상당수가 내셔널 트러스트 소유다.

감상하는 모임도 있다. 햄스터를 키우는 이들이 내는 잡지도 있다. 뉴캐슬대학교에선 '20분 모임'(The 20 Minute Society)이란 게 있는데 회원들에게 20분 후 어디서 보자고 할 때까지 무슨 활동을 하게 될지 모르는 게 특징이라고 했다.

공적 서비스 영역도 마찬가지다. 1832년에 꾸려진 영국의학협회(British Medical Association)의 활동 덕에 영국인의 건강 상태가 급속도로 향상됐다는 주장도 있다. 낚시꾼 모임이 수질오염 개선에 크게 기여하기도 했다.

이런 맥락에서 소개하고 싶은 집이 있다. '아이텀 모트'(Ightham Mote)다. 평범한 사람들이 만들어낸 변화란 측면에서다. 런던에서 한 시간 정도 걸리는 시골에 있는 650년 된 집이다. 중세엔 저택이었겠지만 요즘의 눈으로 보면 소박한 편인 곳이다. 외진 곳에 있는데다 젠체하지 않는 외양 덕분에 무수한 전쟁도 폭동도 견뎌냈다고 한다. 400여 년 셀비 가문이 소유했으나 1800년대 말 주인이 바뀌었다. 셀비가는 더 이상 유지보수에 드는 막대한 돈을 감당할 여력이 없었다고 한다.

그러다 1951년 10월 경매에 아이텀 모트가 나왔다. 당초 구매하려던 업자는 집을 허물려고 했다. 그게 더 수지타산이 맞다고 본 게다. 그러나 경매 막판에 마을 주민 세 명이 나섰다. 그 집을 종종 수리했던 이의 아들인 윌리엄 덜링, 아이텀 모트의 맞은편 농가의 주인인 존 굿윈, 인근에서 약국을 운영하던 존 볼독이었다. 보통 사람들이었다. 여의치 않은 형편에도 급전 5500파운드를 마련했다. 복안이 있었던 건 아니다. 돈을 날릴 수도 있었다. 그러나 이들은 "우리가 시간을 벌면 제대로 된 구매자가 나타날 것"이란 기대를 했다. 그만큼 이 공간이 중요하다고 느

런던에서 한 시간 정도 걸리는 시골에 있는 중세 저택인 아이템 모트.
1950년대 헐릴 뻔했으나 인근 주민들이 노력 덕분에 살아남았다.

껐고 그런 만큼 반드시 지켜야 한다고 믿은 게다. 자신들이 무모해 보이
는 선택을 할 정도로 귀중한 공간인 만큼, 그에 합당하고 온전한 주인이
나타나길 간구한 게다.

결과적으로 이들의 바람대로 됐다. 곧바로 미국인 사업가 찰스 헨리
로빈슨이 등장했다. 어릴 적 아이템 모트에 반했던 로빈슨이 우연히 영
국을 방문한 길에 다시 그곳을 찾았다가 매입까지 하게 됐고 허물어져가
는 집을 고쳤을 뿐만 아니라 1965년 내셔널 트러스트에 기증도 했다.

이런 선의와 우연이 빚어낸 사연들 때문일까, 아이템 모트에 발을
들여놓으면 따뜻한 기운이 느껴진다.

350년 된
마을대항전 '축구'

잉글랜드의 애쉬본(Ashbourne)은 피크 디스트릭트(Peak District, 고원지대)로 향하는 길목에 있는 소도시다. 마을 주민이 7000명 정도로 딱히 특별할 게 없어 보이는 마을이기도 하다. 그러나 연중 한 차례, 사순절[9] 전날부터 첫날까지 양일간 벌어지는 축구대회 땐 다르다. 바로 '왕립 사육제 축구'(Royal Shrovetide Football)다.

사실 축구(football)[10]란 표현을 썼지만 그냥 보면, 그리고 다소 과장해서 표현하면 집단 패싸움처럼 보인다. 차이라면 공이 있다는 것 정도

----

[9] 부활절 전까지 여섯 번의 주일을 제외한 40일 동안의 기간이다.

[10] 문화정보를 담은 주간지인 『타임아웃』 런던판에서 한때 '가장 듣기 싫은 소리 다섯 가지'를 꼽은 적이 있는데 그중 하나가 미국식 악센트였다. 그러니 축구를 사커(soccer)라고 하면 어떻겠는가. 정중하면서도 친절하고 그러나 단호한 태도로 '풋볼'(football)이라고 고쳐줄 게다.

런던으로부터 자동차로 한 시간여 거리에 있는
대저택인 '놀 하우스'의 대정원.
사슴이 어슬렁거리는 초지 한쪽에선 흰 유니폼을 입고
크리켓을 하는 주민들이 보인다.

다. 이른바 '군중 축구'(mob football)다. 마을을 가르는 개울을 기준으로 북쪽에서 태어난 이들인 '윗마을'(Up'Ards), 남쪽 출신인 '아랫마을'(Down'Ards)이 공 하나를 가지고 4.8㎞ 떨어진 상대 골대(엄밀하겐 골 기둥)를 향해 각각 돌진한다.

규칙이 없진 않다. '안 된다'는 유인데 현지 언론이 꼽은 건 대략 다음과 같다.

① 살인 또는 우발적 살인은 안 된다. 불필요한 폭력에 대해선 눈살을 찌푸리게 될 게다.

② 오토바이 · 자동차 등 엔진 있는 기구로 공을 운반해선 안 된다.

③ 가방이나 배낭 등에 공을 숨겨선 안 된다.

④ 교회나 묘지, 추모공원 안에서의 플레이는 안 된다.

⑤ 오후 10시 이후 경기는 안 된다.

경기 중엔 골목마다 '선수'로 가득하다. 공을 품고 전진하는 이들에 겐 수많은 태클이 들어온다. 몸싸움도 다반사다. 때론 공을 던지고 손으로 치고 발로도 찬다. 개울에 뛰어들기도 하는데 그럴 때엔 수중전이 벌어진다. 선수들 중 일부는 경기장(골목)을 이탈, 동네 선술집에 들어가 맥주를 거나하게 걸치기도 한다.

뭐 이런 게 경기인가 싶겠지만 1660년대부터 하던 운동이다. 중세의 축구다. 믿거나 말거나 전설에 따르면 당시 공은 적의 머리였다고 한다. 여기로부터 축구류(類)가 분화해 나왔다. 축구와 럭비(럭비 세븐스, 럭비 유니온, 럭비 리그 그리고 아메리칸 풋볼) 등이다. 둘을 거칠게 나누면 발만 쓰거나(축구), 손과 발을 다 쓰거나(럭비)다.[11]

사실 영국에서 최초로 규칙화 · 제도화 · 상업화한 스포츠 종목이 제법 된다. 우선 축구 룰이 영국에서 정해졌다. 1840년대에 축구류가 이튼 · 윈체스터 · 해로 · 럭비 · 쉬루즈브리와 같은 사립학교에서 점차 손

---

[11] 사실 이 대목에서 호주인들이 반발할 수도 있겠다. 대충 한 부류가 더 있는데 '호주 축구'(Australian football)이다. 호주인이란 의미의 오지(Aussie)를 써서 Aussie football이라고도, 줄여서 footy라고 한다. 타원형 경기장에서 골대 사이로 골을 차 넣는다. 손발을 다 쓸 수 있다. 그렇더라도 공을 쥐고 뛸 때 종종 공을 튀기거나 땅에 닿게 해야 한다. 럭비엔 그런 제약이 없다. 생물종들처럼 축구도 대륙마다 다른 진화 과정을 밟았다는 느낌을 받게 되곤 한다.

을 쓰지 않는 쪽으로 나아갔다. 1848년 케임브리지대학교 트리니티 칼리지에 진학한 이들 학교 출신들이 공을 쥐고 달리는 걸 금지하는 룰을 만들었다. 이른바 '케임브리지 룰'이다. 이걸 거부한 게 럭비다.

당시 산업혁명으로 도시들이 성장하면서 도시를 기반으로 한 축구 클럽들도 생겼다. 이들도 자체 룰을 만들었는데 1857년 '셰필드 룰'이 가장 유명했다. 코너킥이나 스로인, 프리킥 등을 도입했다.

그러다 1863년 10월 26일 오전 어느 날 런던 코벤트 가든 인근에 있는 프리먼스 태번(Freemasons Tavern)에서 축구협회(FA)가 만들어졌고 다섯 차례 더 회동 끝에 같은 해 12월 단일 룰이 만들어졌다. 1882년에 축구협회에 등록한 클럽 수는 무려 1000여 개가 넘을 정도로 축구는 인기 종목이 됐다.

영국엔 지금도 여러 층위의 축구 클럽들이 있다. 널리 알려진 프리미어리그나 그 아래 챔피언십리그 말고도, 동네마다 자체 축구단이 있을 정도다. 런던 남부의 한 소도시에 갔다가 정말로 기울어진 운동장에서 축구 시합을 하는 것을 본 일도 있다.

럭비 규칙도 영국산이다. 잉글랜드 중부의 럭비라는 마을에 있는 사립학교인 럭비스쿨에서 유래했다. 1871년 럭비축구유니언(RFU)이 만들어졌다. 이후 운영상 갈등으로 일부가 떨어져나갔다. 럭비 유니언으로부터 럭비 리그의 분화다.

그럼 궁금할 게다. 도대체 어느 정도까지 영국이 룰 세팅을 주도했는지 말이다.

우리에게 익숙하지 않은 종목 중 크리켓도 있다. 영연방 국가에선 일종의 국기(國技)다. 특히 중국 다음으로 인구가 많으면서도 메달보단

대회 참가에 의의를 두는 인도가 자부심을 느끼는 희귀한 종목이 크리켓이다. 때론 인도인의 운동신경이란 크리켓에만 특화됐나 싶을 때가 있을 정도다.

영국의 신문인 《데일리 텔레그래프》의 주장에 따르면 야구도 영국제다. 제인 오스틴의 소설에도 언급됐다는 게다. 배드민턴은 인도에서 영국군이 즐기던 걸 귀국하면서 가져왔고 영국 본토에서 규칙이 만들어졌다고 한다. 당구의 일종인 스누커와 테니스, 골프, 탁구, 다트, 하키, 여성들이 하는 농구와 유사한 경기인 네트볼, 빙판 위에서의 컬링, 게이트볼 등도 마찬가지라고 한다. 눈 구경하기 어려운 나라인데도 스키 규칙을 만들었다니 더 말해 무엇 하겠는가. 대영제국의 위상이 전 지구적이었던 만큼 이들 규칙도 빠른 속도로 퍼져나갈 수 있었다. 대영제국이 사라진 후에도 규칙은 남았다. 제도의 힘이다.

한편 영국 사회 전반에 계급의 그림자가 짙게 드리워졌듯, 스포츠에도 마찬가지다. 계급마다 즐기는 운동이 다소 다르다.

일단 가장 잉글랜드적 스포츠는 크리켓이다. 위아래로 흰옷을 입은 선수들이 넓은 잔디밭이 펼쳐진 자연에서 공을 치고 달리는 풍경을 떠올려보라. 영국인들이 이상시하는 전원 모습이다. 경기 중 차(茶)를 위한 20분의 휴식도 있으니 말해 무엇 하겠는가. 일종의 '애프터눈 티'다.[12] 잉글랜드 소도시의 가치를 대변하는 것으로 알려진 보수당의 테리사 메이 총리가 가장 선호하는 스포츠가 크리켓인 건 그저 우연은 아닐 게다.

----

[12] 오후의 다과다. 차나 커피와 함께 샌드위치·케이크·스콘을 곁들인다. 샴페인이 더해질 수도 있다. 고급 호텔에서 애프터눈 티를 즐기려면 한 끼 밥값 못지않게 내야 한다.

축구는 극적 변신을 한 종목이다. 1870년대까지 중간계급과 명문 사립학교 학생들이 즐기던 종목이었으나 이후엔 빠른 속도로 노동계급의 운동이 됐다. 지금도 이런 기류는 남아 있다.

럭비는 이에 비해 중간계급의 종목이다. 단 웨일스의 공업 지역과 광산 지역에선 노동계급의 게임이 됐다. 지금도 웨일스에선 럭비가 가장 인기 있는 스포츠다. 웨일스인 스스로 럭비를 정체성과 국가의식을 드러내는 운동이라고 여긴다. 테니스나 골프도 노동계급 운동이라고 보긴 어렵다. 참으로 복잡한 사회다.

당신이 누구라고
생각하느냐

《BBC》방송의 드라마 〈셜록〉의 주연배우 베네딕트 컴버배치는 명문가 출신으로 알려졌다. 혈통이 화제가 되곤 하는데 최근엔 셜록 홈스의 원작자 아서 코난 도일 경과 32촌 사이란 주장이 나왔다. 둘 다 14세기 잉글랜드 왕인 에드워드 3세의 후손이란 게다. 그를 두고 잉글랜드 중부 도시 레스터의 주차장에서 유골로 발견된 리처드 3세와 맞닿아 있단 얘기도 있었다. 그런 연유로 컴버배치가 리처드 3세 사후 350년 만에 열린 장례식에서 시를 읽었다. 곧이어 윌리엄 셰익스피어의 연극 〈리처드 3세〉에서 리처드 3세로 출연한 게 화제가 됐다.

영국에서 종종 만나게 되는 '진한 피'란 주제의 스토리텔링이다. '당신이 누구라고 생각하느냐'(Who do you think you are)란 《BBC》 프로그램도 있다. 일종의 조상 찾기, 즉 보학(譜學)이다.

사실 멋쩍은 얘기일 수 있다. 우린 모두 수십만 년 전 아프리카대륙에서 이주한 현생인류의 자손이기 때문이다. 한두 다리만 건너면 서로 아는 사람이듯, 거슬러 올라가다보면 공통의 선조가 나오게 마련이다. 굳이 아담과 이브까지 가지 않더라도 말이다. 그럼에도 이런 유의 얘기에 귀를 기울이게 되는 건 영국 사회를 이해하는 직관을 주곤 해서다. 특히 계급 등 출신 관점에서 말이다.

런던의 동부 지역인 이스트 엔드(East End)에서 나고 자란 배우 대니 다이어의 사연이 그랬다. 이스트 엔드는 대표적 노동계급 거주지로 그의 계급도 그랬다. 영화 〈마이 페어 레이디〉[13]에서 오드리 헵번이 꽃 파는 여인으로 나와 구사한, 알아듣기 곤란한 하층민 영어(코크니 잉글리시)가 그의 '모국어'다. 모계는 여러 대에 걸쳐 빈민원을 들락날락했다. 하지만 그 역시 에드워드 3세의 후손이었다. 찰스 1세의 참수로 끝난 17세기 내전이 가문의 운명을 갈랐는데 왕당파였던 선조는 이후 무산계급으로 떨어졌다. 그러곤 300년간 바닥을 맴돌았다. 무려 300년이다. 선조와 가까웠으나 당시 무사했던 친척은 여전히 귀족으로 살고 있다. 리버풀 출신 배우인 리키 톰린슨의 부계는 내내 부두노동자였다. 사고로 요절한 짐마차꾼 → 사고로 요절한 짐마차꾼 → 사고로 요절한 짐마차꾼인 식이다.

영국은 본질적으론 계급 사회다. 언어도 삶의 방식도 다르다. 기회가 다르니 성취도 다르다. 수백 년간 유지돼온 골간이다.

----

[13] 한 언어학자가 거리에서 꽃을 파는 하층계급 여인을 데려와 교육을 시켜, 세련된 귀부인으로 만들었고 결국 그 여인과 사랑에 빠진다는 내용이다. 자신의 조각상과 사랑에 빠진 피그말리온 신화에서 유래했다. 영화에서 하층민 여인 역으로 오드리 헵번이 나온 것으로도 유명하다. 헵번이 초기 거리에서 구사하던 언어가 바로 코크니 영어다.

어느 정도인가 싶을 텐데, 요즘 최고의 드라마 스쿨이 이튼 칼리지(Eton College)란 농반진반의 얘기까지 나온다. 믿기지 않겠지만 진짜다. 아카데미나 영국의 아카데미에 해당하는 BAFTA의 영국인 수상자 절반이 사립학교 출신이란 보도가 있었다. 〈사랑에 대한 모든 것〉이란 영화에서 스티븐 호킹 박사 역으로 아카데미상을 받은 배우 에드 레드메인이나 영화 〈토르〉의 톰 히들스턴, 미국 드라마 〈홈랜드〉의 대미언 루이스, 역시 미국 드라마인 〈하우스〉의 휴 로리(이상 이튼 칼리지), 컴버배치(해로 스쿨) 등이다. 여배우들도 못지않다. 〈나를 찾아줘〉의 로자먼드 파이크, 〈위대한 개츠비〉의 캐리 멀리건, 〈언더월드〉의 케이트 베킨세일 등도 사립학교 출신이다.

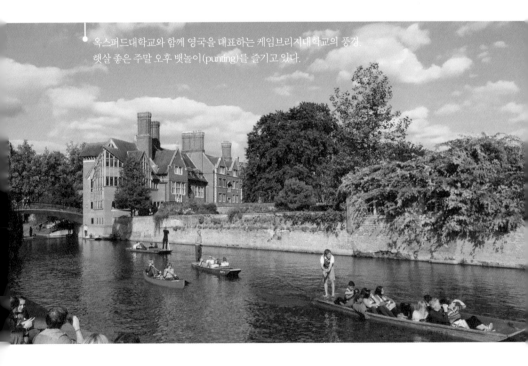

옥스퍼드대학교와 함께 영국을 대표하는 케임브리지대학교의 풍경. 햇살 좋은 주말 오후 뱃놀이(punting)를 즐기고 있다.

이 때문에 문화계에서 종종 계급 논쟁이 벌어진다. 빵집에서 일하며 학비를 벌어 배우가 된 〈엑스맨〉의 제임스 맥어보이는 "상류층이 누리는 기회를 다른 이들은 누리지 못하고 있다. 5년, 10년 지나면 이게 더 큰 문제가 될 것"이라고 말했다. 역시 노동자계급 출신으로 영화 〈빌리 엘리어트〉에서 발레교사 역으로 나온 줄리 월터스도 비슷한 얘기를 했다. 그는 "노동자계급 출신의 배우들이 연기학교에 다니기 얼마나 어려운지 아느냐. 충격적인 상황일 정도"라고 했다. 이에 맞서 해로 스쿨 출신으로 세계적 가수인 제임스 블런트가 "상류층 출신들도 노력해서 현재 위치에 도달한 것"이라고 했다가 비난을 산 적이 있다.

다른 분야는 어떨지 궁금할 수 있겠다.

2016년 영국 언론의 보도에 따르면 고위 법관 중 4분의 3이 사립학교 출신이고 10명 중 8명이 옥스퍼드대학교나 케임브리지대학교 출신이라고 했다. 저명한 의사 중엔 61%, 군(軍)도 71%가 사립학교 출신이라고 했다.

영국의 경우엔 입만 열면 출신 계급이 드러난다는 게 문제다. 어느 사회나 그렇긴 하지만 영국은 더 심한 듯하다. 조지 버나드 쇼는 "한 영국인이 입을 열면 다른 영국인은 그를 증오하거나 경멸할 수밖에 없다"고 했다. 말하는 즉시 신분을 알 수 있단 얘기다. 인류학자로 『영국인 발견』을 쓴 케이트 폭스는 "모든 영국인은 자신이 인정하든 인정 안 하든 일종의 사회적 GPS(위성위치확인 시스템)을 갖추고 있다. 그 시스템은 한 사람이 입을 열자마자 그가 계급 지도의 어디에 위치하는지 알려 준다"고 했다. 어휘와 발음이 그 좌표일 터다. 몇몇 어휘를 예로 들기도 했는데 이런 식이다. "화장실을 의미하는 '토일렛'(toilet)이란 단어는 상류층을 움찔하게 만든다. 특히 신분 상승을 열망하는 자(social climber)로 보이는 사람이 이 말을 뱉으면 자기네들끼리 고개를 끄덕이며 '역시!' 하는 표정을 주고받는다. 중상층과 상류층의 정확한 용어는 '루'(loo)나 '레버토리'(lavatory)다."

폭스의 글을 읽고도 설마 그 정도까지 싶었다. 그러다 이슬람 극단주의 단체인 '이슬람국가'(IS)에서 처형자로 활동했던 '지하드 존'이란 인물의 육성이 공개됐을 때 깨달았다. 진짜구나, 라고 말이다. 영국 언론에선 그가 영국으로 이주했더라도 어렸을 때일 테고 런던에서 살았을 것이라고 추정했다. 실제로 쿠웨이트에서 여섯 살 때 런던으로 이주한 이민자였다.

그렇다고 안 바뀌는 건 아니다. 유명 축구선수 출신 명사인 데이비드 베컴의 악센트 변천사만 봐도 알 수 있다. 런던 동부에서 태어난 그는 전형적인 코크니 영어를 구사했다. 그러다 점차 명성과 사회적 지위가 올라가면서 발음도 달라졌다고 한다. 특히 2007년 미국 LA에 이주했다가 돌아온 이후엔 중상류층 영어를 구사했다는 것이다. 《BBC》에서 "베컴이 과거엔 h[14]의 소리를 20%만 냈는데 그 후엔 80% 정도 발음했다. 미국이라서 군이 안 내도 되는 데에서도 낼 정도"라고 보도한 일도 있다. 지금의 베컴은 세계적 명사이며 왕족들과도 수시로 어울리는 상류층의 일원이다.

----

[14] 미국식 영어에 익숙한 한국 사람들 대부분은 '에이치'라고 발음할 게다. 영국에선 교육을 받았다 싶은 이들 중엔 '헤이치'라고 말하는 이가 적지 않다. 중산층과 하층민 영어를 구분하는 기준 중에 하나가 h(ㅎ) 소리를 빼먹느냐(h-dropping) 여부다. 중산층은 부단히 발음하기 위해 애쓰는 쪽이다. h 발음이 계급을 나타내는 일종의 지표인 셈이다.

영국은 미국의 흑백 갈등처럼 표면화된 갈등은 없다. 그러나 분명 계급 문제는 오랜 숙제였고 앞으로도 오랜 숙제일 게다.

듀티 콜

'가문 자랑이 이 정도라니' 싶은 곳이 있었다.

잉글랜드 북부의 요크셔 지방에 있는 하워드 성(Castle Howard)에서였다. 방문했을 무렵 '듀티 콜'(duty call)이란 주제의 전시를 했다. '의무의 부름에 답하다'는 뜻일 게다. 가문의 참전 기록이었다.

그게 500여 년을 거슬러 올라간 1485년 보즈워스 전투부터 시작했다. 100년여에 걸친 요크가와 랭커스터가의 왕위권 다툼이었던 장미전쟁에 종지부를 찍은 전투다. 랭커스터가 방계의 헨리 튜더가 요크가의 리처드 3세를 무찌르면서 튜더 왕조 시대가 열렸다. 이 가문의 조상인 노퍽 공작 – 작위 명은 그래도 성(姓)은 하워드다 – 이 리처드 3세와 함께 싸웠고 보즈워스 전투에서 눈에 화살을 맞고 전사했다고 한다.

하워드 성의 하워드가는 노퍽 공작의 막내아들인 윌리엄 하워드 경 (1563~1640)에서 비롯됐다. 그의 고손자인 찰스 하워드가 영국 내전 당시

요크셔 지방에 있는 대저택인 하워드 성.

올리버 크롬웰 편에 섰다가 나중 찰스 2세로 갈아타는 생명을 건 줄타기에 성공했고 이후 칼라일 백작이 됐다. 3대 백작이 하워드 성을 지었다고 한다.

　내전에 참전한 게 듀티 콜인가 싶었지만 전시물을 마저 봤다. 그러다 깨달았다. 가문의 참전 기록이 곧 영국의 전쟁 기록이었다. 영국의 주요한 전장(戰場)엔 늘 하워드가의 누군가가 있었다. 1530년 헨리 8세에 의한 수도원 해산 작전에도 하워드란 이름이 보였다. 1588년 영국이 스페인의 무적함대를 무찌른 전투에서도, 1650년 전후한 청교도 혁명에서도, 1770년대 미국 독립전쟁에도 마찬가지였다.

(위)하워드 성에서 본 '듀티 콜'이란 제목의 전시.
첫 참전 기록은 1485년 장미전쟁 때로 거슬러 올라간다.
(아래)콘월 지방에 있는 대저택인 랜하이드록 하우스에 걸린 안내문.
상속자가 제1차 세계대전 중인 1915년 목숨을 잃었다는 내용이 적혀 있다.

제1, 2차 세계대전 대목에선 오래 머물게 됐다. 자유당 의원이었던
조프리 하워드(1877~1935)와 그의 아들들 사연이었다. 조프리의 세 아들
이 제2차 세계대전에 모두 참전, 두 아들이 숨졌다. 사촌들도 여럿 전사
했다고 했다. 어릴 적 한쪽 눈을 실명한 조프리 자신도 37세의 나이로
제1차 세계대전에 자원입대했었고 제2차 세계대전 발발 전인 1935년
숨졌다.

좀 더 들여다봤다. 세 아들은 마크·조지·크리스토퍼였다. 마크와 크리스토퍼는 1944년 노르망디에서 숨졌다. 각각 26세, 22세였다. 조지 또한 참전했는데 버마에서 부상당한 채 귀국했다.

좌파 사학자인 에릭 홉스봄이 쓴 『극단의 시대』의 한 구절이 떠올랐다. "영국은 (제1차 세계대전 중) 상층 계급에서 한 세대(50만 명의 30세 이하 남성)를 잃었다. 문벌 좋은 남자들이었다. 25세 이하 옥스퍼드·케임브리지대생의 4분의 1이기도 했다." 조지 하워드도 그랬다. 이튼 칼리지와 옥스퍼드대학교 출신이었다.

영국 곳곳에서 양차 세계대전이 남긴 영향을 깨닫기란 그리 어려운 일이 아니다. 특히나 한때 명문가로 알려졌고, 이젠 쇠락해 빈집으로 남은 곳에선 더더욱 절감하게 된다.

잉글리시 헤리티지 소유의 저택 중에 레스트 파크(Wrest Park)도 그런 곳 중 하나다. 600년 넘게 드 그레이(de Grey) 가문의 소유였다. 에드워드 4세(1461~1483) 때 귀족이 됐는데 켄트 백작이었다. 특히 오랫동안 정원으로 유명했는데 18세기 초 조성된 포멀 가든(formal garden)[15]이 아직도 남아 있는 희귀 사례로 꼽힌다.

이 저택의 마지막 소유주들에게 일어난 일들이다. 9대 루카스 남작이자 3대 딩월 경이기도 한 오버론 허버트가 레스트 파크를 물려받은 건 1905년이었다. 보어전쟁 동안 《타임스》의 종군기자로 나섰다가 한쪽 다리를 잃었지만 그 후에도 스포츠를 즐기는 사내였다. 1914년 자유당

---

[15] 사전엔 정형원(整形園)으로 번역돼 있다. 뚜렷한 구조, 직선 또는 곡선의 닫힌 기하학적 모습이며 대개 대칭형으로 돼 있다. 프랑스에서 정점을 찍었다.

잉글랜드 중부 베드퍼드셔에 있는 대저택인 레스트 파크.
제1차 세계대전 발발 당시 40대였던 소유주가 참전, 결국 전사했다.

정부에서 농어업위원회 위원장을 맡았는데 2년 만에 물러났다. 이후 제
1차 세계대전에 참전했다. 다리가 불편하고 고령(40세)인데도 영국 육
군 항공대의 전투기 조종사로 나섰고 1916년 11월 독일 상공에서 벌어
진 전투에서 숨졌다.

그는 전쟁이 발발하자마자 자신의 집을 병원으로 쓰라고 해군성에
제안했다. 처음엔 군인 요양시설로 쓰이다 나중엔 병원이 됐다. 150개의
병상이 있었고 때론 200명을 수용했다. 오버론의 여동생(Nan)이 수간호
사 역할을 했다. 양차 대전 중 대저택들이 공공 목적으로 전용되곤 했는
데 레스트 파크도 그중 하나였다.

영국은 무인(武人) 전통이 강하다. 지금은 상상하기 어렵지만 크고
작은 전쟁을 통해 국력을 키웠다. 탁월한 군인들이 귀족이 되곤 했다. 윈

스턴 처칠 총리의 조상도 그런 경우였다. 위대한 장군이어서 말버러 공작이 됐다. 처칠 총리 자신도 군인 출신이다. 이 때문에 어쩌면 귀족들에게 참전은 선택이 아닌 숙명일 수 있다. 높은 사회적 신분에 상응하는 도덕적 의무, 즉 '노블레스 오블리주'로 볼 일만은 아니란 얘기다. 더욱이 영국 상류층 중에서도 망나니는 있다. 그럼에도 영국 귀족들의 듀티 콜은 우리를 돌아보게 하는 데가 있다.

끈끈한 네트워크

'노팅힐.' 많은 이들에게 줄리아 로버츠와 휴 그랜트의 영화로 익숙한 이름이다.

그러나 영국 정치권에선 다르다. 한때 이곳에 살았던 젊은 보수당(Tory, 토리) 정치인들을 가리킨다. '노팅힐 토리'로도 불린다. 2004년 처음 이 표현이 등장했다. 이들은 이후 10여 년간 보수당 정치를 쥐락펴락해왔다. 대표적 인물이 데이비드 캐머런 전 총리와 마이클 고브 전 법무장관, 그리고 조지 오스본 전 재무장관 등이다. 여기에 보리스 존슨 전 런던 시장까지 포함되기도 한다.

입양아 출신인 고브를 빼곤 대개 중산층 이상 출신이다. 사립학교에 옥스퍼드대학교를 나왔다. 학창 시절부터 서로 알고 지냈다. 고브와 존슨은 옥스퍼드대학교 학생회에서 두각을 나타냈다. 캐머런·존슨·오스본은 고위층 자제들의 비밀 사교 모임이자 폭음으로 악명 높은 '불링던 클럽'[16] 출신이기도 하다.

이들은 앞서거니 뒤서거니 정계에 입문했다. 캐머런이 가장 먼저 두각을 나타냈고 39세 때인 2005년 야당인 보수당 당수가 되면서 이들을 이끌었다. 경제 면에선 중도우파, 사회적으론 자유주의적 노선을 걸었다. 캐머런 스스로는 '현대적 따뜻한 보수주의'라고 명명했다. 동성 결혼을 합법화한 것도 캐머런 정부에서다. 나머지 인사들도 유력 정치인으로 성장했다.

이들은 사적으로도 대단히 친했다. 캐머런의 아들의 대부가 고브였다. 휴가 때도 함께 어울리곤 했다. 오래갈 듯 보이던 이들 사이는 그러나 브렉시트 앞에서 무너졌다. 캐머런의 만류에도 고브가 유럽연합 탈퇴 진영을 선택한 게 시작이었다. 고브는 캐머런에게 "나서지 않겠다"고 약속했지만 궁극적으론 탈퇴 운동의 중심이 됐다. 잔류와 탈퇴 사이에서 방황하던 존슨을 탈퇴 운동으로 이끈 것도 고브였다. 고브는 막판 존슨의 총리를 향한 꿈도 좌절시켰다. 이들의 사이는 돌이킬 수 없이 멀어졌다. 우정의 허망한 말로였다.

옥스퍼드대학교 얘기를 했는데 케임브리지대학교 얘기가 빠질 수 없다. 널리 알려진 모임은 1820년대 케임브리지의 대학생 12명이 만든 '케임브리지의 사도들'이다. 가장 똑똑하다고 안팎에서 평가하는 이들이 가입하곤 했다. 존 메이나드 케인스나 버트런드 러셀 등이다.

----

16 옥스퍼드대학교 학생들이 술을 마시고 식당을 난장판으로 만드는 장면이 나오는 영화나 소설이 있다면 불링던 클럽을 떠올리면 된다. 아예 <라이엇 클럽>이란 영화까지 나왔다. 에드워드 7세 등 영국과 유럽의 왕족과 귀족, 부유한 집안 자제들이 회원이 되곤 한다.

1902년 회원이 된 리턴 스트레이치는 이후 블룸즈버리 그룹(Bloomsbury Group)을 만들었다. 1906년부터 1930년경까지 런던과 케임브리지를 중심으로 활동한 영국의 지식인·예술가들의 모임이다. 대영박물관 근처의 블룸즈버리에 살고 있었던 데서 이 명칭이 유래되었다.

스트레이치 자신은 전기 작가로 필명을 날렸다. 미학자인 C. 벨, 리어나드 울프와 소설가인 버지니아 울프 부부, 소설가인 에드워드 모건 포스터, 존 케인스 등이 멤버였다. 케인스는 내로라하는 경제학자였지만 경제학 연구 이상으로 책과 미술품 수집, 각종 예술 지원 활동에 많은 시간을 할애하곤 했다.

놀라울 정도로 재능 있는 인물들이 함께한 모임이었다. 이들은 19세기 영국의 도덕주의를 비판했고 자유롭고 회의적인 지성과 미, 우정을 중시했다. 그러나 학파를 형성하는 데까진 이르지 않았다.

우파 사학자인 폴 존슨은 이 모임을 두고 "옥스퍼드가 우등생을 의회로 보내고 이들이 장관이 되어 공적인 무대에서 활동하는 동안 케임브리지는 사적인 그룹을 발전시켜 영향력을 행사한다"며 "스트레이치 등 일부가 블룸즈버리 그룹을 형성했는데 당대의 케임브리지 사도 가운데 정력과 창조력이 넘치는 유일한 인물이었던 러셀은 블룸즈버리 그룹에 참여한 적 없다. 그들의 음침한 무기력증을 경멸했다"고 썼다.[17] 참고로 폴 존슨은 옥스퍼드 출신이다.

케임브리지 출신으로선 불만이 있을 수 있는 폴 존슨의 단언이다. 그러나 이네들이 아무런 반박을 못할 케이스도 있다. 1950년대 영국을

----

[17] 폴 존슨의 『모던타임스 1, 2』.

발칵 뒤집어놓은 '케임브리지 스파이들'(Cambridge Five)이다. 이들 중 일부가 '케임브리지 사도들' 출신으로 알려졌다.

모두 다섯 명이다.[18] 케임브리지 출신의 상류층들로 1930년대 소련 정보기관인 KGB에 포섭됐다. 일부는 폭음을 일삼았고 사생활 논란도 있었다. 그럼에도 외무부와 비밀정보부 등에서 일하게 됐다. 이 중 가장 악명 높은 인물이 킴 필비다. 영국 정보기관인 MI6에서 소련·동유럽 담당자로 일했으며 MI6 차기 책임자로 거론될 정도로 비중이 있는 이였다. 소련 정보를 다루는 요원이 소련 스파이였으니 영국 정부로선 억장이 무너질 일이었다. 필비가 MI6에 입힌 타격은 말로 못할 정도라고 한다.

필비는 '확신범'이었다. MI6에 들어가기 위해 신분세탁 차원에서 언론인이 됐고 보수신문(《타임스》)의 특파원 자격으로 스페인 내전을 취재했다. MI6에 어렵지 않게 들어갔는데 이미 MI6에서 일하던 친구가 이끌었다. 필비는 자신의 신분이 발각될 위기에 처하자 소련으로 망명, 영웅 대접을 받으며 인생을 마쳤다.

케임브리지 스파이들 얘기는 지금도 간헐적으로 나온다. 비밀문서가 해제될 때마다 관심을 끈다. 근원적 궁금증 때문이다. 지배층에 속했던 똑똑한 인물들이 왜 적에게 포섭돼 나라를 배신까지 하게 됐는가. 또 사생활이 난삽한데도 왜 정보기관 내에서 크게 문제가 되지 않았는가. 뭔가 이상하다는 신호가 있었음에도 붙잡지 못한 이유는 뭔가.

----

[18] 킴 필비, 도널드 두어트 매클린, 가이 버지스, 앤서니 블런트다. 나머지 한 명에 대해선 존 케인크로스라는 주장이 있으나 공식적으로 확인되진 않았다.

영국 사회가 예전보다 덜 폐쇄적이라고 말한다. 그러나 기저에선 여전히 인맥과 학맥에서 비롯된 어떤 끈끈한 네트워크가 작동하는 게 아닌가 하고 의심하는 영국인들이 적지 않다. 실제로 그렇다.

청소기를 팔아 여왕보다
부자가 된 다이슨

먼지봉투 없는 청소기 발명가로 유명한 영국의 제임스 다이슨 (James Dyson) 경이 잉글랜드에서 영국 여왕보다 많은 땅을 가진 사람이 됐다고 2014년 영국 언론들이 보도했다.

《타임스》 일요판은 "다이슨 경이 최근 링컨셔의 크란웰·록스홈에 있는 3000에이커(12㎢)의 땅을 사들이면서 엘리자베스 2세 여왕보다 잉글랜드에서 더 큰 땅을 가진 사람이 됐다"고 했다. 다이슨 명의의 땅은 모두 2만 5000에이커(101㎢)로, 수원시(약 121㎢)보다 약간 작은 수준이다. 이에 비해 엘리자베스 2세 여왕의 개인 소유 땅은 노퍽의 샌드링엄에 있는 2만 에이커 정도다. 물론 왕실 소유(Crown Estate)[19]가 있긴 하다.

---

[19] 왕실 소유지는 런던 번화가로부터 스코틀랜드까지 다양하게 있다. 38만 에이커 정도다. 런던선 번화가 중에서도 번화가라고 할 수 있는 리전트 스트리트가 대표적이다.

그러나 그건 왕의 개인적 소유도, 정부 소유도 아닌 자산들이다.

하여튼 부동산 전문가들은 "다이슨의 땅 소유 정도는 오랜 명문 세습 귀족들도 능가하는 수준"이라고 전했다. 영국의 200대 부자 안에 드는 베드포드 공작은 베드포드 일대에 1만 4000에이커를 보유했다. 윈스턴 처칠 전 총리가 태어난 곳으로 유명한 블레넘 궁이 있는 옥스퍼드셔의 말버러 공작 영지는 1만 1000에이커, 나폴레옹을 패퇴시킨 웰링턴 장군의 후손인 웰링턴 공작의 햄프셔 영지는 7000에이커 정도다.

다이슨 경은 이들과 달리 자수성가형 거부다. 1980년대 교사인 부인의 월급에 의지해 살면서 청소기를 개발했다. 이 과정에서 200만 파운드의 빚을 졌고 파산 위기에 내몰리기도 했다. 그러나 93년 회사 다이슨을 설립한 이후 20년 만에 30억 파운드의 자산가가 됐다.

그는 자신의 토지 구매에 대해 "시골에서 자랐고 학생 때도 인근 농장에서 일했다"며 "(영국의 슈퍼마켓 체인인 세인즈버리를 소유한) 세인즈버리 공이 케임브리지대학교에 농업연구센터를 세웠듯, 우리도 농업을 돕기 위한 장기적인 연구와 개발에 투자하려 한다"고 말했다. 일부 농지에선 이미 바이오 에너지 생산을 위한 옥수수를 재배 중이라고 한다. 그는 현재 런던으로부터 160km쯤 동쪽인 글로스터셔의 18세기 저택에 사는데 방만 51개다.

두 가지가 궁금할 수 있겠다. '다이슨 경'으로 불린다는 것과 20년 만에 그 정도로 부자가 될 수 있느냐는 것 말이다.

영국엔 분명 계급이 있다. 동시에 위로 오르는 사다리가 놓여 있는 사회기도 하다. 신분 상승이 가능하다는 의미다. 기여가 있다 싶으면 명성을 얻고 훈장을 받으며 곧 '써'(Sir, 남성), '데임'(Dame, 여성)이 된다. 배우, 가수, 기업, 스포츠 어느 분야든 말이다. 이 중 소수는 귀족도 된다. 작위가 후대로 계승되는 세습 귀족(hereditary peer)과 달리 당대 귀족(life peer)이지만 말이다. 엘리트 집단의 개방성이다. 지배계층의 포용성일 수도, 아니면 '포섭력'일 수도 있다.

이런 사례도 있다. 식료품상 출신으로 큰돈을 번 인물이 있다. 줄리어스 드루(Julius Drewe, 1856~1931)다. 가문에서 구전되는 얘기에 따르면 총리를 지낸 데이비드 로이드조지가 10만 파운드를 내면 작위를 주겠다고 했다는 거다. 상인인 터라 가격을 후려치기 시작했고 흥정가가 2만 5000파운드까지 내려갔다. 드루는 그러나 막판에 "작위엔 관심 없다"고 했다.

진정으로 작위에 관심이 없었던 건 아니었다. 다른 작위였다. 드루 가문은 자신들이 1000년대 노르만계 남작 드로고(Drew de Teignton, 드로고는 드루의 라틴어식 표기)의 후손이라고 믿었다. 드루는 건축가인 에드윈 루티언스(Edwin Lutyens)[20]와 의기투합해, 드로고 남작의 이름에서 유래한 데이닝턴이란 마을 인근에 성을 지었다. 1930년 완공된 드로고 성(Castle Drogo)이다. 잉글랜드에서 마지막으로 건설된 성으로 유명하다.

영국 사회의 계급적 개방성은 이미 토크빌(1805~1859)이 관측한 바이기도 하다. 그는 "영국보다 국가의 부가 더 크고, 개인의 재산이 광범위하고 다양하고 안전하며, 사회가 더 안정된 곳이 어디 있는가"고 썼다.

---

[20] 런던 한복판에서 루티언스의 작품을 만날 수 있는데 앞서 언급한 '기념비'다. 당대 최고 반열의 건축가였다. 자신의 신분을 뛰어넘는 결혼을 했는데 백작의 딸이었다. 썩 행복하진 않았다고 알려진다.

토크빌의 말에 수긍하게 하는 장소가 여럿 있는데 잉글랜드 바스 (Bath)에 있는 대저택 프라이어 파크(Prior Park)가 그중 하나다.

"바스가 다 보이게, 또 모든 바스 사람들이 다 나를 볼 수 있게."(To see all Bath, and for all Bath to see) 소유주가 건축가에게 한, 단 한 마디의 주문이었다. 실제 그렇게 지어졌다. 마주 보는 언덕 경사면에, 한쪽 면엔 부산한 도시인 바스가, 다른 면엔 대저택이 있는 구도다.

문득 떠오르는 얘기가 있을지 모르겠다.『위대한 개츠비』의 저택이나 영화〈시민 케인〉의 허스트 캐슬 말이다. 타인에게 자신의 부를 과시하기 위해 지어진 건물들이다. 비천한 출신들의 성공, 그럼에도 채워지지 않은 내적 고독과 공허함, 그리고 보여주기 위한 사치란 전형적 서사

바스 인근에 있는 대저택 프라이어 파크의 풍경. 우편국에서 일하다 거부가 된 랄프 앨런은 건축가에게 "저택에서 맞은편 구릉에 있는 바스가 보이게, 바스에서도 내 집이 보이게 지어달라"고 요구했다. 호수 건너편으로 도심이 보인다. 저택도 제법 높은 곳에 지어졌다.

말이다.

반쯤은 맞는 짐작이다. 소유주인 랄프 앨런(Ralph Allen, 1693~1764)은 소년 시절부터 우편국에서 일했다. 우정 업무를 개선하며 거부가 됐다. 두 번째 재운도 찾아오는데 채석장을 사들이면서다. 별 볼일 없던 석회암이 선풍적 인기를 모았다. 이른바 '바스 스톤'(Bath Stone)이다. 바스의 구도심 건물들에 사용된 석재다.

앨런은 진정 자신의 성공을 알리고 싶어 했다고 한다. 프라이어 파크를 지은 이유였다. 그러나 동시에 공적인 인간이기도 했다. 바스 시장을 지냈고 건물을 지어 기부도 했다. 그저 개츠비이거나 케인인 건 아니었다는 얘기다.

바스엔 그의 이름을 딴 건물이나 거리가 적지 않다. 변변치 않은 출신이었으나 성공한 사업가이자 자선가였던 그를 기리는 게다. 그가 살던 저택은 이제 학교가 됐는데 그 옆을 지나는 도로가 랄프 앨런 드라이브다.

에버튼 vs 리버풀

"옛날 같진 않다."

가톨릭 신자면서 리버풀 FC의 팬인 한 지인이 "가톨릭이라고 다에버튼을 응원하는 건 아니다"라며 한 말이다.

무슨 말인가 싶겠다. 리버풀엔 명문 축구단이 두 곳이 있다. 리버풀 FC와 에버튼 FC이다. 각각 상징색이 빨강과 파랑인 만큼이나 여러모로 다른데 그중 하나가 종교적 배경이다. 1900년대만 해도 가톨릭교도들은 에버튼을 응원하곤 했다. 프로테스탄트들은 리버풀 FC였다. 가톨릭인 지인이 리버풀 FC를 응원하는 게 이례적인 일이었다는 얘기다.

그 무렵 리버풀은 영국의 대표적 항구였다. 런던 다음으로 백만장자가 많은 도시였고 그 이상으로 노동계급도 많았다. 노동계급은 그러나 서로 반목했다. 특히 종파주의가 강했다. 일하는 곳도 사는 곳도 달랐다. 프로테스탄트들은 짐마차꾼들에 많았고 가톨릭은 부두노동자들 중에 다수를 차지했다. 이들이 응원하는 팀이 달라지는 건 자연스러운 결과였다.

노동계급이 종파주의를 넘어서기 시작한 건 노동운동이 계기였다. 특히 리버풀에선 톰 만(Tom Mann, 1856~1941)이란 인물이 결정적 역할을 했다고 한다. 탄광노동자 출신으로 독학해서 엔지니어가 됐고 이후엔 사회주의에 빠졌으며 종국엔 노동운동가가 됐다. 리버풀에선 1911년 총파업을 이끌었다. 대단한 웅변가였던 그는 "종교 차를 넘어 노동자임에 집중하라. 단합하라"고 호소하곤 했다.

축구단의 종교색은 비단 리버풀만의 일이 아니었다. 이웃 경쟁 도시인 맨체스터의 경우도 맨체스터유나이티드 FC는 19세기 중엽 아일랜드에서 이주한 가톨릭교도와 연계돼 있고 맨체스터시티 FC는 프로테스탄트인 원주민의 지지를 받았다고 알려져 있다.

이런 얘기에 솔깃해서 "정말 그러냐"고 되물을 때마다 영국인 친구들이 하는 얘기가 있다. "다른 지역은 그저 그런데 글래스고엔 아직도 확연하다."

'올드 펌'(Old Firm)[21]으로 불리는 셀틱 FC와 레인저스 FC의 얘기다. 19세기 글래스고에도 아일랜드 이민자들이 몰려들었다. 대부분 가톨릭교도였다. 이들이 셀틱을 응원하면서 프로테스탄트 정서가 강한 원주민들은 레인저스를 따르기 시작했다. 이들 사이의 반목은 지금도 진행 중이다. 셀틱 팬들은 스코틀랜드의 독립을 바라고 아일랜드의 통일

---

[21] '두 오랜 맹우'(like two old, firm friends)란 표현에서 비롯됐다고 한다. 친구 대신 라이벌, 심지어 적이라고 해야 옳다고 할 정도로 경쟁이 치열하다.

리버풀을 근거로 한 두 명문 축구단이다.
과거엔 종교에 따라 응원하는 팀이 나뉘었다(유튜브 캡처).

을 원한다. 반면 레인저스 팬들은 영국 국기인 유니언잭을 휘감고 다닌다고 한다.

"어릴 때 가톨릭계 학교를 다녔다. 전체 학교에 레인저스 팬이 단한 명도 없었다. 지금은 훨씬 섞여 있다. 내 아들이 가톨릭계 학교에 갔는데 아마 5% 정도 있다니까." 레인저스가 파산했을 때인 2012년 한 셀틱 팬(당시 43세)이 《뉴욕타임스》에 한 얘기다.[22] '훨씬 섞여 있다'는데 5% 정도였다. 어느 정도로 종교적 간격이 심한지 느껴질 게다.

다시 말하지만 글래스고가 일반적인 케이스는 아니다. 오히려 특이한 경우다. 다른 곳은 리버풀이나 맨체스터와 같거나 그보다 종교색이 덜하다고 봐야 할 듯하다. 소설가 조지 오웰이 "평범한 영국인들은 지금 명확한 종교적 믿음이 없고 몇 세기 동안 그렇게 지내왔다"고 쓴게 1941년의 일이다.

----

[22] 2012년 8월 8일 자 'Dissolving Scotland's Old Firm'이라는 제목의 기사다. 레인저스는 3부리그로 강등됐다가 4년 만에 다시 프리미어리그로 올라섰다.

그로부터 70여 년이나 더 흘렀으니 대부분 지역에서 종교적 열기를 느끼기란 어렵다. 그저 마을 한복판에 있는 교회, 뾰족한 종탑, 그리고 주변의 교회 묘지, 간혹 울리는 종소리, 때때로 들리는 합창과 연주 정도가 흔적기관으로 남아 있을 뿐이다. 복잡한 일상에선 잘 드러나지 않되 거기에 있는, 그래서 의식하진 않지만 결과적으로 안정감을 주는 일종의 '닻' 혹은 '부표' 같은 존재 말이다.

분명한 사실은 그러나 영국 또한 유럽 여느 나라처럼 종교적 갈등을 겪었다는 사실이다. 그것도 오랫동안.

앞서 화약 음모 사건에 대해 얘기했다. 음모자들은 가톨릭 귀족이었다. 당시 지배층이 받았을 충격을 생각해보라. 요즘 서구인들이 이슬람 극단주의에 빠진 무슬림을 경원시하는 것과 유사할 게다. 요즘이야 '정치적 올바름'(political correctness) 때문에 대개의 정신 멀쩡한 사람들이라면 드러내놓고 미움을 표출하진 않는다. 400년 전에 그랬을 리가 만무하다. 사람에도 귀천이 있다고 믿던 시대였으니까.

잉글랜드 가톨릭교도들은 집단학살을 당하진 않았다. 그러나 심한 차별을 받았다. '프로테스탄트 잉글랜드'를 공고화하는 조치들이 실행됐기 때문이다. 그것도 오랫동안.

1673년 찰스 2세 때 심사율이 제정됐다. 공식 명칭은 '교황주의자들로부터 발생할 수 있는 위험을 방지하기 위한 법'인데 반가톨릭 법률이다. 가톨릭교도와 비국교도의 공직 배제 법령이다.[23] 1688년 명예혁명 후의 권리장전엔 가톨릭교도의 왕위 계승을 금지하는 내용이 담겼다.

----

[23] 비국교도에 대한 예배의 자유는 1689년 풀렸다. 심사율이 폐지된 건 1828년이다.

1701년 마련된 왕위 계승법은 잉글랜드의 군주는 국교도여야 한다고 못 박았다.

가톨릭은 탄압받았고 때때로 반발했다. 대개는 자신들의 신앙을 숨겼다. 그사이 프로테스탄트 내 분열도 시작돼 잉글랜드 북부 지역을 중심으로 감리교가 커졌고 스코틀랜드에선 장로교가 강해졌다고 한다.

이 같은 종교적 양상은 이방인의 눈엔 잘 안 보인다. 그러나 때론 바닥에 남아 있다고 느낄 때가 있다. 따지고 보면 영국 총리만 봐도 짐작할 수 있다. 지금껏 총리 중엔 가톨릭교도가 없다는 점에서다. 토니 블레어가 가톨릭 미사에 참여하곤 했으나 총리로 재임 중엔 개종하지 않았다.

끝으로 한 가문을 소개하고자 한다. 앞서서 언급한 적 있는 노퍽 공작 가문이다. 에드워드 1세에서 유래한, 왕실을 빼곤 최고(最古)의 공작 가문이다. 1483년 공작가가 됐다. 근래엔 '정복왕' 윌리엄이 방어용으로 세운 아룬델 성에서 산다.

초창기부터 무인으로 명성을 떨쳤으며 동시에 가톨릭 정파를 이끈 가문이었다. 헨리 8세 때의 인물인 3대 공작도 마찬가지였다. 그는 정치적으로도 노회했다. 가문을 위해 자신의 여자 조카들을 헨리 8세에게 소개했다. 각각 천 일의 앤(Anne of the Thousand Days)으로 불리는 두 번째 부인 앤 불린, 다섯 번째 부인인 캐서린 하워드다. 둘 다 참수됐다. 노퍽 공작은 딸의 결혼 상대도 신중하게 골랐는데, 헨리 8세의 혼외아들인 헨리 피츠로이였다. 피츠로이는 그러나 17세의 나이로 요절했다. 참으로 노력했으되, 딱히 성공한 건 아니었다.

3대 공작은 헨리 8세가 가톨릭과 단절했을 때 절체절명의 위기를 맞았다. 실제 그의 아들은 처형됐고 자신도 그럴 운명이었으나 헨리 8세가 숨지는 바람에 살아남았다. 4대 공작은 스코틀랜드 여왕인 메리를 잉글랜드 군주로 옹립하려다 참수됐다. 그도, 메리도 가톨릭이었다. 그의 아들 필립도 종교적 신념 때문에 투옥됐고 10년 후 병사했다. 감방의 굴뚝에 라틴어로 "현세의 고통이 크면 클수록 신과 함께하는 영광은 더 커진다"라고 새긴, 독실한 신자였다. 1970년 성인 반열에 올랐다. 5대 공작의 동생은 추기경이 됐다.

노퍽 공작 가문이 지금도 가톨릭인지 궁금할 수도 있을 텐데 여전히 그렇다. 17대 공작 부인은 헨리 8세의 종교개혁에 맞서다 참수됐고 이후 성인의 반열에 오른 토머스 모어의 후손이다.

이 가문의 얘기를 길게 한 이유가 있다. 가톨릭이 탄압받던 시기에도 이 가문은 개종을 거부했다(recusancy). 이 때문에 심사율의 적용을 받았고 공직 진출 기회를 제한당했다. 그럼에도 늘 하던 일이 있으니, 가장 오래된 공작 가문으로서 의회 개회 행사를 이끌었다.

영국은 막힌 듯 보이지만 그래도 숨 쉴 구멍은 뚫려 있다. 워낙 명문가여서 그럴 수 있었겠지만 말이다.

3장

과거도
말을 한다

우리의 일상에서 과거의 흔적을 발견하기란 쉽지 않다. 반면 영국은 어딜 가든 조금만 관심을 기울이면 누가 살았고 어떤 일이 있었는지 알 수 있다. 어딜 가든 말이다. 그래서 과거가, 역사가 목소리를 내는 곳이란 느낌을 받게 된다. 로마의 정치가 키케로는 "자신이 태어나기 전에 일어났던 일을 모르는 것은 항상 어린아이가 되는 것"이라고 말했다. 그의 금언대로라면 영국은 어린아이인 채로 남아 있기 어려운 곳이다.

'운하' 연대기

런던 중심지에서 다소 북쪽에 리틀 베니스(Little Venice)란 마을이 있다. 이름에서 짐작할 수 있듯 물길도, 배도 있는 마을이다.

베니스와 다른 점이 있다면 배가 곤돌라가 아닌 '내로우 보트'(narrow boat)란 점이다. 실제 폭이 좁아 2m 안팎이되 전장(全長)은 15m 전후다.

2016년 말 한 지인의 연말 모임에 갔는데 밤길[1]에 열심히 찾아가 보니 만남 장소가 내로우 보트였다. 독일어권 출신 학생 부부의 살림집이었다. 좁다란 실내였지만 있을 건 다 있었다. 세 부분으로 나뉜 공간엔 침실과 부엌, 그리고 약간의 거실이라고 칭할 만한 데가 있었다. 배에서 사는, '보트 피플'이었다.

---

[1] 영국 런던은 북위 51.5도에 위치한다. 서울은 37.6도다. 겨울엔 해가 한참 늦게 떴다 일찍 지는 것으로 위도 차를 실감하곤 한다. 한겨울엔 오후 3시 반부터 어둑어둑해지고 5시가 넘으면 말 그대로 깜깜해진다.

이들은 2주에 한 번씩 정박지를 옮긴다고 했다. 당시에 거기에 살았지만 2주 후엔 런던의 다른 곳에 머물 거란 얘기였다. 정박료를 아끼기 위해서라고 했다. 그러다 시간 여유가 있을 땐 보트를 타고 여행에 나선다고 했다.

이들이 보트로 어디까지 갈 수 있다고 보나?

잉글랜드 내에서라면 웬만한 곳은 갈 수 있다. 옥스퍼드, 버밍엄, 리버풀, 맨체스터, 리즈 등등이다. 촘촘한 운하망 덕분이다. 실제 맨체스터나 리버풀행 기차에서 창밖을 내다보면 운항 중이거나 정박 중인 내로우 보트를 보게 될 게다.

영국은 운하의 나라다. 진짜다. 시냇물인가 싶은데도 실제론 운하인 경우가 다반사다. 이네들 운하의 역사에선 산업혁명을 이끈 열정, 때론 욕망, 자본주의의 폭발성과 그로 인한 자기파괴성, 그걸 극복해내는 복원력을 읽어낼 수 있다. 근현대사를 읽는 텍스트일 수 있다는 뜻이다.

사실 수운(水運)은 오래된 운송 방식이다. 가능하기만 하면 말이다. 경제성 때문인데 경제학자인 애덤 스미스가 1776년『국부론』에서 언급한 바이기도 하다. 당시 스코틀랜드 에든버러 인근에 있는 리스(Leith)란 곳에서 런던까지 운하를 통해 물류를 640km 운반하는 데 6~8명이 4일 걸렸다고 썼다. 같은 물동량을 육로로 운반하려면 말 400마리가 이끄는 마차 50대로 운반해야 하는데 그러기 위해선 사람 100명이 필요했고 그러고도 몇 주 걸렸다고 했다. 운하의 경제성이 압도적이었다.

그렇더라도 운하가 발달하려면 몇 가지 전제가 있어야 했다. 우선 물길이다. 잉글랜드엔 지리적 이점이 있긴 했다. 섬이다보니 어디도 바다로부터 110km 이상 떨어진 데가 없다. 운항 가능한 강으로부터 50km

브리지워터 운하에 있는 송수로교.
1761년 개통됐는데 곧 크게 주목받았다.
그림 자체는 1793년 그려진 수채화다.

이상인 곳도 드물었다. 적절한 자본과 기술이 있다면 이들을 연결하는
게 불가능한 꿈은 아니었다.

둘째 물동량이다. 운반할 값어치가 있는 뭔가가 있어야 했다. 주로
석탄이었다. 셋째 기술이다. 잉글랜드가 대체로 평평하다곤 하나 고도
차이가 없는 건 아니었다. 석탄 광산이 있는 곳들은 상대적으로 고지였

다. 경사를 거슬러 배를 모는 방법을 찾아야 했다.

결국 찾아낸 게 록(Lock, 위아래 수문이 있으면서 물을 채우거나 뺄 수 있는 공간)이었다. 일종의 배가 이용하는 계단이라고 보면 된다. 방식은 이렇다. 배를 위로 이동한다고 봤을 때 일단 록에 넣고 지나온 수문을 닫는다. 록에 물을 채우는데 수위가 상단의 록(또는 운하)의 수위와 같아질 때까지다. 목표에 도달하면 상단 쪽 수문(지나온 수문의 반대편)을 열고 배를 이동시킨다. 수위가 같을 테니 과히 어려운 일은 아니다. 배가 록을 완전히 빠져나가면 지나온 수문을 닫는다. 만일 또 록이라면 다시 물을 채우는 등 앞선 과정을 반복한다.

레스터셔에 있는 폭스톤 록스(Foxton Locks)에 갔다. 5단의 록들이 연속으로 있는 곳이다. 도합 10단이다. 10개의 록을 다 통과하는 데 40분에서 1시간 정도 걸렸다. 고도론 23m 상승(또는 하강)한 거였다.

잉글랜드 중부에 있는 폭스톤 록스다.
내로우 보트가 록스를 통과하는 모습을 주민들이 지켜보고 있다.

영국엔 개척자도 있었으니 브리지워터 공작(Duke of Bridgewater, 1736~1803)이다. 브리지워터란 이름 때문에 혹 운하 관련 업적에서 기인한 작위가 아닐까 오해할 수 있겠으나, 그랬다면 진정 오해다. 브리지워터는 마을 이름이다. 주인공은 게다가 3대 공작이다.

공작은 자신의 맨체스터 영지에서 나는 석탄과 곡물을 인근 머시 강과 어웰 강을 통해 운반했다. 과다한 운송료 요구가 이어지자 아예 운하를 건설하기로 했다. 브린들리란 엔지니어를 고용했다. 브린들리는 물이 그다지 풍부하지 않은 중부지방(미들랜드)의 특성을 감안, 좁은 운하로 가닥을 잡았다. 배가 이동할 다리도 만들었는데 13m 높이에 200m 길이의 송수로교(aqueduct)다. 로마제국의 수도교와 유사한데 물뿐만 아니라 배도 이동한다는 게 차이다. 터널도 뚫고 록도 설치했다.

상상해보라. 공중에서 움직이는 배를. 동굴에서 배가 튀어나오는 장면을. 당대인들에겐 장관이었고 경이였다. 공작 자신은 '운하 공작'(Canal Duke)으로 널리 알려졌다.

곧 운하 건설 광풍(Canal Mania)이 영국을 휩쓸었다. 산업혁명 시기와 맞아떨어져서다. 1758년부터 1802년까지 의회에서 운하 관련 법률 165개가 통과됐다. 미들랜드의 버밍엄·리버풀·맨체스터를 중심으로 운하 네트워크가 완성됐다. 당시 영국을 대표하는 유명 도자기 업자인 웨지우드도 운하 옹호자이자 수혜자였다. 과잉투자도 뒤따랐는데, 농업 위주였던 잉글랜드 남부에도 다수의 운하가 건설됐다. 마땅히 실어 나를 게 없으니 채산성이 맞을 리가 없었다.

이런 가운데 맨체스터에선 대역사가 이뤄졌다. 브리지워터 공작과 비슷한 이유였다. 항구인 리버풀이 막대한 이용료를 요구하자, 내륙

도시인 맨체스터가 스스로 항구가 되기로 했다. 마침내 1885년 의회에서 허가를 받았다. 1887년 대형 선박이 오갈 수 있는 운하(Manchester Ship Canal)를 파기 시작했다. 머시 강과 어웰 강의 흐름을 바꿨다. 58km의 운하를 판 후에야 바다에 닿았다. 공사비는 당초 예산을 두 배 초과한 상태였다. 우려가 컸다. 그러나 대성공이었다. 1894년부터 가동됐는데 맨체스터는 곧 영국 내에서 세 번째로 큰 항구가 됐다. 항구 맞은편의 트래포드 파크는 유럽 최초의 그리고 최대의 산업지대가 됐다.[2]

달이 차면 기울듯 성하면 쇠하는 시기도 온다. 운하도 마찬가지였다. 최초의 증기기관 열차인 리버풀–맨체스터 라인(L&MR)이 1830년대 개통된 이래 열차 시대가 열렸다. 철도의 경제성이 점차 운하를 압도했다. 이번엔 철도 광풍이 불었다. 철도와 운하의 경쟁은 철도의 승리로 귀결됐다. 철도 회사가 운하 회사를 사들인 후 고의로 파산시키는 일도 벌어졌다.

사양 산업 종사자인 운하노동자들의 삶은 피폐해져갔다. 원래 보트는 두 명이 운행하며 한 명의 소년이 육지에서 보트를 끄는 말의 마부 역할을 했다. 채산성이 떨어지자 선원 역할을 부인이 대신했다. 그러는 동안 배에서 아이들이 태어났다. 고정된 주거지가 없으니 아이들은 학교로부터 배제됐다. '수상 집시'(water gypsies) 혹은 '보티'(boaties)로 불리던 계층이다. 극빈곤층이었다.

----

[2] 20세기 영국 제조업이 쇠락하면서 맨체스터도 부침을 겪었다. 1982년 항구도 폐쇄됐다. 이후 해당 지역은 재개발됐는데 지금은 《BBC》 등 주요 방송사들이 입주했다. 우리로 치면 상암동 디지털미디어시티다.

맨체스터 인근 솔포드 항의 모습.
과거 대형 선박이 오가던 일대는 재개발됐다.
미디어시티란 배너에서 보이듯, 왼편엔《BBC》등 방송사들이 몰려 있다.
인근에 맨체스터유나이티드의 구장도 있다.

운하도 버려지기 시작했다. 여기저기 허물어져 내리면서 그저 도 랑이 된 곳이 적지 않았다. 각종 쓰레기로 지저분한데다 자칫 아이들이 놀다 빠지는 것 아닌가 하는 걱정에 민원의 대상이 되곤 했다.

그러다 1944년 톰 롤트가 쓴 『내로우 보트』란 책이 나왔다. 엔지니 어이면서도 탁월한 글쟁이였던 그는 1939년 여름과 가을에 걸쳐 소실 돼가는 운하 풍경을 책에 담았다. 그걸 계기로 운하를 되살려내야 한다 는 이들의 모임이 만들어졌다. 내륙수로협회(The Inland Waterway Association)였다. 운하 폐쇄를 막고 망가진 운하를 수리하겠다는 의도였다.

처음엔 당국도 주민들도 탐탁히 여기지 않았다. 당국의 방침은 주요 간선 운하만 유지하자는 쪽이었다. 당시 4500마일 정도의 운하 중 1800 마일 정도에만 물이 있었고 그나마도 대부분 운항하기 힘든 상태였다.

그러던 중 1962년 서부 미들랜드의 공업 도시인 스타워브리지에서 운동가들과 당국이 충돌했다. 이 소식이 타전됐는데 '골리앗에 맞선 다윗'이란 제목으로였다. 적확한 비유였다. 성서에서처럼 다윗인 운동가들이 이겼다. 이른바 '스타워브리지 운하 전투'(The Battle of Stourbridge Canal)다. 이후 운동이 확산됐고 곳곳에서 '진지전'이 벌어졌다. 주민들도 동참해서 동네 운하를 치우기 시작했다.

마침내 1968년 정부 정책이 바뀌었다. '운하=운송'이란 고정 관념을 버리고 운하가 레저나 관광용일 수 있다는 걸 인정했다. 운하 정비가 본격화됐다. 물론 쉽지 않았다. 돌덩어리와 콘크리트뿐만 아니라 생활 쓰레기도 장난이 아니게 있었다. 그나마 자원봉사자들에게 위로가 된 사실이

폭스톤 록스에서 만난 내로우 보트다. 화려한 색칠이 두드러질 게다.
배의 상단에 놓인 주전자 세 개도 알록달록하기가 이루 다 말할 수 없다.
내로우 보트에 살던 이들이 사이에서 널리 퍼진 독특한 예술 감각이다.
일종의 '민화'(民畵)랄 수 있다.

있다면 널리 유포된 괴담과 달리 사체가 나오지 않았다는 것이다.

2017년 오늘날의 운하는 물류용만은 아니다. 일부 실어 나르긴 하나 본격적이라고 보긴 어렵다. 그럼에도 1800년대 전성기보다 더 많은 내로우 보트가 운하에 떠 있다. 대부분 여가용이다. 20만 명이 휴가 때 보트를 탄다는 통계도 있다. 일부는 살기도 한다. 그 유럽 학생 부부처럼 말이다. 한 해가 저물어가는 밤, 그네들에게 물었다. "그래도 보트에 사는 게 불편하지 않으냐."

그들은 확신에 찬 목소리로 답했다. "런던 주거비가 살인적이어서 살게 됐다. 그러나 여기서 사는 게 좋다. 삶이 단순하다. 굳이 매시간 매 순간 세상과 연결돼 있을 필요 있느냐. 마음이 동하면 여행을 떠나도 되고. 그렇게 옥스퍼드도, 바스도 다녀왔다. 차를 타고 돌아다닐 때 보던 풍경과 또 다르다. 정말 아름답다."

경도상과 런던 하수도

영국 런던에서 19세기 빅토리아 여왕 시대의 건축물을 찾아보긴 어렵지 않다. 그러나 진정한 공학적 성취는 눈에 보이지 않는 데 있다. 바로 땅 밑에 있는 하수도다.

1800년대 런던은 외양은 화려했지만 후각적으론 그저 그랬다. 부실한 하수도 때문이다. 오수(汚水)가 템스 강으로 흘러 들어가곤 했다. 콜레라도 발생했다. 당시 사람들은 악취가 원인이라고 여겼다. 시 당국은 정화조를 폐쇄하고 오수를 곧바로 템스 강으로 버리도록 조치했다. 잘못된 판단이었다. 직후인 1848년부터 이태 동안 1만 4000여 명이 콜레라로 숨졌다. 5년 뒤에도 1만여 명이 목숨을 잃었다.

당대의 내로라하는 공학자들의 추천으로 조셉 배절제트(Joseph Bazalgette, 1819~1891)가 시 수도위원회의 책임토목기사가 됐다. 곧 하수도 계획을 마련했다. 수백만 파운드(현재 가치론 수억 파운드)가 드는 사업이

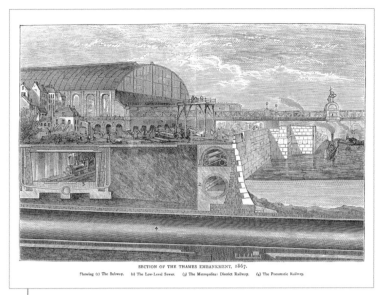

1867년 템스 강의 임뱅크먼트의 지하를 그린 펜화.
하수도(2번)와 지하철(3번)이 보인다.

었다. 의회가 주저했다. 그러다 1858년 6월, 악취가 진동하는 일이 발생했다. 템스 강변 옆의 의회 건물 안에서도 구토가 날 정도였다. 강바람이라도 불라치면 의원들은 생명의 위협을 느끼곤 했다. 의회는 결국 하수도관 사업을 승인했다.

배절제트는 런던 지하에 885km 터널을 건설했다. 또 2만 1000km 지선과 연결했다. 1859년부터 1875년까지 16년이 걸린 역사(役事)였다. 3억 1800만 개의 벽돌이 사용됐다. 당시론 선진적이었던 콘크리트 기법도 도입됐다. 당시 인구는 200만 명이었는데 400만 명을 기준으로 삼았다. 그는 "어차피 이런 건 한 번밖에 못하는 일이다. 항상 예상치 못한 게 있을 수 있으니 파이프 직경을 두 배로 하자"고 했다. 사람 키 두 배 높이인 3.5m 터널이 건설됐다. 그의 예상은 적중했다. 런던은 그 후 100년 넘게 하수도 걱정을 덜었다. 콜레라도 사라졌다.

2000년대 들어 런던이 배절제트가 기준으로 삼은 400만 명의 두 배인 840만 명으로 팽창하고 사람들이 과거보다 더 자주 샤워하는 등 물을 더 많이 소비하는 쪽으로 생활 습관이 바뀌면서 탈이 났다. 하수 수천만 톤이 매년 미처리 상태에서 템스 강으로 흘러 들어가게 됐다. 2013년엔 5500만 톤이었다.

상하수도사업본부(Ofwat)가 2015년 '슈퍼 하수도' 사업을 인가한 배경이다. 슈퍼 하수도란 이름이 붙어 있지만 길이는 배절제트 하수도보다는 짧은 25km다. 그러나 일부 구간은 영불 간 해저터널 깊이에 육박할 정도로 파고들어가야 한다. 터널 직경도 7m다.

영국 시사주간지 《이코노미스트》는 "이번 슈퍼 하수도 계획은 배절제트의 원래 작업에 필적한다"며 "화려하지도, 유권자의 표를 바랄 수 없는 일이지만 그래서 더 존경할 만한 일"이라고 평했다. 이 사업을 위한 컨소시엄이 꾸려졌는데 누구나 예상할 수 있는 이름이다. 바로 '배절제트 터널 회사'다.

배절제트의 흔적을 보고 싶다면 임뱅크먼트(embankment, 제방이란 뜻)역도 한 곳일 수 있다. 바로 옆 빅토리아 제방에 그의 흉상이 있다.

미래를 내다보는 기술 투자의 사례는 또 있다. 2014년 영국에선 사회적 난제 해결에 1000만 파운드를 내건 상이 제정됐다. 노벨상 상금이 100만 달러인 점을 감안하면 어마어마한 액수다. 이름하여 '경도상'(經度賞, Longitude Prize)이다.

그 유래는 300년 전으로 거슬러 올라간다. 1714년 영국 의회에서 법령 하나가 제정됐다. 경도상의 근거가 된 '경도법'이다. 바다에서 정확하게 경도를 측정하는 방법을 개발하는 이에게 2만 파운드(현재 100만 파운드 상당)의 상금을 수여한다는 내용이었다.

당시 정밀한 경도 측정은 지상과제였다. 항해 중 선박이 좌초돼 많은 이들이 목숨을 잃었는데 경도 측정을 제대로 못한 경우가 적지 않았다. 1707년 10월 영국해협을 가로지르던 영국 소함대도 그랬다. 포츠머스로 향한다는 게 그만 한참 더 대서양 쪽으로 향했고 전함 네 척이 영국의 서쪽 땅끝 마을 격인 실리 제도에서 침몰했다. 이 사고로 2000여 명이 숨졌다. 역시 경도 측정이 틀려서였다.

위도 측정은 간단했다. 태양의 위치를 확인하면 됐다. 경도는 간단하지 않았다. 현지의 시간뿐 아니라 출발지의 시간도 알아야 했다. 둘 사이에 한 시간 차이가 난다면 경도 15도, 두 시간 차이라면 30도 간격이었다. 현지 시간은 자오선만 살피면 됐다. 출발지 시간을 아는 게 문제였다. 뱃사람들이 출발지에 맞춘 추시계를 가지고 다니긴 했다. 그러나 배가 흔들리는데다 온도와 습도가 일정치 않아 추가 규칙적으로 움직이질 않았다. 영국 의회가 막대한 상금을 내걸고 공모전을 한 이유였다.

결국 링컨셔 지방의 한 목수가 해상 정밀시계인 크로노미터를 만들어냈다. 1735년 시연한 첫 모델(H1)은 34*kg*에 달하는 제법 큰 장치였다. 24년 뒤 H4에 이르러선 지름이 13*cm*인 회중시계 정도로 줄었다. 바로 목수 존 해리슨(John Harrison)의 발명품이었다. H4를 개발했을 때 66세였던 그는 "내가 이 정도로나마 크로노미터를 완성할 수 있도록 이렇게 오래 살게 해주신 전능하신 하느님께 감사드린다"고 말했다. 상금은 우여곡절 끝에 72세 때 받았다.

300년이 흐른 2014년 다시 '경도위원회'가 꾸려졌으며 경도상이 만들어졌다. 데이비드 캐머런 당시 총리의 제안으로 영국 공익재단 네스타가 주도했다. 상금도 1000만 파운드로 올렸다.

문제의식은 300년 전과 동일했다. 인류에게 절체절명인 난제 해결이다. 다른 점이 있다면 "18세기엔 한 가지 문제로 수렴할 수 있었다면 이젠 신선한 시각으로 바라봐야 할 사회적 문제가 많다는 점"(경도위원회 위원장 마틴 리스 경)이다. 《BBC》는 "어딘가에 스스로 과학자라고 여기지 않으면서도 우리 세계를 근본적으로 바꿀 영감을 제시할, 현대의 존 해리슨이 있을 수 있다"고 말했다. 네스타의 제프 멀건 대표도 "과학적 난제를 해결하기 위해 최고의 대학, 최고의 과학자에게 찾아가 해결해달라고 말할 수도 있다"며 "그러나 18세기 '경도상'이 그랬듯 공론에 부쳐 누구라도 해법을 찾도록 하는 게 나은 방법일 수 있다"고 했다.

경도위원회가 먼저 비행·식량·치매·신체마비·물·항생제 분야의 6대 난제를 정했고 그 이후 투표를 통해 한 분야를 선정했다. 결과는 항생제였다. 항생제에 내성이 있는 바이러스들이 속속 출현하는데 새로운 항생제는 개발되지 않아, 자칫 항생제가 무효화되는 시대가 올 수 있다는 위기의식이다.

첫 경도상이 바다에서 무수한 생명을 구하고 항해의 역사를 바꿨듯 300년 후의 경도상도 보다 나은 사회를 만드는 데 기여할 것이라고 영국 사회는 기대하고 있다. 다만 《데일리 텔레그래프》에 따르면 "당선 아이디어는 2020년께 정해질 것"이라고 하니 좀 기다리긴 해야겠다.

우리가 주목할 건 긴 시간이다. 말 그대로 근원적 대비책을 마련하기 위한 장기 투자다. 때론 터무니없어 보일지언정.

그저 공장 건물처럼 보이겠지만 사실상 산업혁명의 산실 중 하나다.
1771년 리처드 아크라이트에 의해 세계 최초의 수력방적기가 설치된 곳이다. 왼쪽에
보이는 수로와 장치에서 그 규모를 짐작할 수 있을 것이다. 공장 인근엔 운하가 들어
와 있다. 공장에서 생산된 직물을 곧바로 운송할 수 있게 한 게다.

한 가지 더 얘기하고 싶은 게 있다. 정치가 · 예술가의 이름 못지않
게 과학자는 물론 기술자 · 공학자들의 이름도 기억한다는 점이다. 토목
기사 배절제트, 목수 해리슨만이 아니다.

우리에게 널리 알려진 증기기관의 제임스 와트는 물론이고 직물산
업을 혁명적으로 바꾼 존 케이, 제임스 하그리브스, 리처드 아크라이트
등도 칭송의 대상이다. 사람의 손길이라곤 닿지 않았을 것 같은 풍광의
잉글랜드 다비셔의 크롬퍼드(Cromford)에 갔다가 아크라이트가 1771년
에 만든 세계 최초의 수력방적기를 본 적도 있다.

세계 최초로 여객 철도용 기관차 '로커모션 호'(Locomotion)를 만들
어낸 가난한 탄광촌 출신의 독학 기술자 조지 스티븐슨, 열차 기술자였
으며 1850년대 대서양 횡단 케이블을 까는 데 중요한 역할을 한 대니얼

구치, 대서양을 횡단하는 기선을 설계하고 광궤 철도를 만들었으며 현수교를 처음으로 발명하는 등 일일이 거명하기조차 어려울 정도로 업적이 많은 이잠바드 킹덤 브루넬 등도 수시로 마주칠 수 있는 이들이다. 브루넬은 특히 "공학 역사에서 가장 독창적이면서 가장 생산적인 인물 중 하나" "19세기 공학계의 거인" "놀라운 디자인과 독창적 건설로 영국의 풍경을 바꾼 산업혁명의 위인"이란 평을 들었다. 2002년 《BBC》가 100명의 위대한 영국인을 꼽는 조사를 했는데 그가 윈스턴 처칠에 이어 2위에 오른 일도 있다.

토마스 텔포드(Thomas Telford)도 잊지 말아야 한다. 잉글랜드에서도

북웨일스의 콘위 성에서 내려다본 풍경.
망대(望臺) 사이로 보이는 흰색 다리가 1826년 건설된, 세계 최초의 현수교인 '콘위 현수교'다. 토마스 텔포드의 '작품'이다. 오른편 망대에 가린 곳에 1849년 개통된 철도교가 있는데 로버트 스티븐슨이 설계했다. 맨 왼쪽의 도로는 현대의 산물이다.

외졌다고 할 법한 북서쪽의 슈롭셔에 길과 운하를 놓았다. 1960년대 말 슈롭셔에서 몇 개의 마을을 묶어서 뉴타운을 만들었는데 텔포드로 명명했다. 물론 그, 토마스 텔포드를 기리기 위해서였다.

피지 논쟁

"영국에서 상·하원이 충돌했다. 송아지 가죽으로 만든 피지(皮紙, vellum) 때문이다."

'웬 피지?' 싶을 수도 있다.

상황은 이랬다. 2016년 초 상원이 수세기 동안 이어져온 피지에 법안을 기록해야 한다는 전통을 폐기하기로 했다. 대신 고품질 종이를 쓰겠다는 것이다. 상원은 "디지털 시대 변화에 맞춰 피지 대신 좀 더 보관하기 쉽고 상대적으로 비용이 저렴한 종이를 도입하기로 했다"며 이같이 밝혔다고 한다. 상원에선 8만 파운드를 절감할 수 있을 것으로 기대했다.

영국에선 상·하 양원에서 제정한 법률의 기록과 보관을 상원에서 총괄하고 있다. 상원에선 "어떤 매체에 기록하고 어떻게 보관할지 결정권도 상원에 있다"고 주장한다. 하원이 반발했다. 영국 역사에서 중요한 문서들이 모두 피지에 기록됐는데 그 전통이 깨질 수 있다고 우려한 것이다. 보수당 소속 제임스 그레이 하원의원은 "이번 결정은 헌법과 문화에 대한 파괴 행위"라면서 "하원 차원에서 피지 사용 문제에 대한 논의를 진행해 이번 결정을 막겠다"고 했다.

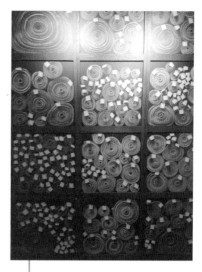

의회 내에 저장된 피지 문서들.

피지는 중세 유럽 때부터 애용됐다. 영국도 예외는 아니어서 역사적으로 중요한 문서들이 피지에 기록돼 있다. 노르망디 공국 출신으로 잉글랜드를 장악한 정복왕 윌리엄이 1086년 작성하게 한 둠즈데이북(Domesday Book),[3] 1215년 작성된 마그나카르타(Magna Carta, 대헌장) 등이 대표적이다. 14세기부터 의회 법안들도 피지에 기록됐다.

아무리 그래도 21세기인데 피지라니, 싶을 수 있다. 영국 사회가 그러하듯, 영국 의회도 말 그대로 전통이 이어져 내려오는 곳이다. 영국인들에게도 설명이 필요할 정도다. 애초에 시작될 때 이유와 근거가 다 있었다. 하지만 그게 사라진 게 확실한 지금도 전통이란 이름으로 반복, 지

---

③ 실은 토지대장이다. 어느 마을에 누가 살고 무엇을 소유했는지를 기록한 책이다. 세금 부과의 근거로 삼았다. 일단 기록되면 재심도, 항의도 받아들여지지 않았다. '최후의 심판'(The Last Judgement, 중세어로는 Domesday·현대어로는 Doomsday)이란 말이 붙은 이유다.

속되는 게 적지 않다.

　대표적인 사례로 들 법한 게 여왕(또는 왕)의 의회 개회 연설이다. 우리네 대통령이 9월 정기국회 시작 후 국회에서 한 해 살림살이를 설명하는 시정연설과 유사한 거다. 대충 16세기부터 시작됐다. 일명 '여왕(국왕) 연설'로 불리지만 실제론 총리와 내각이 작성한다.

　이게 지금의 눈으론, 게다가 이방인의 눈으로 보면 기이한 의례로 가득 찬 행사다. 우선 왕실 근위병들이 지하 저장고를 살펴본다. 이건 1605년 '의회 폭발 음모'(화약 음모 사건)에서 비롯된 게다. 상원과 하원의원들이 각자 회의장에 모인다. 상원은 고유의 대례복인 붉은색 가운(로브)을 입는다. 그러는 사이 의회의 고위직 중 한 명이 왕실의 '인질'로 잡힌다. 국왕의 안전 보호를 위한 조치다. 여왕이 황금마차를 타고 의회 상원 회의장에 도착해 하원의원들을 불러오라고 지시하면 '블랙로드'(Black Rod)[4]가 의회 중앙 로비를 지나 하원 회의장으로 향한다. 블랙로드와 동행하는 경감이 "모자를 벗어라, 방청객들이여"(Hats off, Strangers)라고 외친다. 블랙로드가 하원 회의장 문 앞에 도착하면 하원의 문이 쿵 소리 나게 닫힌다. 여왕으로부터 의회의 독립을 의미한다. 블랙로드가 '블랙 로드'(검정 막대기)로 문을 세 번 내리친 후에야 하원 회의장으로의 입장이 허용된다. 블랙로드가 인사하고 들어가 여왕의 뜻을 밝힌다. 그런 후에야 하원의원들이 상원 회의장으로 우르르 몰려가 서서 연

---

[4] 흑장관으로 번역되는데 여왕의 대 의회 파견관 정도다. 이름 그대로 검정색 막대기(black rod)를 든다. 하원 출입문엔 이 막대기로 내리쳐 파인 흔적이 오랜 세월 못지않게 흑장관들의 성성한 힘을 보여준다.

블랙로드(흑장관)가 블랙 로드(검정 막대기)로 하원 회의장 문을 내리치고 있다.
팔 그림자에 가렸지만 문엔 반복된 '타격'으로 인해 파인 자국이 뚜렷하다.

설을 듣는다.

한 가지 궁금증이 있을 수 있겠다. 실권을 쥐고 있는 건 하원인데 여왕이 하원에 와서 연설하면 안 되느냐고 말이다. 결론부터 말하면, 안 된다. 의회 독립 차원인데 찰스 1세 때부터 내려온 전통이다. 1642년 찰스 1세가 의회의 지도자를 잡겠다고 하원 회의장에 난입한 이후 국왕의 하원 입장은 금지됐다.

그 후로 400여 년이 되어가는데 단 한 번도 없느냐고? 그게 애매하다. 하원 회의장이란 공간에 발을 들여놓은 적은 있다. 1950년의 일이다. 빅토리아 여왕 시기 건설된 하원 회의장은 제2차 세계대전 때인 1941년 나치 독일의 공습으로 외벽만 덩그러니 남을 정도로 파괴됐고 현 회의장은 1950년 재건된 것이다. 그해 하원 회의장으로 공식 오픈하기 전, 그러니까 하원 회의장으로 사용될 예정이긴 하나 아직 하원 회의장이었던 적은 없는 공간에 당시 국왕이었던 조지 6세가 방문한 적이 있다. 24세였던 엘리자베스 2세도 공주 신분으로 동행했다. 선왕들은

300여 년간 누리지 못한 특권이었다. 그래도 '국왕의 하원 회의장 입장 불가' 전통이 깨진 건 아니었다. 이들의 방문 이후에야 하원 회의장이 된 거니까 말이다.

이런 의회니 피지를 지금껏 써왔고 앞으로도 계속 써야 한다는 토론이 벌어질 수 있는 게다. 피지 논쟁의 경우 그러나 '전통이니 지키자'는 수준을 넘어선 데까지 나아갔다. 어느 정도까지 내구성을 기대해야 하느냐다. 우리네 통념에선 수십 년, 길면 수백 년이다. 영국은 하지만 거기에 '0'이 더 붙어있다. 헌정(憲政) 지속에의 믿음인가, 놀라울 정도다.

실제 종이의 경우 보관 조건에 따라 다르지만 수명이 길어야 수백 년으로 알려졌다. 반면 피지는 1000년 이상이다. 수천 년이란 얘기도 있다. 1870년부터 의회에 피지를 납품해온 회사 관계자는 "마그나카르타가 종이에 적혔다면 이미 오래 전에 먼지가 돼 없어졌을 것"이라고 주장했다. 그러니까 '피지파'는 이전 문서들이 그랬듯, 지금 생산되는 문서들도 1000년 이상 가야 한다고 주장하는 셈이다.

상원에선 디지털로도 저장하겠다고 했다. 이에 대해선 《BBC》 방송이 "1984년부터 86년까지 《BBC》가 영국 전역에서 100만 명이 넘는 사람들이 관여한 프로젝트를 진행했고 그 데이터를 레이저디스크에 보관한 일이 있었다. 당시론 미래였지만 20년 후엔 그걸 읽을 수 있는 기계가 사라져 엄청난 노력을 한 후에야 데이터를 읽어낼 수 있었다. 디지털이 종이보다 손상되기 쉬울 수 있다"고 주장했다. 과거 버전의 디지털 문서를 현 버전으로 되살리는 데 어려움을 겪어본 이들이라면 공감할 만한 반론이다.

이러던 차 하원이 "전통이 이어질 수 있도록 우리가 연간 8만 파운드를 대겠다"고 나섰다. 국무조정실장 정도 되는 매트 핸콕이 "피지에 적으면 수천 년을 보관할 수 있으니 비용 면에서도 놀라울 정도로 효과적"이라고 했다. 이 무렵 영국 언론들은 "피지가 살아남는다"고 보도했다.

상원은 그래도 상원이었다. 종이로 가겠다는 입장을 고수했다. 결국 2017년 3월 상원과 하원이 새로운 합의를 했는데 법안의 표지는 피지로, 안쪽은 종이로 하자고 했다. 상원의 강한 의지 앞에 하원이 물러설 수밖에 없었던 게다. 아무리 하원이 실권을 쥐었더라도 기록에 관한 권한은 상원이 쥐고 있는 현실 때문이었다. 하원이 표지용 피지 비용을 대기로 했다.

이에 피지 사용을 주장했던 한 하원의원이 "또 다른 옛 전통이 사라졌다"며 항의 차원에서 해당 위원회에서 사임했다. 전통의 나라 영국도 옛 방식을 고수하긴 쉽지 않은 걸 보여주는 한 일화다.

유명 공연장 자리를
999년 동안 소유한다?

영국을 대표하는 공연장 중 하나가 로열 알버트 홀(Royal Albert Hall)
이다. 클래식·발레부터 대중음악·이벤트 등 다채로운 행사가 열린다.
북한의 김정철이 에릭 클랩튼 공연을 봐서 유명세를 타기도 했다.

이곳의 2층(그랜드 티어) 박스석이 매물로 나왔다고 2017년 1월 영
국 언론들이 보도했다. 박스석은 칸막이가 있는 관람석으로 이번에 나
온 건 12석 자리다.

판매를 대행하는 해러즈 에스테이트는 "한 세대에 나올까 말까한
드문 물건"이라며 "250만 파운드를 넘어설 수 있다"고 주장했다. 웬만한
집 몇 채 값은 하는 금액이다.

무슨 좌석이기에 이 정도인가 싶을 게다. 박스석 구입이라지만 실
은 공연장 조합(The Corporation Of The Halls Of Arts And Sciences)의 회원이 되
는 게다. 1860년대 공연장 건립기금을 낸 이들에게 주어진 자격이다. 빅

토리아 여왕이 이곳의 초석을 놓은 1867년부터 999년 좌석 임차권이 있다. 공연장 운영에 직간접적으로 간여하는 이들이기도 하다. 연간 공연의 3분의 2 정도를 볼 수 있다고 한다.

150년 정도 지났으니 "이번 박스석의 경우엔 임차 기간이 849년 남았다"(《파이낸셜타임스》)라고 한다. 현재 로열 알버트 홀 5272석 중에서 1300석 정도가 이런 경우인데 대부분 개인 또는 기업 소유다.

유사한 박스석이 시장에 나온 건 2008년 이후 처음이라고 한다. 당시 10자리 박스석의 호가가 120만 파운드였다. 2011년 장외 시장에서 세컨드티어(3층) 박스석 5개 자리가 55만 파운드에 팔렸고 이게 2년 후에 다시 100만 파운드에 거래됐다. 이번 가격표가 터무니없는 숫자인 건 아니란 의미다.

우리에게 낯선 건 가격표만은 아닐 게다. '999년 권리'란 계약 기간에도 질릴 수 있다. 아무리 앞선 피지 논쟁을 통해 영국인들 머릿속에 1000년이란 시간 단위가 내장돼 있다는 걸 알더라도 당장 내일 무슨 일

로열 알버트 홀 내부 모습
《BBC》가 매년 주최하는 클래식 음악제인 프롬스 공연이다.
중앙 무대를 중심으로 2, 3, 4층에 보이는 칸막이된 자리들이 박스석이다.

이 벌어질지 모르는데, 계약 기간을 1000년 가까이 한다는 게 가당키나 할까 싶은 생각이 들 게다.

영국에선 하지만 드문 일이 아니다. 유수의 가문이 상속세를 내기 어려워 집을 내셔널 트러스트 등 재단에 기증하고 대신 거주할 권리를 받곤 하는데 이때도 999년 약정이 등장하곤 한다.

한 예가 잉글랜드 서쪽 끝인 콘월 지방에서도 끝자락에 있는 섬 세인트 마이클즈 마운트(St Michael's Mount)다. 프랑스의 노르망디에 있는 명소인 몽 생 미셸 수도원과 사촌쯤 되는 곳이다. 1066년 노르만 정복 이후 12세기에 몽 생 미셸의 수도사들이 여기에 성과 작은 수도원을 짓기 시작했다. 현 소유주인 세인트 오빈(St. Aubyn) 가문이 입주한 건 14세기 중반의 일이다. 온갖 풍파에도 살아남았다.

그러다 1954년 존 프랜시스 아서 세인트 오빈이 내셔널 트러스트와 특별한 계약을 맺었다. 이튼 칼리지와 케임브리지대학교 출신으로 스무 살 때 제2차 세계대전 발발 소식을 듣자마자 참전한 전쟁 영웅으로 귀족 칭호(Lord St Levan)를 받았으며 하원의원이기도 했던 인물이다. 그는 내셔널 트러스트에 소유권을 이전하는 대신에 후손들이 999년 거주할 수 있는 권리를 받았다. 또 그 기간 동안 영리행위도 가능하도록 했다.

지금도 겨울철 등 특정 시기를 빼곤 누구나 세인트 마이클즈 마운트에 방문할 수 있다. 후손들이 사는 일부 공간을 빼곤 대부분 공개돼 있다. 선조들의 초상화뿐 아니라 현 거주자의 가족사진들도 볼 수 있다. 독특한 풍광에 인기도 높아 매년 25만 명이 찾는다고 한다.

우린 통상 전세계약 기간이 2년이다. 영국은 일반 주택이야 1년도 있지만 사무 공간이라면 최소 5년 정도다. 대개 수십 년이다. 수백 년도 어렵지 않게 본다.

일상에서도 이런 문구를 만난다.

'900년 만에 옥스퍼드대학교 여성 총장.'
'마그나카르타 800주년.'

수백 년의 일은 다반사다. 주변에서도 수백 년 지속된 뭔가를 보는 게 어렵지 않다는 얘기다. 비교적 근대의 산물인 빅 벤도 150여 년간 정시를 알려왔다.

제도도 마찬가지다. 의회만 봐도 그렇다. 건물 자체는 과히 오래지 않았다고 쓴 적이 있다. 기원은 한참 거슬러 올라간다. 일부 학자들은 7세기에서 11세기까지 앵글로색슨 잉글랜드에서 있었던 위튼(Witan) 회의(현자들의 모임이란 의미)에서 연원을 찾곤 한다. 정당도 1600년대 영국 내전 당시로까지 가야 한다.

재무장관을 'Chancellor of the Exchequer'라고 부르는데 이건 지대를 파운드 · 실링 · 페니 등 현금으로 받았을 때 그걸 셈하기 쉽게 체크무늬 천에 깔려 있던 책상을 간단한 수판으로 사용한 데서 비롯된 이름이다. 언제부터냐고? 12세기다. 정부가 바뀔 때마다 부처 이름이 바뀌는 걸 경험하는 우리로선 부러운 일이 아닐 수 없다.

관습법으로 번역되곤 하는 '커먼로'(Common Law)도 그렇다. 우리처럼 대륙법체계에선 합리주의를 기본으로 삼는 데 비해 커먼로는 역사주의적이란 평가를 받곤 한다. 판례나 관습이 근간이다. 혁명이나 법전 편찬 등에 따른 단층(斷層)이 없다. 역사적 계속성이 특징이다. 이와 같은 커먼로가 언제 시작됐을 것 같은가. 12세기 잉글랜드 왕인 헨리 2세 (1133~1189) 때다. 의회 승인 없이 과세할 수 없고 재판이나 국법에 의하지 않곤 체포 · 감금할 수 없다는 건 1215년 마그나카르타부터 명시된 개념이다.

역사학자 박지향은 그의 책 『클래식 영국사』에서 "근대 영국의 진정한 기적은 혁명을 겪지 않았다는 게 아니라 너무나 많은 혁명들을 실제 혁명에 귀의시키지 않고도 동화시켰다는 것에서 발견할 수 있었다"며 "전제정, 외국의 침입, 혁명으로부터 면제됐다는 역사적 사실 때문에 여러 제도가 옛 모습 그대로 남게 된 것"이라고 했다.

이로 인해 영국은 진정으로 제도를, 사회를 개혁할 기회를 잃었는지 모른다. 그러나 분명 이네들에겐 자신들의 역사 · 제도 · 관습 등이 지속될 것이란 믿음이 있다. 기준(norm) · 규칙(rule)도 마찬가지다. 수백 년 전의 일이 오늘에 통용되듯, 어제 오늘의 일이 수백 년, 수천 년 후에도 의미 있을 것이란 예상도 한다. 일종의 신뢰다. 999년 계약이 가능한 배경이다. 미래에 대한 불확실성이 줄어드니 자기 자신과 가족의 이익, 당장의 이익이 아닌 쪽으로 시야와 관점을 넓힐 수도 있다. 길고 폭넓게 볼 수 있으니 인적 자본과 기술의 축적도 더욱 촉진된다. 이른바 '사회적 자본'이다. 우리에겐 미약한 것들이다.

16세기에 영업을
시작한 가게들

런던을 찾게 되면 최소 한 번은 방문하게 되는 곳이 대영박물관일 터다. 그렇다면 근처에 들렀으면 하는 곳이 있다. 300m정도 거리니 걸어서 4분이면 도착한다.

'제임스 스미스 앤드 선즈'로 우산과 지팡이를 파는 곳이다. 첫 영업을 시작한 게 1830년이었고 지금의 자리에 가게를 낸 건 1857년이다.

가게 문을 열고 들어가면 놀랄 게다. 우선 수천 파운드 하는 지팡이가 수두룩해서다. 인테리어도 예스럽다. 게다가 여전히 스미스네 가게다. 5대째라고 한다. 가게 이름이 '스미스와 아들들'로 번역되지만 엄밀하겐 아들과 손자, 증손자, 고손자들인 셈이다. 이곳의 매니저인 필 네이스미스는 "(소유주인 스미스 가족들이) 회계는 물론, 바닥을 닦고 (손님을 위해) 차를 내는 것도 직접 한다"고 전했다.

런던엔 이와 같은 가게들이 적지 않다. 예로부터 번화가인 버킹엄 궁 근처 세인트 제임스 스트리트에 특히 많다. 1676년부터 영업한 모자 전문점 '록 앤드 코 해터스'는 전 총리 윈스턴 처칠, 영화배우 찰리 채플린이 단골이었다.

와인상 '베리 브러더스 앤드 러드'(1698년 설립), 처칠 덕분에 세계적 명소가 된 아바나 시가를 파는 '제임스 폭스'(1787년), 향수 가게인 'D R 해리스'(1790년)도 이곳에서 만날 수 있다. 《데일리 텔레그래프》가 최근 "런던에서 가장 오래된 가게들"이라고 보도한 곳이다. 세계에서 가장 오래된 장난감 가게인 '햄리'(1760년)와 세계적인 식자재 백화점인 '포트넘 앤드 메이슨'(1707년)도 과히 멀지 않은 곳에 있다.

고급 맞춤양복이란 뜻의 '세비로'란 말을 낳은, 양복거리 새빌 로에도 유구의 양복점들이 있다. '헨리 풀스 앤드 선스'(1806년)가 가장 먼저 영업을 시작했다.

200여 년 된 서점인 '해처즈'(1797년)가 200년간의 최고 소설을 선정한 적 있는데 앤서니 트롤롭의 1855년작 『관리인』이었다. 돈벌이만 한다고 비난받는 한 양로원 관리인의 얘기다.

이들 중 한 곳을 찾아서 직접 얘기를 들었다. 세인트 제임스 스트리트 3번지에 위치한 '베리 브러더스 앤드 러드'다. 흔히 BBR로 통한다.

이곳에 발을 들여놓는 순간 누구나 300여 년 전 시공간으로 순간 이동을 하는 느낌이 들 것이다. 무수한 발길에 반질반질해진 바닥은 한쪽으로 기울었고, 걸음을 내디딜 때마다 소리를 냈다. 커피를 자루째 재던 옛 저울도 남아 있다.

영국에서 가장 오랜 와인상 중 하나다. 우리론 숙종 24년인 1698년부터 그 자리에 있었다. 인테리어도 거의 그대로다. 제법 오래된 가게들

베리 브러더스 앤드 러드의 안팎 모습.
'XVII'(17) 세기에 설립됐다고 쓰여 있다.
과거에 쓰이던 저울이 그대로 있다.

이 'OOOO년 설립'을 내세우곤 하지만 여긴 '17세기 설립'이라고 쓴다.
처음엔 커피 · 코코아 · 차 · 향료 위주로 취급했는데 점차 와인과 스피
릿(증류주)으로 특화했다고 한다. 이제는 세계를 대상으로 영업한다.

현재 대표는 사이먼 베리로 7대손이다. 가게의 구석방에서 그를 만
났다.

Q **300년간 와인상이다. 당신에게 와인이란 어떤 의미인가.**

"문명화된 삶의 일부분이다. 끊임없이 매료시키면서 공유할 수 있는
특별한 존재다. 만일 와인을 홀로 마신다면 정말 중요한 걸 놓치는 셈
이다."

Q **300년을 지속, 확장해올 수 있었던 요체는.**

"우리 일을 잘 이해해서다. 발효된 포도주스를 파는 게 아니라 경험을
판다는 사실을 말이다. 단 한 번도 잊지 않았다. 변화도 중요했다. 이

곳을 보면 하나도 변하지 않았다고 느끼겠지만, 정말 많이 바뀌었고 바뀌고 있다. 새 시장을 개척한 것도 그 일환이다. 와인이 아시아인 삶의 한 부분이 될 것이란 걸 알았다."

Q 이제는 신세계 와인도 취급한다.

"발효된 포도주스란 본질은 같다. 그러면서 동시에 모든 와인이 다 다르기도 하다. 프랑스 보르도에만 1000개의 샤토가 있다. 프랑스의 포도 품종도 수백 개다. 다양성이 와인의 즐거움이기도 하다. 다만 신세계란 표현은 생각해볼 여지가 있다. 가장 오랜 와이너리 중 한 곳인 클라인 콘스탄티아는 남아프리카공화국에 있다. 나폴레옹이 좋아했다(1821년 세인트 헬레나 섬에서 죽을 때까지 6년 동안 매년 1126리터의 이 와인을 배달해 마셨다). 임종 때도 함께했다. 그런데도 남아공 와인을 신세계 와인으로 분류한다."

Q 오랫동안 거래해온 와인 메이커도 있겠다.

"물론이다. 그러나 오랫동안 좋은 와인을 만들어왔다는 사실이 필연적으로 그 후손도 그럴 것이란 걸 의미하지 않는다."

Q 개인적으로 맛본 와인 중 가장 오래된 것은.

"몇 해 전 마신 1835년 토커이 에센치아다."

Q 일정 시점이 지나면 마실 수 없는 상태가 되지 않나.

"토커이는 불멸로 알려져 있다. 최근 마지막 남은 1888년산을 개봉했다. 블라인드 테스트에서 '128년 됐다'고 알아챌 사람은 없을 게다. 신선했다. 여타 와인들은 다를 수 있다. 1865년산 테이블 와인을 마신 적이 있는데 노쇠했고 연약하다는 느낌을 받았다. 진정 140세였다. 역사 속 인물을 마주한 듯했다."

Q **당신에게 가장 값진 와인은.**

"정말 비싼 와인들이 있긴 하다. 공유란 차원에서 가장 값진 와인은 가장 소중한 기억과 관련된 것들이다. 2005년 결혼할 때 마신 1966년 샤토 라피트 로칠드가 그중 하나다."

새빌 로에 있는 양복점도 찾았다. 1806년 헨리 풀이란 테일러[5]가 새빌 로에 둥지를 튼 이래 한두 집씩 생겼고 이젠 '새빌 로=수제 맞춤양복 거리'가 됐다. 풀의 7대손인 사이먼 컨디와는 이런 대화를 나눴다.

Q **7대손이라더니 성(姓)이 풀이 아닌 컨디다.**

"처음 시작한 건 제임스와 헨리 풀이었다. 사후에 사촌이자 회계사인 사무엘 컨디가 넘겨받았다. 그 후론 컨디 가문으로 계승됐다. 하워드 컨디, 사무엘 컨디, 앵거스 컨디, 사이먼 컨디, 그리고 나다. 영광이다. 쉽지 않은 일이었다. 대단히 자랑스럽다. 손님들도, 직원들도 오랫동안 함께해왔다."

Q **직원들도 그렇단 말인가.**

"형제가 있었는데 16살에 일을 시작해서 65세에 은퇴했다. 줄곧 여기에서 일했다. 부자 재단사도 있다."

Q **자녀들도 이곳에서 일하나.**

"아들 둘인데 설립자들의 이름을 따서 제임스와 헨리로 불린다. 이곳

----

⑤ 우리말 사전엔 재단사·양복장이로 번역돼 있으나 실제론 디자이너와 장인을 합한 말에 가깝다.

에서 일하게 되길 바란다. 종종 여기서 일한다. 옷을 포장하곤 했는데 고객들에게 '내 아들들이 당신 옷을 쌌다'고 하면 좋아한다."

Q **오랜 가업인데.**

"늘 과거를 돌아보고 어떻게 바뀌었나 생각한다. 좋을 때도 어려울 때도 있었다. 제2차 세계대전을 겪었고 2000년대 초 미국 주식시장에서의 닷컴 버블도 봤다. 쉽지 않았다. 지금은 과히 나쁘지 않은 시기다."

이쯤에서 영화 〈킹스맨: 시크릿 에이전트〉 얘기를 하지 않을 수 없다. 새빌 로의 '킹스맨'이란 양복점으로 위장한 비밀정보기구에 대한 얘기다. 주인공 중 한 명인 영국 배우 콜린 퍼스가 "예절이 사람을 만든다" "슈트는 젠틀맨의 갑옷"이라고 외치며 '슈트발'을 뽐낸다. 그러는 사이다들 궁금했을 게다. 실제 있는 곳일까? 있다. 1849년 설립됐고 새빌 로엔 1919년에 자리 잡은 헌츠맨이다.

〈킹스맨〉의 각본과 연출을 맡은 매튜 본이 헌츠맨의 단골이다. 18세 때 어머니와 함께 이곳에서 옷을 맞췄다고 한다. 본의 말이다. "빅토리아 여왕 시대 이후 온갖 부자와 권력자들이 드나든 이곳 피팅룸에서나도 옷을 맞추다가 지루해져서 상상하기 시작했다. 비밀 버튼을 누르면 방 전체가 올라가 비밀시설로 이어진다. 양복점으로 위장한 비밀정보기구다." 〈킹스맨〉의 콘셉트다.

바로 상상의 출발점이자 로케이션 장소였던 헌츠맨에서 일한 지 35년이 넘은 수석재단사 고든 알스레이번을 만난 이유였다. 그는 "부친은 헌츠맨에서 옷감을 자르는 사람이었고 어머니는 그걸 테일러에게 전달하던 여성 재단사였다"며 "부계로도 모계로도 5대째 새빌 로 사람"이라고 소개했다. 그러곤 "고객 중엔 길을 가다 '저것 헌츠맨 옷 같다'고 하는 경우가 있다"며 "우린 더 나아가 자기가 재단했는지도 안다"고 했다. 그와도 만났다.

  Q **30년간 변화는.**

    "새빌 로가 살아남을 수 있었던 건 아주 많은 비스포크(bespoke)[6] 하우스들이 가까이에 있어서다. 재능 있는 사람들을 끌어들이는 역할을 했다. 하우스마다 각자 스타일과 각자 고객이 있다. 그러면서 새로운 시각이 성장할 수도 있다."[7]

  Q **고객들엔 변화가 없나.**

    "여전히 귀족들이 많긴 하다. 오랜 단골도 많은데 96세 손님은 슈트를 주문할 때 '1년 정도 걸릴 수 있다'고 말씀드리면 '시간 많아'라고 답하시곤 한다. 배우 클라크 게이블과 그레고리 펙도 우리 단골이었다."

  Q **종이로 만든 옷본(pattern)이 많이 걸려 있다.**

    "한번 만든 옷본은 끊임없이 업그레이드 한다. 고객이 나이 먹으면서 몸이 커지면 우리도 그에 맞게 옷본을 수정한다. 풀로 종이를 덧붙이는 방식이다. 그러고 보면 고객에 따라 옷본도 성숙한다."

----

[6] '주문에 따라 맞춘'이란 의미인데 이 대목에선 수제 맞춤양복을 가리킨다. 영국에서 흔히 쓰이는 단어다. 신발·가구·보험·약 앞에도 비스포크가 붙는 경우가 있다.

[7] 새빌 로도 이런저런 부침을 겪었지만 여전히 30여 곳이 성업 중이다. 그사이 스타일 혁신도 이뤄졌다. 60년대엔 토니 너터즌란 테일러가 압도적 인물이었다. 비틀스 네 명 중 세 명이 그의 옷을 입었다. 90년대에도 '뉴 비스코프 운동'이 벌어졌고 대표주자인 리처드 제임스와 오즈왈드 보아텡이 새빌 로에 자신의 양복점을 운영 중이다.

Q 한 벌을 완성하는 데 얼마나 걸리나.

"3개월 정도 걸린다고 말씀드린다. 지난해 여왕과의 접견 일정 때문에 2주 만에 모닝코트를 만들어내야 했는데 좀 어렵긴 했다."

대개 고객들은 서너 번 가봉을 한다. 그사이 세계적인 재단사들이 옷본을 만들고 그에 따라 상의·하의·조끼 제작자들이 각각 옷을 제작한다. 보정 전문 테일러 등의 마무리 과정이 뒤따른다. 모두 수작업이다.

Q 킹스맨에 나오는 투 버튼 재킷은 다소 구식 아닌가.

"새빌 로는 고객이 가장 좋아 보이게 재단한다. 그러니 구식이란 건 없다."

Q 고객이 만족을 못한다면.

"고객이 완성된 옷을 입었을 때 어떻게 보이길 원하는지 아는 게 재단사의 임무다. 그럼에도 마음에 들지 않으면 다시 만든다. 고객이 행복한 채 문을 나서는 게 가장 중요한 가치다. 오랜 기간 우리가 살아남을 수 있었던 이유다."

Q 전통을 지키는 게 쉽진 않겠다.

"그래도 중요한 일이다. 세대에서 세대로 전수된다. 물론 쉽지 않다. 아주 비싼 일이기도 하다."

50년간 헌츠맨의 얼굴이었던 콜린 해믹이란 테일러가 있다. 알스레이번의 '스승'으로 헌츠맨의 스타일과 질을 확립한 사람이다. 89년 임대료가 2.5배 치솟아 도저히 새빌 로를 지킬 수 없을 때도 그는 새빌 로를 고수했다. 2008년 그가 숨졌을 때 《타임스》는 "우아하면서도 돈이 많이 드는 새빌 로의 기풍을 지킨 사람"이라고 썼다.

진실 규명엔
시간을 들인다

"팬들은 잘못이 없다. 오히려 불법적으로 죽음을 당했다."

1989년 영국의 셰필드에 있는 힐즈버러 스타디움에서 발생한 96명의 축구 팬 사망 사건의 사인(死因)을 조사해온 배심원단이 2016년 4월 26일 내린 결론이다. 당시 힐즈버러엔 리버풀 FC와 노팅엄포레스트 FC 간 FA컵 준결승전이 열렸다. 이 경기를 관람하기 위해 2만 5000여 명의 리버풀 팬이 몰렸는데 경기 직전 입장하는 과정에서 96명이 숨졌고 700여 명이 부상당했다.

배심원단은 "당시 경찰 책임자가 팬들의 안전을 제대로 챙기지 못하는 중과실을 저질렀다"며 "팬들에겐 잘못이 없다"고 판단했다. "긴급 구조도 문제였다"고 봤다.

27년 만에 이 같은 결론이 내려지기까지 곡절이 많았다. 세 차례 조사위원회가 꾸려졌다. 이 과정에서 피해자 가족들은 끈질기게 진상규명을 요구했다.

첫 사고 보고서는 1990년 나온 '테일러 보고서'였다. 음주한 리버풀 팬들의 횡포가 사고의 가장 큰 원인이란 결론을 냈다. 그 무렵 대중지 《선》은 "술에 취한 리버풀 팬이 횡포를 부렸고 구조 활동을 벌이던 경찰을 폭행했다"는 소문을 게재했다. 팬들을 난동자로 본 것이다. 유족들과 리버풀 팬들은 강력 반발했다. 그로 인해 1997년 재조사가 시작됐으나 흐지부지됐다. 유족들은 소송을 제기했다. 관련 문서 공개도 요구했다.

결국 2009년 12월 독립적인 조사위원회가 다시 꾸려졌다. 2년 9개월에 걸친 방대한 조사 끝에 결론이 달라졌다. 이번엔 경찰이 문제였다. 이미 발 디딜 틈이 없는데도 출입구를 개방했고 이 때문에 이미 들어가 있던 입석 팬들이 떠밀려 급기야 압사까지 당했다는 사실이 드러났다. 경찰들이 리버풀 팬들에게 잘못을 뒤집어씌우려 한 것도 확인됐다. 긴급구조가 제대로 됐더라면 40여 명은 구할 수도 있었다. 데이비드 캐머런 당시 총리가 결국 사과했다.

2012년 고등법원이 재판을 다시 시작했다. 배심원단 평결이 나온 배경이다. 검찰은 이후 관련자들에 대한 형사 절차를 밟겠다고 밝혔다. 두 딸을 잃은 트레버 힉스는 《BBC》 방송과의 인터뷰에서 "마침내 정의를 이뤘다"고 말했다.

이런 사례는 다른 곳에서도 찾을 수 있다.

2015년 5월 7일 총선에서 당일 오후 10시 《BBC》의 출구조사가 나오는 순간까지 영국 총선에서 집권 보수당의 승리를 자신 있게 예상한 여론조사 기관은 드물었다. 더욱이 331석(과반 326석)을 확보해 단독으로 정부를 구성할 것이라고 내다본 곳은 사실상 없었다. 주요 조사 기관

리버풀 시내에 있는 힐즈버러 추모비.

들이 다 선거 기간 내내 박빙 승부라고 예상했다. 진 곳은 노동당만은 아니었다. 여론조사 기관들도 패배했다. 선거일로부터 8개월여 만에 여론조사 기관들이 실패를 복기하는 보고서를 냈다. 조사기관들이 모여서 만든 영국여론조사업체협회(BPC)와 시장조사학회(MRS)가 연구를 의뢰했다.

　결과적으론 조사대상의 표본이 문제였다. 대표성이 부족했다. 보수당 성향의 지지자들이 덜 포함된 반면, 목소리는 크되 투표장에 가지 않는 노동당 지지자들이 많이 포함되었다. 조사 후 판별 분석 과정에서도 이런 잘못이 시정되지 않았다. 연구 책임자인 사우샘프턴대학교 패트릭 스터지스 교수는 "무작위로 표본을 취하고 해당 표본이 답을 할 때까지 문을 계속 두드리는 통계청 조사와 달라서 그렇다"고 설명했다.

　실제 쉽게 연결되는 이들에서 노동당이 6%포인트 앞선 반면, 3~6

차례 전화를 해야 하는 이들에선 보수당 지지율이 11%포인트 높았다. 조사 업체들은 또 자신들의 조사 결과가 타 업체와 크게 차이나지 않도록 하곤 했다는 점도 드러났다. 비슷한 결과들이 지속적으로 쏟아져 나온 이유였다.

정치평론가들이 자신들의 예측 실패를 해명할 때 동원하는 표현인 "보수당으로의 막판 표 결집이 있었다" "여론조사에선 지지 성향을 안 밝히는 '수줍은 보수당 지지자들'(shy Tory, 샤이 토리)이 있다"[8]를 두고도 검증했는데, 사실과 다르거나 효과가 미미한 것으로 확인됐다.

앞선 1992년 총선 때엔 오후 10시 《BBC》의 조사 발표도 틀렸다. 보수당이 노동당에 뒤진다고 했는데 실제론 보수당이 압승했다. 당시도 조사위를 꾸렸는데 그때 확인된 게 '샤이 토리' 현상이다. 조사위는 8.5%의 오차 중 2%가 여기서 기인했다고 판단했다.

우리도 선거 때마다 여론조사를 두고 예측 실패 논란이 제기된다. 영국처럼 말이다. 하지만 다음이 다르다. 우리나라에선 조사업계들이 공동 연구를 통해 검증을 했다는 얘기를 들어본 적이 없다. 개별 업체들이 자체적인 개선 노력을 할 뿐이다. '숨은 표' '샤이 보수' 논란을 벌이곤 하는데 추정만 할 뿐 실재하는 현상인지 확인된 바 없다.

하나를 더 소개한다. 1987년 발생한 영국의 '헤럴드 오브 프리 엔터프라이즈호 침몰 사고'다. 그해 3월 6일 오후 7시 벨기에 지브뤼게(Zeebruges) 항을 떠나 영국의 도버(Dover) 항으로 가는 배였다. 그러나 출항하자마자 침몰하기 시작했고 2분 만에 뒤집혔다. 이 사고로 총 459명

---

[8] 예측과 결과가 다를 때 정치권에서 주로 나오는 설명이다. 우리도 마찬가지다.

의 승객 중 193명이 사망했고, 4명이 실종됐다.

사고 원인은 명료해 보였다. 배가 앞문을 닫지 않은 채 출발했고 거기로 바닷물이 밀려들어왔다는 게 드러나서다. 선박의 문을 닫는 일을 맡은 선원이 잠들어 있기도 했다. 분명한 인재(人災)처럼 보였다.

조사위가 꾸려졌다. 이전에도 문을 닫지 않고 항해한 배들이 있었다는 사실이 드러났다. 뭔가 더 확인해야 한다는 의미였다. 결정적인 건 항해를 시작한 뒤 얼마 안 돼 속도를 시속 33.3km로 올린 거였다. 이 조치가 수심이 낮은 바다에서 심한 파도를 유발했고 바닷물이 열려 있던 문을 통해 배로 밀려들어왔다.

그저 단순 인재로 결론을 내렸다면 현장의 몇 명이 처벌받았을지 모른다. 사람의 잘못이었으니까 말이다. 그러나 다각적 조사를 통해 다양한 안전 조치들이 필요하다는 결론에 도달했다. 배의 설계가 달라졌을 뿐만 아니라 국제안전관리규약(ISM, International Safety Management)이 생겼다. 또 이를 계기로 '기업에 의한 비고의적 살인죄'(Corporate Manslaughter)를 적용하기 시작했다.

때론 과하다 싶을 때도 있다. 2012년 영국을 강타한 'VIP(주요 인물)에 의한 아동 성범죄' 트라우마 관련해서다. 《BBC》의 간판 진행자로 오랜 사랑을 받았던 지미 새빌이 숨진 지 1년 만인 2012년부터 새빌이 아동 성추행 상습범이었다는 사실이 터져 나왔다. 그것도 오랫동안 무자비하게. 영국 사회는 충격을 받았다. 이후엔 증언이 있다 싶으면 수사에 나섰다.

그러던 중이었다. 한 저택 앞에서 경찰이 TV 카메라를 향해 이같이 말을 하는 게 들렸다.

"히스 전 총리로부터 아동 성학대를 당했을 가능성이 있거나 경찰 수사에 도움이 될 만한 정보가 있는 사람은 경찰에 부디 알려달라."

바로 에드워드 히스 전 총리의 자택 앞이었다. 1970년대 초반 총리였으며 2005년 89세로 숨졌다. "경찰이 수사 과정에서 히스 전 총리가 소아성애자였다는 걸 인지하고도 숨겼다"는 진술이 나오자 바로 취한 조치였다고 한다.

경찰은 공개수사에 돌입했다. 이례적이었다. 그만큼 새빌 사건이 영국 사회에 준 충격이 깊었다는 방증이다.

이 무렵 경찰이 유사한 혐의로 세계적 가수인 클리프 리처드 경의 자택에 들이닥칠 때,《BBC》 방송이 헬기를 띄우고 생중계했다. 내내 혐의를 부인한 리처드 경은 강하게 반발했다. 결국 히스 전 총리 건은 흐지부지됐고, 클리프 리처드 경은 '충분한 증거가 없다'며 불기소 처분을 받았다.

영국인도 못 읽는
영국 지명

《BBC》의 인기 드라마 '셜록'의 한 장면이다. 런던의 템스 강변 모래밭에서 탐정 셜록 홈즈와 닥터 왓슨, 런던경시청의 레스트레이드 경감이 차 트렁크에 실린 시체를 살펴보곤 대화한다.

레스트레이드: 이 사람은 어제 베를린공항에서 체크인을 했네. 독일에
　　　　　　서 추락한 비행기에 탔다는 얘기지. 거기서 사망했다는
　　　　　　말이야. 그런데 여기 서더크에서 차 트렁크 안에 숨진
　　　　　　채로 발견된 거네.
왓슨: 운 좋게도 탈출했군.
레스트레이드: 아이디어라도?
홈즈: 여덟 가지 정도. 지금까진 말이야.

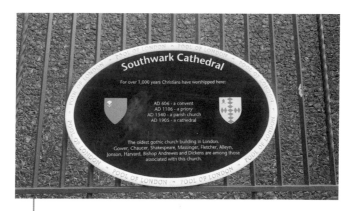

서더크 성당 앞에 붙은 안내문.
606년 세워진 수녀원이 지금의 성당에까지 이르렀다고 돼 있다.

누군가 이 로케이션 장소인 서더크를 찾아가보고 싶을 수 있겠다. 하지만 런던의 지하철 노선도를 펴놓고 뚫어지게 쳐다본들 쉽사리 '여기다' 싶은 곳이 눈에 들어오지 않을 게다. 이런저런 지도를 봐도 마찬가지일 터다. 레스트레이드 경감이 얘기한 곳은 Southwark으로 미국식 영어에 익숙한 우리로선 대개 '사우스워크'로 발음할 만한 곳이어서다.

영국에선 이처럼 짐작과 영 딴판인 발음의 지명이 적지 않다. 런던의 웨스트엔드를 방문할라치면 거치게 되는 Leicester Square역은 '라이체스터 스퀘어'가 아닌 '레스터 스퀘어'로 읽힌다. 로마군의 병영(라틴어로 castrum)이 있었다는 의미의 'cester'를 대개 '스터'로 읽어서다. 한국인이 많이 사는 런던 외곽 동네가 워체스터 파크가 아닌 우스터 파크(Worcester Park)인 이유다.

또 앵글로색슨 말로 시장이란 뜻의 'wick'에선 'w'가 묵음인 경우가 많다. Warwick은 '워릭'이고 여심을 흔들어놓곤 하는 영국 배우 콜린 퍼스가 사는 곳인 Chiswick은 '치직'이다. 정착지 또는 강가 목초지란 의미의 'ham'에서 'h'가 소리가 안 날 때도 많다. 유명 축구단 풀럼(Fulham) FC를 떠올리면 된다. 그러나 이게 절대적 규칙은 아니다. Hardwick은 하드윅이다. 잉글랜드에 있는 Billingham이란 마을은 빌링햄이라고 한다.

이런 건 그래도 규칙이랄 만한 게 있다. '어떻게 그렇게 발음하지' 싶은 곳도 적지 않다. 솔즈베리(Salisbury)와 에든버러(Edinburgh)가 그렇다. 영국에 오래 산 이들 중에도 윈스턴 처칠 전 총리가 태어난 곳으로 유명한 블레넘(Blenheim) 궁전을 블렌하임 궁전으로 잘못 알고 있는 경우가 있다. 법률사무소들이 몰려 있는 Holborn의 공식 발음은 호번이다. 지하철 안내 방송도 그렇게 한다. 그러나 홀번이라고 하는 이도 제법 있다.

개인적으로 가장 흥미로웠던 이름은 앞서 언급한 아이템 모트란 곳과, 잉글랜드 북부의 전형적인 노동자계급 마을인 Keighley의 경우다. 후자는 키슬리라고 발음한다.

이런 이름들은 대개 현지 주민에게 물어보면 된다. 답이 하나란 의미다. 그러나 잉글랜드 중부에 있는 'Shrewsbury'는 물어본다고 해결되지 않는다. 마을 사람들끼리도 쉬루즈브리, 쉬로즈브리로 나뉘어 있다. 2000년대 후반 페이스북에서 논란이 벌어져 여러 차례 주민 투표까지 했다. 《BBC》에서도 두 가지 발음을 다 들을 수 있다. 이곳에 갔을 때 한 주민에게 "어떻게 발음해야 하느냐"고 물었더니 두 가지를 다 알려주며 재미있어하던 모습이 떠오른다.

더 나아가 앞서 다뤘던 북아일랜드에서 두 번째로 큰 도시는 공식적으론 런던데리(Londonderry)인데 데리(Derry)로도 쓴다.

이러니 2016년 구글이 지역 발음을 알려주는 기술을 특허 냈다는 소식에 영국이 들썩거렸다. 현지 주민들에게 지역 명칭을 녹음해달라고 요청하고 그중 답변 빈도가 가장 높은 발음을 알려주는 방식이라고 한다. 영국 중부의 레스터셔(Leicestershire)에서 발행되는 지역신문인《레스터 머큐리》는 "Leicester를 제대로 발음할 수 있도록 돕는 서비스를 구글이 시작한다"고 반색했다.

이런 가운데《데일리 텔레그래프》는 관련 보도를 하며 독자들을 상대로 퀴즈를 냈다. 영국인도 도통 읽기 어려운 지명을 골랐다. 외국인들만 헷갈리는 게 아닌 셈이다.

1. 영국 북부 지방에 유명한 성(Alnwick)이 있는 곳을 찾아가려 한다. 뭐라고 물어야 하나?

　　① 앨니크　　② 애니크　　③ 올느위크　　④ 앨런위크

2. 또 다른 성(Belvoir Castle)이 있다. 어떻게 읽을 텐가?

　　① 벨비어 캐슬　　② 비버 캐슬　　③ 벨부아 캐슬

안위크, 벨보어 캐슬처럼 느껴지겠지만 현지에선 애니크, 비버 캐슬이라고 한다.

런던대학교 교육대학원의 영어학과 존 오리건 교수를 만났다. 그는 "나도 어떻게 발음하는지 모르는 지명이 많다"고 설명했다. 그와의 간단한 인터뷰다.

_Q_ 발음이 혼란스럽다.

"어원이 다양한 게 한 요인이다. 라틴어도 앵글로색슨어도 있다. 노르만 정복에 따른 프랑스어, 바이킹에 의한 고대 스칸디나비아어의 영향도 받았다. (원주민인 켈트족의) 켈트어도 있다. 이들이 영국 전역 이곳저곳에 각기 다른 영향을 미쳤다. 바이킹 말은 북동쪽에서, 켈트어는 서쪽과 스코틀랜드에 주로 흔적이 남아 있는 식이다. 또 15세기 이전의 저작을 읽으면 'People'(사람들)의 철자가 40~50가지가 넘는다. 15세기 인쇄기계를 도입한 한 업자(William Caxton)에 의해 철자가 규정되고 표준화되기 시작했다. 그래도 (음가와 무관한) 철자들이 살아남았다. 여기에 발음 요인도 있다. 강세가 없는 건 발음하지 않는 일도 많다. 자음이 여러 개 나오는 자음군 중에서도 무음인 게 적지 않다. Holborn의 경우 l이 b로 인해 사라진 경우다."

Q **미국 영어와도 다르다.**

"미국인들도 영국에 오면 어려워한다. 그런 건 18세기 웹스터 사전의 주인공인 노아 웹스터 등이 이끈, 미국의 영어철자 단순화운동에서 비롯됐다. 웬만하면 보이는 대로 발음할 수 있도록 철자를 쓰자는 게 골자였다. plough(쟁기)가 plow, colour가 color가 된 이유다. 미국인들은 영국인들보다 한 단어를 두고도 더 많은 음절을 소리 내기도 한다."

런던의 상징인 세인트폴 대성당을 두고 미국인들이라면 세인트폴이라고 읽을 것이다. 그러나 현지인들의 발음은 '센폴'에 가깝다.

Q **어렵다.**

"아일랜드와 비교하면 영국이 어렵다고 생각 못할 게다. 더블린 인근에 '던리리'란 항구가 있다. 아무리 둘러봐도 그럼 직한 곳을 찾지 못할 게다. Dun Laoghaire로 표기한다. 켈트어에서 유래해서다."

Q **우리 같은 외국인들은 어쩌란 말인가.**

"참을성을 가져라. 유머 감각도. 영어 원어민인 미국 · 캐나다 · 호주 · 뉴질랜드인들도 쩔쩔매는 경우가 많다. 영국인이더라도 사는 곳이 다르면 모른다. 현지인들도 외지인들이 제대로 발음 못할 것이란 걸 안다. 현지인들과 좋은 대화 소재가 되지 않겠나."

영국 드라마는
왜 암울할까

다음 단락은 문자로만 이해할 뿐 시각화하지 않았으면 한다.

폴라란 여인이 있다. 화학교사다. 같은 학교의 체육교사와 부적절한 관계를 맺었다가 이로부터 벗어나려고 노력 중이다. 집 지하실에서 발견된 쥐를 없애려 수리공(제임스)을 불렀는데 하룻밤을 같이 지냈다. 이리저리하여 폴라와 체육교사의 관계를 알게 된 제임스가 체육교사를 협박했고 급기야 살해까지 했다. 또 알코올중독자인 폴라의 남동생이 묵는 차고에 불을 질러 남동생을 식물인간 상태에 빠뜨렸다.

이 사건을 수사하던 경찰(맥아더)이 격투 끝에 제임스를 잡아넣지만 제임스는 곧 보석으로 풀려났다. 폴라는 자신을 찾아온 제임스를 유인, 약물을 주사했다. 그가 의식을 잃은 사이 관 사이즈인 플라스틱 박스에 그를 가둔 채 매장했다. 튜브를 통해 공기도, 영양분도 공급해 연명하도록 조치한 후였다.

2017년 상반기《BBC》에서 방영된 드라마 〈폴라〉의 한 장면이다. 설정도 설정이지만 폐쇄공포증을 불러일으킬 만한 잔혹한 장면에 불편해할 이들이 적지 않을 게다. 그러나 일간지《데일리 텔레그래프》는 "만족할 만한 엔딩"이라고 호평했다.

영국인들의 드라마 취향은 우리와 크게 다르다. 공영방송인《BBC》만 봐도 일단 경찰이나 수사관, 정부요원들이 등장하는 스릴러물이 압도적이다. 과연 코난 도일(셜록 홈즈)과 애거사 크리스티(에르퀼 푸아로와 제인 마플), 이언 플레밍(제임스 본드)의 나라답다고 느낀다. 영국의 세계적 히트작인 〈셜록〉부터 떠올릴 수도 있겠으나 〈셜록〉은 다소 이례적인 작품이다. 상대적으로 경쾌하다는 느낌을 줘서다. 요즘 이 유형의 드라마 대부분은 인간사의, 인간성의 심연을 파고든다. 그것도 심하게. 너무나도 무겁고 어둡고 암울해서 다음 후속편을 안 보겠다고 마음먹게 될 정도다. 물론 또 보게 되지만 말이다.

2014년부터 방영 중인《BBC》의 〈해피 밸리〉도 그랬다. 요크셔를 배경으로 한, 역시 경찰물이다. 영국의 아카데미 격인 BAFTA를 받은

《BBC》가 2014년부터 3년간 방영한 〈삼총사〉의 주역배우들과의 인터뷰. 가운데 총사(銃士) 복장을 한 이가 아라미스 역의 산티아고 카브레라.

작품이다. 시즌 1의 줄거리는 대략 다음과 같았다.

중년의 여자 경사(캐서린 케이우드)가 있다. 십 대 후반이던 딸이 성폭행을 당했는데 그로 인해 임신을 하게 됐고 출산한 뒤 얼마 안 돼 스스로 목숨을 끊었다. 캐서린은 아이(라이언)를 키우기로 결정했지만 남편은 딸의 비극적 삶을 떠올리게 하는 라이언의 존재 자체를 참을 수 없어 했다. 결국 캐서린은 이혼 후 알코올중독인 여동생과 함께 살며 라이언을 키운다.

캐서린이 47살, 라이언이 8살이던 해 관내에서 사업가의 딸이 납치되는 사건이 벌어졌다. 공모자 중 한 명이 딸의 성폭행범(토미 리 로이스)이었다. 캐서린이 토미를 추적하는 사이 토미는 라이언의 존재를 알게 됐다. 라이언에게 접근해서 자신이 아버지라며 환상을 불어넣었다. 캐서린이 격투 끝에 토미를 잡아넣었다. 그 무렵 라이언은 "아버지가 누구냐"고 캐묻는가 하면 또래 아이들과 달리 비사회적 모습을 보이기 시작했다.

손자에게서 딸을 자살로 몰고 간 성폭행범의 폭력적 속성을 감지할 때마다 흔들렸던 경사의 눈빛이 통렬했다.

한국 드라마를 영국에 소개하는 행사장에서 만난 영국독립제작사협회 사무총장인 돈 매카시-심슨은 한·영의 드라마 차이에 대해 "로맨틱 코미디물이 대세인 한국 드라마와 달리 영국 드라마는 인간성의 경계가 어디인지 확인하고 그 경계를 넓혀가는 경향이 있다"고 설명했다. 인간성이 어느 정도까지 잔혹해질 수 있는지, 구원의 길은 왜 이다지도 흐릿한지 등 한계를 확인하고 또 확인한다는 게다.

영국인들이라고 자신들의 드라마가 어둡지 않다고 느끼는 건 아닌 듯했다. 2013년《데일리 텔레그래프》가 "왜 이리도 우울하게 만드는 드라마가 많으냐"고 보도한 일이 있다. 이에 따르면 1970년대 암울했던 사회 분위기를 반영, 드라마가 어두워지기 시작했다는 것이다. 당시 영국은 '유럽의 병자'로 불렸다. 영국의 경제력은 치명적으로 쇠퇴해 회복 불능인 듯 보였다. 생활수준이 낮아지자 노조들이 집단적인 힘 행사를 반복했다. '불만의 겨울'(Winter of Discontent)[9]도 그 무렵이었다. 이후 점차 경제 상황은 개선됐다곤 하나 드라마 자체의 톤이 크게 달라지진 않았다고 한다. 시청자의 취향 자체가 바뀐 것이다. 새로운 '전통'이다.

물론 다른 유형의 드라마도 공존한다. 일군(一群)은 시대극이다. 우리로 치면 사극(史劇)이다. 1912년에서 25년까지의 귀족 가문 얘기를 다룬 〈다운튼 애비〉는 미국에서도 선풍적이 인기를 끌었다. 최근에는 토마스 크롬웰을 다룬 힐러리 맨틀의 『울프 홀』을 극화한 〈울프 홀〉과 18세기 콘월 지방 사람들의 대하극인 〈폴다크〉가 선풍적 인기를 끌기도 했다. 브론테 자매들의 작품이나 제인 오스틴 작품들도 주기적으로 드라마화가 된다. 영국 배우 콜린 퍼스를 세계 여성들의 연인으로 만든 드라마 〈오만과 편견〉도 그중 하나다.

'영국답게' 정말 오래된, '전통의 강자'들도 있다. 얼마나 됐을 법한가. 상업방송인《ITV》에서 방영 중인 연속극 〈코로네이션 스트리트〉는 1960년부터 방영 중이다.《BBC》의 경쟁작인 〈이스트엔더스〉는 1985년부터 전파를 타고 있다. 드라마와 함께 배우들도 나이 들어간다. 일부는

---

[9] 1979년 집권한 보수당이 재정위기와 인플레이션을 극복하기 위해 임금인상을 5%로 제한하자, 공공노조가 총파업으로 맞서면서 나라가 마비됐던 시기를 가리킨다.

은퇴했고 아역으로 출발했던 배우가 장년 역할을 하는 경우도 있다. 세상을 떠, 극 중에서도 숨진 것으로 처리되는 일도 있다.

그리고 〈닥터 후〉가 있다. 시간여행자의 모험담으로 1963년 11월 이래 지금까지 방영되고 있다. 1990년대 10여 년간 휴지기가 있었지만 말이다. 한국 내에서도 팬들이 있는데 이름하여 닥터 후의 '덕후'다.

"셜록 홈즈는 머리,
존 왓슨은 가슴"

〈셜록〉 두 주연 배우와의 인터뷰

기차로 두 시간 반 거리인 런던과 카디프를 오가던 두 이야기꾼이 현대를 배경으로 한 셜록 홈즈를 만들자고 의기투합했을 때만 해도 이렇게 '판'이 커질 줄은 몰랐다. 런던의 명소 중에서도 명소랄 수 있는 트라팔가 광장에서 주연 배우가 프록코트를 날리며 걷는 장면을 촬영할 때 무수한 이들이 주변을 오갔지만 누구도 그를 눈여겨보지 않았다.

하지만 90분이 모든 걸 바꿔놓았다. 《BBC》의 드라마 〈셜록〉이다.

2017년 1월 1일, 〈셜록〉이 다시 돌아온다. 2010년 첫 방송 이래 네 번째 시즌이다. 형식은 동일하다. 90분씩 세 개의 에피소드다.

한창 촬영 중이던 지난 6월 이야기꾼인 작가 스티븐 모팻과 마크 게이티스, 그리고 셜록 홈즈역의 베네딕트 컴버배치, 왓슨 박사 역의 마틴 프리먼 등을 만났다. 다국적 기자들이 함께한 인터뷰였다. 한국 기자로는 유일했다. 이들은 왓슨 부부에게 딸이 태어난다고 귀띔했다. 이번 시즌이 "복잡하고 역동적이며 어두우면서도 희극적"이라고 했다. 언제는 안 그랬나 싶었는데, 정색하며 "이번 시즌이 가장 강력하다"고 목소리를 높였다. 게이티스는 "서사적"(epic)이라고 했다.

이런 얘기를 왜 이제야 쓰느냐고? 그동안 엠바고(보도통제)였다. 5개월간 근질근질했던 입을 다물고 있느라 참으로 어려웠다. 이제 묵었지만 '새' 얘기인 그네들의 말을 두 주연 배우를 중심으로 풀어놓는다.

우선 컴버배치다. 첫 방영 전엔 무명 배우에 가까웠다. 업계에선 장래성 있는 독특한 배우란 평을 듣긴 했지만 말이다. 첫 에피소드 이후, 어쩌면 채찍으로 시체를 미친 듯 내리치던 첫 등장 장면 이후, 그는 말 그대로 떴다. 최근엔 필모그래피를 따라잡는 데도 숨 가쁠 정도로 할리우드가 사랑하는 스타가 됐다. 자신의 운명을 바꿔놓은 〈셜록〉을 두고 컴버배치는 "여전히 사랑한다. 나는 운이 좋은 배우"라고 말문을 열었다.

Q 시즌 3으로부터 3년이 흘렀다.

"올 초에 크리스마스 스페셜('유령신부')을 해서 그런지 그렇게 흘렀는지 몰랐다. 현대의 셜록과 빅토리아 여왕 시대[10]의 셜록('유령신부'의 배경이자 코난 도일의 원작의 시대)을 모두 연기할 수 있어서 좋았다. 개인적으론 영화 〈닥터 스트레인지〉를 하고 돌아와 바로 다음날부터 대본을 외우고 촬영에 들어가야 해 쉽진 않았다. 오랫동안 셜록의 다양한 면을 탐구해온 나로선 그를 연기하는 데 애정을 느낀다."

---

[10] 빅토리아 여왕 집권기인 1837년부터 1901년까지를 말한다. 대영제국 전성기다. 우리가 과거 세종 몇 년 하듯, 영국도 왕들 집권기로 시대를 구분하곤 한다. 조지 시대(Georgian era)라면 조지 1~4세 때인 1714년부터 1830년까지(더 길게는 윌리엄 4세의 재위 기간까지 포함한 1837년까지), 에드워드 시대(Edwardian era)라면 에드워드 7세 때인 1901년부터 1910년까지를 가리킨다.

'유령신부'는 빅토리아 시기의 살인 사건에 대한 얘기다. 두 주역이 과거로 돌아갔다는 사실이 화제를 모았다. 극 막판엔 여전히 셜록의 사고 과정이었다는 게 드러났지만 말이다.

사실 원작에선 두 주역이 서로를 "홈즈" "왓슨"으로 부른다. 근엄한 빅토리아 시대 아닌가. 하지만 드라마에선 "셜록" "존"이라고 한다. 칭호부터 현대물이다.

Q '유령신부'의 배경이 빅토리아 시대라는 게 시즌 4에도 영향을 미치나.

"궁극적으로 그렇다. 현재 벌어지는 일을 이해하기 위해 당시의 케이스를 떠올린 거니까. 왜 그랬는지 말할 수 없다. 뭔가 있긴 하다."

Q 시즌 4의 셜록을 규정한다면.

"고난을 겪고 도전도 받는다. '게임' 측면에서 가장 치솟고, 영혼이란 면에서 가장 바닥까지 내려간다. 엄청난 고점과 저점이 교차한다. 셜록이 정말 어떤 사람인지 드러날 게다."

셜록이 중얼거렸다고 알려진 문구 중 가장 유명한 걸 두 개 꼽는다면 "아주 간단하네, 친애하는 왓슨"(Elementary, my dear Watson)과 "가자고 왓슨, 게임이 벌어지고 있어"(Come Watson, the game is afoot!)다. 컴버배치가 쓴 바로 그 단어 '게임'이다.

Q 이번엔 아이가 등장한다는데.

"통상적으로 내가 아이들을 대하는 방식과 달리 대한다. 더 이상 말을 못한다." (극 중 왓슨의 부인으로 나오고 실제로도 마틴 프리먼의 배우자인 아만다 아빙톤은 "대단히 셜록스러운 방식"이라고 거들었다)

Q 과거 셜록을 오래 연기한 배우들은 실제 일상에서도 캐릭터의 영향으로 힘들어하곤 했다.

"때로 조급해진다. 어머니가 퉁명스러워졌다고 한 적도 있다. 좋은 점도 있다. 정신적 기민성이다. 사실 난 기억력이 썩 좋은 편이 아니다. 하지만 그를 연기할 때면 두뇌가 더 유연해지고 명민해진다고 느끼곤 한다. 대사량이 많으니."

Q 셜록은 가장 현명한 사람이고 천재다. 하지만 당신은 그런 걸 원하지 않는다고 말한 적이 있는데.

"지속적으로 난공불락인 영웅이라… 지루하지 않나. 모든 에피소드가, 다른 이들이 그가 늘 최상이며 늘 옳다는 걸 깨달을 때까지 그네들의 어리석음을 드러내는 과정일 테니까 말이다. 초기에 모팻에게 '셜록의 아킬레스건이 뭐냐'고 물은 적이 있다. 모팻이 '그저 영리(brilliant)하기만 한 것'이라고 하더라. 그럴듯했다. 그러나 배우로선 셜록에 대해 더 알아야 했다. 빙하와 같은 얼음에 갇혀 있는 듯했던 사람이 서서히 해동되며 다른 이가 되어가는 과정 말이다."

Q 셜록을 연기하는 게 여전히 매혹적인가.

"물론이다. 대충 2년 반마다 한 번 정도 하는데 진화한다. 그를 좋아한다. 너무 좋아하는 게 위험하다고 여겨질 정도다. 그렇게까진 되고 싶지 않지만…. 많은 셜록이 있었고 많은 배우들이 그 역을 해왔다. 내가 그 역을 독점할 순 없다. 하지만 우리가 이룬 것에 대해서 자랑스럽게 여긴다. 매혹돼 있느냐고? 그렇다. 연기하고 싶은 캐릭터를 가지고 있

2016년 6월 〈셜록〉 촬영 당시 모습.
불 켜진 2층 창문 너머 주연 배우인 베네딕트 컴버배치가 보인다.

다는 점에서 나는 운이 좋은 배우다."

Q 모팻은 당신이 가장 탁월한 셜록 해석자라고 했다.

"내가 그에게 (그렇게 말하라고) 뇌물을 줬다(웃음). 과분한 칭찬이다."

Q 대단히 영국적 드라마이고 영국 배우들이 출연한다. 그럼에도 세계적 인기를 끄는 이유는 뭐라고 보나.

"작품이 좋기 때문이다. 코난 도일의 원작 자체도 세계적 히트작이었다. 첫 대본을 읽었을 때 곧바로 빠져들었을 정도로 잘 썼더라. 위대한 얘기는 문화·민족·국적 등 어떤 차이도 넘어선다."

Q 앞으로 해보고 싶은 역할이 있나.

"버킷리스트(죽기 전에 달성하고 싶은 목표들)는 없다. 다만 스크루지를 하면 재미있을 것 같다는 생각이 든다."

이번엔 마틴 프리먼이다. 제작자들은 처음부터 셜록으로 컴버배치를 낙점했다. 왓슨은 달랐다. 여러 후보가 있었다. 그러나 프리먼이 컴버배치와 대사를 주고받는 걸 보는 순간 프리먼으로 결정했다. 그 정도로 처음부터 척척 맞았다. 이른바 '케미스트리'다.

프리먼은 무명까진 아니었다. 《BBC》의 인기 시트콤인 〈오피스〉의 주연 배우였다. 다정다감하지만 연애엔 숙맥이고 일엔 요령부득인 캐릭터다. 셜록 이후 컴버배치의 상승이 즉각적이었다면 프리먼은 완만했다. 그러나 그 역시 내로라하는 영화 프랜차이즈인 〈호빗〉의 주역 빌보 배긴스를 꿰찼고 디즈니의 마블에도 합류했다.

Q 왓슨 역을 하기 위해 여전히 준비가 필요한가.

"이젠 익숙하고 편해졌다. 물론 가끔 생각한다. '내 연기가, 내가 과거에 한 걸 모방하고 있는 걸까 아니면 정말 다시 그 사람으로 돌아가서 하는 걸까' 하고 말이다. 존은 나와 말투도, 가만히 있을 때의 자세도 다소 다르다. 그러나 이젠 좀 안다고 여긴다."

Q 시즌 4에 대해 말해달라.

"아이가 있다. 물론 알고 있겠지만. 더한 스릴과 분출, 액션이 있을 거다. 우리가 (대본을) 망치지만 않는다면 말이다(웃음). 대본 기준으로 가장 강력한 시즌이 될 거라고 장담한다. 대본을 보고 흥분했다. 자랑스럽기도 했다. 이처럼 힘이 있는 대본의 드라마를 함께할 수 있어서다."

Q 아내 역인 메리가 이번 시즌에서 죽는다는 설이 있다.

"그런가. 내가 할 수 있는 얘기는 '어떻게 되는지 지켜보자'뿐이다. 다행히도 난 대본 읽기를 마치면 그 즉시 모든 걸 까먹는다. 더군다나 셜록은 플롯이 워낙 꼬여 있어서 방영분을 볼 때야 '아 그랬지' 한다 (웃음)."

Q '유령신부'에서 빅토리아 시대로 갔다가 다시 돌아오는데.

"즐거운 경험이었다. 알다시피 실제로 빅토리아 시대로 간 건 아니었다. 약으로 혼란스러웠던 셜록의 두뇌 안에서 벌어진 일이다. 원래 내가 연기한 캐릭터의 왓슨이 아닌 셜록 머릿속의 왓슨이다. 관객들이 막판에 이 사실을 알게 될 때까진 '빅토리아 시대의 셜록'을 보고 있다고 생각하도록 연기해야 했다. 미묘한 지점이었다. 캐릭터에 몰두하지만 때때로 베네딕트를 보며, 혹 거울에 비친 나를 보며 '우린 (《BBC》 드라마의) 존과 셜록이 아닌 코난 도일이 의도한 홈즈와 왓슨을 연기하는 것'이란 사실을 떠올리곤 했다."

Q 지적 능력으론 왓슨이 셜록을 못 따라간다.

"셜록은 가장 명민한 사람이다. 그러나 왓슨에겐 다른 면이 있다. 사실 처음엔 현대물이라 걱정했다. 너무 쿨하고 너무 아는 체하는 게 아닐까 하고 말이다. 막상 대본을 몇 페이지 읽어보곤 대단하다고 느꼈다. 배우로부터 최상의 연기를 끌어내는 대본이다. 그런 경우는 흔치 않다. 왓슨으로서도 더 보여줄 수 있었다. 시청자들은 셜록이 머리라면 존은 가슴이라고 여긴다. 나도 동의한다. 그의 두뇌와는 다툴 수 없지만 다른 면에선 그와 대등하다는 점에서 행복감을 느낀다."

두 제작자가 첫눈에 느꼈듯 둘의 케미스트리는 남다르다. 프리먼의 아내인 아빙톤이 "같은 방에서 둘이 추론 장면을 연기하는 걸 보면 아름답다는 생각이 절로 든다"고 할 정도다. 전통의 단어론 우정, 요즘 말로는 '브로맨스'다.

프리먼은 지독할 정도로 자기중심적이고 때로 불쾌한 인물인 셜록에게 왓슨이 되돌아가곤 하는 이유에 대해 이렇게 설명했다.

"존은 모험과 흥분을 좋아한다. 군 장교(군의관)였다. 썩 좋아하지 않는 사람으로부터도 명령을 받곤 했다. 그가 셜록을 만나지 않았더라면 죽음과 위험 · 음모가 펼쳐지는 한가운데 있을 수 없었을 게다. 존이 매번 그에게로 향하는 이유다. 그는 셜록을 좋아한다. 보완적이라고 느낀다. 나는 존이 똑똑하고 능력이 있으며 지적이라고 여긴다. 그러다 '젠장할, 나보다 월등히 똑똑한걸'이라고 깨닫게 되는 누군가를 만난 게다. 현실에서도 자신과 전혀 다른 이와 친구가 되지 않는 일이 있지 않나."

컴버배치의 말은 이랬다.

"괴이한 조합이랄 수 있다. 그럼에도 교감하는 건 스릴 · 모험 등을 추구한다는 게다. 기꺼이 위험도 감수한다. 그러면서도 둘의 관계가 진화한다. 존은 분명 셜록을 인간다워지게 하는 영향을 주곤 한다. 원작보다 더 그럴 게다. 그렇다고 셜록이 자신이나 친구를 위해 자신을 누그러뜨릴 사람은 아니다. 이런 과정에서 끊임없이 삐걱대는 우정이

희극성과 갈등, 드라마가 결합된 위대한 순간을 만들어내는 연료라고 생각한다."

둘은 언제까지 같이할 수 있을까. 컴버배치는 "보자"고 했다. 프리먼은 "이전 배우들보단 우리가 젊은 편"이라고 했다. 일단 시즌 5는 확정된 상태다.

4장

이 정도일까,

싶지만

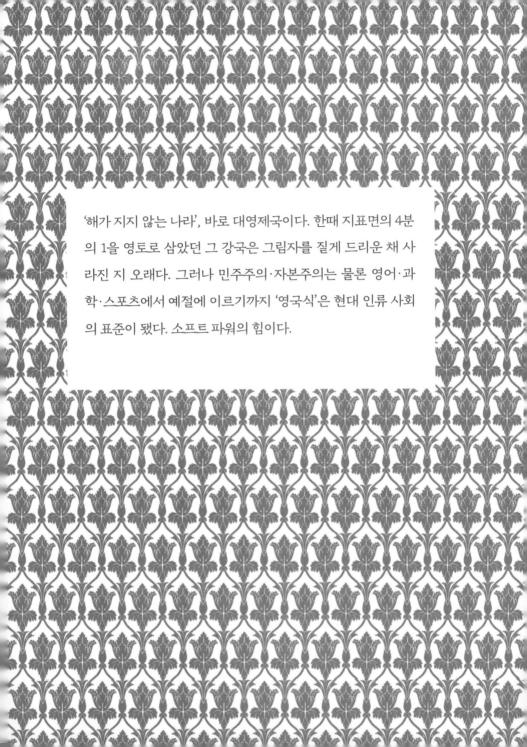

'해가 지지 않는 나라', 바로 대영제국이다. 한때 지표면의 4분의 1을 영토로 삼았던 그 강국은 그림자를 짙게 드리운 채 사라진 지 오래다. 그러나 민주주의·자본주의는 물론 영어·과학·스포츠에서 예절에 이르기까지 '영국식'은 현대 인류 사회의 표준이 됐다. 소프트 파워의 힘이다.

옥스퍼드대학교의
세실 로즈 동상 철거 논쟁

빌 클린턴 전 미국 대통령과 토니 애버트, 말콤 턴불 전·현직 호주 총리에겐 공통점이 있다. 로즈 장학생 출신이란 점이다.

이 재단 설립자가 1902년 49세의 나이에 숨진 세실 로즈(Cecil John Rhodes)다. 대영제국의 제국주의자이자 광산업자기도 했다. 세계적인 다이아몬드 회사인 드 비어스는 그가 33세에 세운 회사다. 또 남아프리카 식민지의 정치인이었다. 네덜란드계 정착민인 보어인들이 강해지자 영국 정부가 의지한 인물이었다.

그런 그는 하느님도 영국인일 것이라고 믿은 인종주의자였다. "우리(앵글로색슨)가 더 넓은 곳에 거주하는 게 인류에도 좋다"라고 말하곤 했다. 백인 우월주의자이자 남아프리카공화국의 아파르트헤이트(Apartheid, 인종차별정책)[①]의 설계자란 비판도 받는다. 하지만 동시에 숨지면서 막대한 부를 교육에 기부한 자선가이기도 했다. 그는 "피부 때문에 인간으로서의 자격을 빼앗아선 안 된다"고도 했다.

이 논쟁적 인물의 동상을 두고 2016년 옥스퍼드대학교 오리엘 칼리지에선 철거 논쟁이 벌어졌었다. 오리엘 칼리지는 로즈의 모교다. 그가 숨지면서 기부한 600만 파운드(현재 가치로 6억 7000만 파운드)로 지은 건물이 있으며 전면에 그의 동상 부조가 있다.

남아공에서 시작된 '로즈는 내려와야 한다'(Rhodes Must Fall) 운동이 영국으로 옮겨붙은 게다. 로즈가 대학의 이미지와 어울리지 않는 만큼 철거해야 한다는 주장이다. 남아공 출신들은 "수탈자였던 로즈의 동상이 존재한다는 자체만으로도 마음이 상한다"고 했다.

이 논쟁이 옥스퍼드대학교 밖으로도 번졌다. 일종의 과거사 논쟁이다. 진보적인 언론인《가디언》은 이들에 동조했다. "그간 회피해왔던 제국주의 유산에 대한 성찰이 필요하다"고 했다. 그러나 보수 성향의《파이낸셜타임스》는 "현재의 가치를 저해한다는 이유로 이들 인물들을 역사에서 지워버리는 것은 역사 연구의 접근 방식이 아니다"라며 "보다 넓은 역사적·학문적 여건에서 고려하기보다 자신들의 생각에 맞지 않으면 무조건 배제하려는 근래 미국·영국 대학 내 풍조는 문제"라고 했다. 정치적 올바름(또는 정당성)의 과도한 적용일 수 있다는 반론이었다.

---

① 남아프리카공화국 케이프에 정착한 네덜란드계 농민인 보어인과 영국인은 언어적으로도 종교적으로도 달랐다. 보어인들은 단순화된 네덜란드어인 아프리칸스를 사용했다. 칼뱅주의 신봉자였고 영국인들에 비해 흑인에 대한 지배를 정당화하곤 했다. 1920년대 이후 남아공 정치를 좌지우지했다. 영국이 이들의 아파르트헤이트를 비판하자 1961년 영연방에서 탈퇴했다가 넬슨 만델라가 대통령으로 당선된 이후인 1994년 재가입했다.

어느 쪽이 옳다고 보나. 이런 와중 한 언론인은 이런 의문을 제기했다. "그렇다면 클라이브는?"

연상 가능한 질문이다. 클라이브는 세실 로즈의 닮은꼴 인물이다. 차이가 있다면 활동 무대가 인도였고 시기가 100년 앞선다는 것 정도다.

런던 시내에서도 클라이브의 흔적을 쉽게 찾을 수 있는데 다우닝가 뒤편에 있는 세인트 제임스 파크 근처에 그의 동상이 있다. 잉글랜드 중부에 있는 쉬루즈브리(또는 쉬로즈브리)의 시내 한복판에서도 풍파를 이겨낸 그의 조각상을 볼 수 있다. '인도의 클라이브'라고 새겨져 있을 게다. 그의 별칭이다.

로버트 클라이브(Robert Clive)다. 사실상 영국령 인도를 가능케 한 인물이었다. 쉬루즈브리가 주도인 슈롭셔 출신이다. 평범한 변호사를 부친으로 둔 13명 중 장남이었다. 19세인 1744년 동인도회사에 취직, 인도로 향했다. 정식 군 교육을 받지 않았지만 담대함과 재기가 그를 군으로 이끌었다. 그리고 연승했다. 1756년 4월 벵골 태수가 영국의 영향력(동인도회사)을 줄이려 해 양측 사이 전쟁이 벌어졌는데 영국의 승리를 이끈 게 클라이브였다.

믿기지 않겠지만 당시 유럽에선 클라이브를 나폴레옹에 비유하기도 했다. 나폴레옹과 달리 압제에 시달리는 수백만 명의 인도인에게 평화와 번영, 자유를 줬다는 주장이었다. 다시 한 번 얘기하지만 '당시'의 얘기다.

클라이브가 35세에 영국으로 돌아왔을 때는 명예뿐만 아니라 막대한 부도 쥔 채였다. 그 재산으로 표를 사 의회에 진출했다. 이른바 '네

런던 웨스트민스터에 있는 클라이브의 동상.
영국의 인도 지배를 가능케 한 주요 인물이다.

이보브'(nabob)다.[2] 클라이브가 바로 그 화신이었다. 비교적 젊은 나이인 49세에 급사했다. 그 무렵 동인도회사의 비윤리적 경영 행태가 영국 의회의 비판을 받았고 그도 심판대에 오르곤 했다.

어떻게 보면 세실 로즈 이상으로 논쟁적 인물인 클라이브에 대해선 그러나 별말이 없다. 세실만 거론되고 클라이브는 거명되지 않는 현실의 아이러니를 지적한 한 언론인은 "노동자계급 출신의 유대인으로서 옥스퍼드대에서 공부를 시작할 때 벽 등 건물 곳곳에 중세시대 가톨릭 고위 관리의 동상이 있었다. 나는 큰 소리로 '당신들이 있었음에도 내가 여기 왔다'고 큰 소리로 외쳤다"고 적었다. 빈번한 학살·추방 등으로 점철된 유럽, 특히 종교적 편견에 의한 유대인 차별을 언급한 게다. 그 언론인은 그러나 "난 (가톨릭에 의한 유대인 차별 논란에서) 벗어나 내 삶을 살았다"고 했다. 그의 조언이다. 독자라면 어떤 선택을 할 텐가.

오리엘 칼리지는 로즈 부조를 유지하기로 했다. 여러 이유가 있을 게다. 이른바 정치적 올바름이 중요하지만 그에 못지않게 대학이 다양한 시각과 견해가 경쟁하는 학문적 시장이 돼야 한다는 당위 말이다. 그러나 돈도 한 요인일 수 있었다. 논란이 가열되면서 동문들이 1억 파운드 이상의 기부금 철회 의사를 밝혔다고 한다. 오리엘 칼리지 당국은 "세심한 고려 끝에 동상이 계속 그 자리에 머물러야 한다고 결정했다"고만 했다.

----

[2] 인도 무굴의 직책인 'nabob'(나와브)의 차용이다. 인도인을 착취해서 돈을 벌어 엄청난 부와 권력을 쥔 사람을 뜻했다. 탐욕과 뻔뻔한 오리엔탈리즘으로 타락한 욕심 많은 제국 기업가들에 대한 조롱의 표현이었다. 존경의 용어가 아니었다.

영어는
누구의 언어?

"글쓰기가 내 삶을 구했다는 식으로까지 드라마틱하게 말하고 싶진 않다. 하지만 글쓰기가 내겐 힘이 됐다."

미국인 작가인 폴 비티(Paul Beatty)가 2016년 영국의 권위 있는 문학상인 맨부커상을 수상하며 한 말이다. 그는 "난 글쓰길 좋아하지 않는다. 어렵다. 완벽주의자다. 내가 하는 일에 쉽게 성내고 낙담하곤 한다. 스스로를 괴롭히곤 한다"며 "그러나 글 쓸 때는 그러지 않으려고 한다. 확신에 차 있으려고 한다"고 털어놓았다.

그의 수상작은 인종 문제를 신랄하게 풍자한 『셀아웃(The Sellout)』이다.

여기까지 읽으며 '아, 그 맨부커'랄 수도 있다. 소설가 한강이 『채식주의자』로 받았던 상으로 여겨서다. 하지만 다른 상이다. 한강이 수상한건 맨부커 국제상이다. 영어로 번역된 소설을 대상으로 하며 작가와 번

2016년 맨부커 국제상 시상식 장면.
가운데 소설가 한강과 번역자 데보라 스미스가 보인다.

역가가 공동 수상한다.

지금 얘기하는 건 일종의 본상 격인 맨부커상이다. 1969년 영국과 영연방, 아일랜드·남아프리카 등에서 출판된 영어 소설 가운데 가장 뛰어난 작품을 수상작으로 선정하면서 시작됐다. 대부분 대영제국들의 일원이거나 일원이었던 나라들이다.

'폴 비티는 미국인인데…'란 생각이 스칠 수 있겠다. 그렇다. 애초 상이 시작될 때 미국인은 대상이 아니었다. 그러다 그 제한이 2014년부터 풀렸다. 그저 영국에서 출간된, 영어로 쓰인 작품이기만 하면 되게 말이다. 폴 비티가 최초의 미국인 수상자가 될 수 있었던 이유다.

2013년 주최 측에선 이런 발표를 했다. "(미국의) 시카고에서 태어났든 (영국의) 셰필드 혹 상하이에서 태어났든 영어로 작품을 쓰는 작가를 모두 포함하기로 했다. 쉬운 결정은 아니었다."

미국 문학의 존재감을 더 이상 부인하긴 어려웠을 게다. 주최 측은 처음에는 미국 작가만을 대상으로 한 상을 신설할까 고민했다고 한다. 하지만 그럴 경우 자칫 본상의 권위가 흐려질 수 있다고 판단했다. 본상 수상작보다 미국상 수상작이 더 낫다는 평판이 제기될 수 있다고 봤다. 고민 끝에 미국 작가도 포함하는 쪽으로 결론 냈다. 주최 측 인사는 "영어로 작품을 쓰는 작가들의 국적을 따지는 게 무슨 의미가 있겠느냐"라고 말했다. 그러나 반대 여론도 적지 않았다. "오랫동안 유지되어온 상의 독특함이 사라질 수 있다"는 우려다. "영연방의 감각을 잃을 수 있다"고 말한 작가도 있다.

맨부커상 논란은 영국인들이 영어에 대해 지니는 미묘한 감정의 확장판 논쟁이라고 할 수 있다. 영어가 자신들에겐 모국어이지만 더 이상 자신들만의 언어가 아니게 된 현실 말이다. 자신들을 제치고 더 대표성을 갖게 된 존재들의 등장을 지켜보는 복잡함도 있다.

사실 영어의 현 위상은 일종의 '기적'이다.[3] 500년 경 네덜란드의 프리슬란트 등에서 브리튼 섬으로 넘어온 앵글·색슨·주트족의 언어에서 유래했고 몇 세기를 거치며 영어랄 만한 말이 만들어졌다. 이른바 고대영어(Old English)다.

윈스턴 처칠의 일련의 항전 연설들 중 일부다.

"We shall fight on the beaches, we shall fight on the landing grounds, we shall fight in the fields, and in the streets, we shall fight in the hills, we shall never surrender."

----

③ 멜빈 브래그의 『영어의 대모험』.

(우린 해변에서 싸울 것입니다. 땅에서도 싸울 겁니다. 들판과 거리에서도 싸울 것입니다. 우리는 언덕에서도 싸울 겁니다. 우리는 결코 항복하지 않을 겁니다)

이 중에서 'surrender'를 빼곤 다 고대영어다. 그만큼 굳건한 뿌리란 뜻이다.

몇 차례 절멸의 위기도 겪었다. 9~11세기 영국에 침입한 북유럽의 데인족이나, 11세기의 잉글랜드를 정복한 노르만족[4] 등에 의해서다. 특히 노르만의 정복 직후인 1066년 이후엔 적어도 한 세기 동안 영어가 사용됐다는 기록이 없다고 한다. 시장 · 교회에선 노르만 프랑스어가 공용어가 됐다. 이후 300년간 노르만 프랑스어 중 1만~1만 3000단어가 영어로 유입됐다고 한다. 통상 대화 중 사용하는 단어가 1만 5000단어 내외라니까 영어가, 특히 고대영어가 살아남았다는 사실 자체가 놀라운 일이랄 수 있다.

영어는 이후에도 다른 언어의 영향을 지속적으로 받았다. 영국 식민지였던 미국 · 호주 · 뉴질랜드 · 인도 등이 영어를 더욱 풍부하게 하는 토양이 됐다. 자신의 단어는 지키되 외래어도 수용했다. 'ill'(노르만 프랑스어)과 'sick'(고대영어)가 그 예다.

영어에서 전 세계적으로 가장 빈번하게 사용되는 말인 'OK'만 봐

---

[4] 게르만족 중에서 덴마크 · 스칸디나비아 지방에 근거한 일파다. 특히 데인계는 프랑크(프랑스) · 잉글랜드로 향했다. 프랑스의 노르망디에서 노르망디 공국을 세웠으며 1066년 노르망디 공이 잉글랜드를 정벌했다. 정복왕 윌리엄이다.

도 알 수 있다. 미국 인디언인 촉토(Choctaw)족의 'Okeh'란 말에서 유래했다는 주장이 있다. Okeh가 '그렇다'(it is so)란 뜻이라고 한다. 반론도 만만치 않다. 아프리카의 라이베리아 사람은 'Oke', 버마 사람은 'Hoakeh'란 말을 사용한다고 한다. 영국과 미국 언론이 각각 자국 기원설을 주장한 일도 있다. 1839년 보스턴의 한 지역신문이 OK가 'all correct'의 줄임말이라고 썼다. 하지만 1939년 영국의 《타임스》가 런던 사투리 'orl Korrec'에서 유래했다고 반박했다.

영어의 확장성 내지 개방성을 드러내는 단어 중 'kowtow'도 있다. 굽실거린다는 의미다. 18세기 중국어 고두(叩頭)에서 유래했다. 중국 황제를 만나는 이는 누구나 해야 하는 고두, 즉 무릎을 꿇고 이마가 바닥에 닿도록 머리를 세 번 조아리는 절을 아홉 번 이상 하는 의례 말이다. 당시 영국 외교 사절과 청나라 간 논쟁[5]이 시초다.

영어는 문학 · 과학 · 기술 · 스포츠 등에서도 주도권을 잡아갔다.

지금에 이르러선 영어가 더 이상 잉글랜드, 더 나아가 브리티시만의 언어가 아니게 됐다. 국제 무대에선 오히려 미국 영어가 더 우세할 수도 있다. 영국인으로선 당혹스러운 일일 터이다. 1995년 찰스 왕세자가 영국문화원 사람들에게 "다음 세기에도 영어가, 내 말은 잉글랜드인의 영어(English English)가 세계어로서 위상을 유지할 수 있도록 노력해야 한다"고 당부한 일도 있다. 한 의원이 미국 대중문화에 의한 미국 영어의 범람을 두고 "구역질 나고 혐오스러운 단어와 악센트가 우리 사회에 사악한 영향력을 미치고 있는 건 틀림없다"고 비판한 일도 있다.

----

⑤ 1793년 영국의 왕 조지 3세의 특사인 조지 매카트니와 청 건륭제 사이에 벌어졌던 일이다.

그러나 어쩌랴. 맨부커상도 결국 미국 작가에게 문호를 개방하지 않았나. 영국인들은 자신들이 인류 문명에의 최대 기여로 꼽는 영어의 숙명을 받아들이는 듯하다. 여전히 '가장 듣기 싫은 소리 중 하나가 미국 영어'라고 투덜대지만 말이다.

그렇다고 영어에 대한 애정이 식을 리 만무다. 2016년《뉴욕타임스》엔 이런 제목의 글이 실린 적 있다. "미겔 데 세르반테스가 (스페인) 마드리드 대신 (영국) 런던에서 살았더라면 더 나은 대접을 받았을 것이다."

2016년이라면 근대소설의 효시로 여겨지는 『돈키호테』 작가인 세르반테스와 영국의 대문호 윌리엄 셰익스피어에게 모두 400주기(週忌)인 해였다. 영국과 스페인이 나름 대대적인 기념행사를 준비한다는데 영국에 비해 스페인이 밀린다는 게《뉴욕타임스》의 평가였다.

영국은 그 몇 년 전부터 400주기 행사를 준비하고 기념해왔다. 셰익스피어 전용 극장인 글로브는 2014년부터 세계를 돌며 연극〈햄릿〉을 공연했다. 북한도 가려 했었다. 아무리 시골에 있는 문화기구들도 크든 작든 셰익스피어 관련 행사를 열었다. 스페인은 이에 비하면 턱없었다.

어쩌면 영국인들이 본질을 잊지 않고 있다는 생각도 든다. 아무리 영어가 세계인 언어가 되고 그로 인해 현지화하더라도 다른 어느 이름도 아닌 'English'로 계속 칭해질 것이란 사실 말이다.

의회에 어린
'식민지'의 기여

앞서 영국의 하원 회의장은 1941년 5월 나치 독일의 공습으로 부서졌고 지금의 건물은 1950년 개관한 것이라고 썼다.

새 건물은 원래 모습 거의 그대로였다. 당시 의원들이 "동일한 자리에 동일한 건물을 세우겠다"고 결정해서였다. 잿더미 속에서 되살아나는 불사조를 연상했으리라. 다만 의원들이 앉는 자리가 340여 석에서 430여 석으로 늘었다는 게 차이라면 차이다. 재적 의원이 600명을 넘으니 모두 앉을 수 없다는 사실은 달라지지 않았다. 또 금박 등으로 한껏 치장한 상원과 달리 내부는 여전히 고졸(古拙)했다. 평민(commons)의 대표란 느낌을 살렸다.

새 회의장엔 그러나 새로운 특별함이 있다. 바로 연대 정신이다. 다수의 국가들이 회의장 건설에 기여했다. 몇 나라가 자재를 제공했을 것 같은가.

회의장 한가운데 있는 대형 테이블은 캐나다, 그 주변의 의자 세 개는 남아공, 하원의장이 앉는 의자는 호주가 기부했다. 테이블 위에 놓인 공문서 송달함 두 개는 뉴질랜드, 잉크 스탠드는 짐바브웨산이다.

투표[6] 때마다 이용하는 찬성 의원들이 모이는 통로는 나이지리아, 반대 의원들의 통로는 우간다 몫이었다. 회의장으로 통하는 남문과 북문은 각각 파키스탄과 인도의 원목이 사용됐다. 회의장 내 시계는 북아일랜드에서 만들었다. 케냐, 뉴펀들랜드, 세인트 헬레나, 시에라리온, 탄자니아 등도 나무를 기증했다. 그리고 메이스(Mace)[7]가 놓이는 구리 받침대는 잠비아 제공이다. 모두 50여 개국이 참여했다.

그 무렵 영국 제국주의는 하루로 치면 석양, 그것도 해가 지평선(또는 수평선) 아래로 떨어지기 직전이었다. 여느 황혼녘이 그러하듯, 아름답게 느껴지는 순간이 있다. 1950년이 바로 그때였다.

1776년 식민지인 미국의 독립선언으로 휘청하던 영국은 곧 아시아·중동·아프리카 등으로 세력을 확대했다. 1815년부터 1914년까지

---

[6] 영국은 말 그대로 발로 투표한다. 투표할 때면 의원들이 찬성 쪽과 반대 쪽 로비로 향한다. 해당 장소로 이동하면서 의회 입법 서기에게 자신의 이름을 알려준다. 이후 찬성(aye) 몇 명, 반대(no) 몇 명이라고 발표된다. 우리 국회는 의원들이 모니터의 찬반 버튼을 누르면 전면의 대형 전광판에 표기되는 방식이다. 21세기지만 적어도 투표 방식은 양국이 수세기 차이 나는 셈이다.

[7] 사전에서 찾아보면 의전용 지팡이라고 돼 있다. 그러나 의회 안에 있는 대문자로 시작하는 메이스(Mace)는 대단한 의미가 있는데 바로 왕권이다. 상원, 하원과 함께 의회를 구성하는 3요소다. 회의장에 있는 큰 테이블에 메이스용 받침대가 있다. 거기에 메이스가 놓여야 회의가 열린다. 왕권의 상징이다보니 이런저런 일을 겪었는데 1653년 올리버 크롬웰이 "어리석은 이들의 물건"이라며 치워버리라고 한 일이 있다.

는 명실상부한 '제국주의 시대'였다. 그 정점이었던 게 1897년 빅토리아 여왕의 즉위 60년 기념식이었다. 전 세계 제국 도처에서 파견된 대표들이 '영국 신민'이란 이름으로 런던 거리를 누볐다.

그러고는 양차 대전이 벌어졌다. 제국이 총동원됐다. 호주 총리인 조지프 쿡(1860~1947)은 "제국이 전쟁 중이면 호주도 전쟁 중"이라고 말했다. 1915년 4월 25일 다다넬스 해협 어귀 갈리폴리에선 영국은 물론 호주·뉴질랜드 병사들의 처절한 전투가 이어졌다. 연말 철수 명령이 내려질 때까지 이곳에서만 각각 8000명, 2600명의 호주·뉴질랜드 군인들이 숨졌다. 4월 25일이 두 나라의 가장 중요한 국경일 '안자크 (ANZAC, Australian and New Zealand Army Corps)의 날'이 된 연유다. 캐나다인들은 서부전선을 지켰다.

제1차 세계대전 이후 영국은 침몰하는 경제를 지탱하기 위해 과거 어느 때보다 제국의 자원을 필요로 한 반면 식민지들엔 증대된 책임을 떠맡을 수단이 부족해졌다. 대영제국의 본국이 미움을 사기 딱 좋은 위치가 됐다는 말이다.

5년간 인도 경찰로 복무했던 영국 소설가 조지 오웰은 1937년 발간한 『위건 부두로 가는 길』에서 "(제국주의) 제도의 일부가 되고 보면 그것이 정당화할 수 없는 폭정이란 걸 깨닫지 않을 수 없다. 거리에서 보는 모든 '원주민'의 얼굴이 그에게 자신이 괴기스러운 침입자라는 것을 명백하게 깨닫게 해주기 때문"이라며 "영국이 비교적 안락하게 살기 위해서는 일억 명의 인도인이 기아 수준에서 허덕여야만 한다"고 썼다.

그러던 중 제2차 세계대전이 벌어졌다. 영국의 식민부가 "영국은 재정이 초래할 결과를 완전히 무시하고 이 전쟁에서 싸웠으며, 그리하여 여러 세대가 저축하여 축적한 자본을 그 속에 쏟아부었다"(당시 식민부 분석)고 할 정도로 전쟁의 승리를 위해 모든 걸 던졌다. 윈스턴 처칠이 "대영제국의 해체를 위해 국왕의 신하가 되어 6년 동안이나 피를 흘리며 싸우지 않았다"고 주장했지만 제국을 유지하는 건 불가능했다.

그럼에도 종전 후 몇 년간은 영연방 차원에서 일상에선 곤궁함이 이어지지만 홀로 나치 독일에 맞선 '가장 좋은 날'을 함께했다는 기억을 공유했다. 식민지 태생들도 영국인으로 인정됐다.[8]

하원 회의장 재건에 과거 식민지령이었거나 당시 식민지령인 곳에서 기증품이 답지한 시대적 배경이다. 수백 년의 갈등 끝에 1949년 완전 독립한 아일랜드는 그러나 기여하지 않았다. 영연방도 아니었다. 영국 · 아일랜드 사이의 앙금이 느껴지지 않나.

영국은 1960년 들어 아프리카 식민지들도 독립시켰다. 제2차 세계대전 직후 영국 스스로 "식민지에 물적 자원을 가지고 있는데 그것들을 개발한다면, 그리고 정신적 모범을 보임으로써 우리가 미국이나 소련에 굴종적이지 않다는 점을 명백하게 보여주는 방식으로, 우리의 주요 과제를 수행할 수 있게 될 것이다"(당시 외무장관 어니스트 베빈)라는 전략을 실행하려 했으나 가능하지 않다는 게 확인된 이후였다. 식민지들과의 관계를 기반으로 미 · 소에 이은 제3의 힘이 되겠다는 베빈의 꿈은 그저 꿈에 그쳤다.

----

[8] 1948년 식민지인도 영국 국민으로 정의됐다. 1950년대 영국으로 이민의 물결이 일었다. 인도, 파키스탄, 서인도 제도인들이다. 1960년대부터 일련의 제한 조치가 도입됐고 1971년 영연방 출신들의 이민에 대한 특혜가 폐지됐다. EU 회원국 내 자유이동 조치로 동유럽 이민자가 급증하자 EU 탈퇴를 결정한 것과 유사하다.

1972년 영국이 마침내 유럽공동체(EEC, 유럽연합의 전신)에 들어갈 때 에드워드 히스 총리는 그래서 영연방을 이렇게 평가했다. "영연방이 군사적 블록은 말할 것도 없고 효과적인 경제적 혹은 정치적 블록이 될 것이라는 이념도 결코 실현되지 못했다."

실제 영국과 다른 영연방 국가들과의 관계는 느슨한 편이다. 하지만 캐나다·호주·뉴질랜드 등과는 뭔가가 더 있다. 엘리자베스 2세 여왕이 군주로 돼 있다. 여왕이나 왕실 인사들이 주기적으로 순방도 한다. 여기에 더해 가족들의 이산(離散)도 영향이 있는 듯하다. 친인척 중 누군가는 이들 나라에 산다. 이 나라 출신 중 영국에서 사는 이도 적지 않다. 정서적 유대감이 적지 않다는 의미다. 뉴질랜드에서 최근 국기에서 유니언잭(영국 국기)를 빼려는 국민투표가 실시됐으나 결국 부결된 일도 있다.

이런저런 배경 때문일까. 영국에서 접하게 되는 국제 뉴스는 전 지구적이다. 미·중·일에 한정된 우리와는 크게 다르다.

다시 하원 건물 얘기다. 윈스턴 처칠은 "우리가 건물을 만들었지만 그 후엔 건물이 우리를 만들었다"고 했다. 공간은 사유의 결과이지만 동시에 사유를 지배하기도 한다는 의미다. 과연 제국주의는 끝난 지 오래지만 그 틀은, 경험은 오래간다.

파키스탄계 런던 시장

"내 이름은 사디크 칸입니다. 나는 런던 시장입니다."

2016년 5월 영국 런던의 서더크 성당은 순간 박수와 환호로 가득 찼다. 46세인 칸(Sadiq khan) 시장의 취임 일성이었다. 짧지만 두터운 함의를 담은 발언이었다. 이름에서 드러나듯 그는 중남아시아 그중에서도 파키스탄계 무슬림이다.[9]

기독교 전통이 강한 서구에서 그것도 수도의 선출직 시장으로 무슬림이 뽑혔다는 건 이례적인 일이다. 그걸 칸 시장이 해냈다.

파키스탄에서 이민 온 그의 아버지는 25년간 버스기사로 일했고, 어머니는 재봉사였다. 칸 시장은 8남매 중 다섯째다. 이민 2세대인 셈이

---

[9] 영국에선, 같은 대영제국의 인도령 출신이라곤 하나 상대적으로 인도계가 파키스탄계보다 사회적 지위가 높다.

다. 계급이 암암리에 작동하는 영국 사회에서 파키스탄계의 위상이 높다 하기 어렵다. 칸 시장 스스로 "(임대주택에서 자랄 때) 런던 시장이 될 수 있다고 꿈에도 생각하지 못했다"고 말하는 이유다.

템스 강 남쪽에 있는 서더크는 런던시의 신청사가 있는 곳이면서 한때 쇠락했다가 최근 재빠르게 재개발되고 있는 지역이다. 이 때문에 인종적으로나 경제적으로나 다양한 배경의 사람들이 모여 산다.

영국 국교회 소속인 이곳 교회에서 첫 무슬림 시장의 취임 선언에는 그래서 기회 · 통합이란 메시지가 담겼다. 그는 취임 연설에서도 "모든 런던 시민을 대표하는 시장으로서 모든 공동체와 시의 각 부분을 대표해 나가겠다"며 "런던에서 예전에 보지 못한 가장 투명하고 부지런하며 소통을 잘하는 시정을 펼칠 것"이라고 했다. 이어 "나와 우리 가족이 가졌던 기회를 모든 런던 시민도 누릴 수 있게 하겠다"고 약속했다.

그는 한때 치대에 진학하려고 했으나 "논쟁하길 즐기는 성품"이라는 교사의 조언에 따라 법률로 진로를 바꿨다. 94년 노스런던대학교를 졸업했고 그해 동료 변호사이자 역시 버스기사의 딸인 사디야 아흐메드와 결혼했다. 2005년 하원의원이 됐고 2008년 지방정부 · 커뮤니티 담당 장관으로 임명된 데 이어 교통부장관으로도 일했다.

그가 노동당의 런던 시장 후보 경선에 나설 때만 해도 유력한 후보가 아니었다. 경선에서도 이겼을 뿐만 아니라 본선에서도 깜짝 승리했다. 그저 이겨낸 정도가 아니라 압도적 승리를 했다. 130만 143표를 얻었는데 역대 최다였다. 《인디펜던트》는 "어떤 정치인도 누려보지 못한 득표"라며 "지지자들은 그의 미래를 두고 흥분하고 있다"고 전했다. 노동당 내 차기 주자 반열에 올랐다는 의미다.

사실 정정(政情)이 불안한 중동·북아프리카 출신의 난민들이 유럽으로 대거 이주한 데다 이슬람 극단주의 추종자들에 의한 테러가 잇따르면서 유럽 내에서 무슬림에 대한 반감이 심해졌다. 보수당이 공공연하게 '무슬림 공포증'을 자극했다. 그럼에도 칸 시장은 극복했다. 기독교 문명을 대표하는 서구의 대표적 도시에서 무슬림이 시장을 맡는다는 '역사'를 만들어냈다. 그의 당선이 세계적 관심을 끈 이유다.

사실 영국에선 능력만 있다면 '상승'의 사다리는 열려 있다는 느낌을 받곤 한다. 제국의 전통일 수 있다. 현지 엘리트를 적극적으로 지배계층으로 끌어들이는 것 말이다. 지금도 그 전통은 살아 있다. 세계화된 사회여서 더욱 불가피한 측면이 없지 않지만 말이다.

예를 들어 2015년 영국의 자랑인 대영박물관장에 독일인 예술사학자가 임명됐다. 하르트비크 피셔다. 대영박물관을 외국인이 이끈 건 1856년부터 10년간의 이탈리아인 안토니 파니지 관장 시절 이후 처음이라고 했다.

피셔는 2006년 런던 테이트 모던 미술관의 칸딘스키전을 공동 기획한 일을 제외하면 영국을 근거지로 해서 활동한 적이 없었다. 그럼에도 기용됐다. 영국에서는 '깜짝 인사'로 여겨졌던 까닭이다. 영국 내 여론은 곧 "피셔 박사는 세계에서 탁월한 박물관 관장 중 한 명이다. 학자로뿐만 아니라 행정가, 언어학자로서도 대영박물관을 이끌 적임자"(대영박물관 재단이사회 의장 리처드 램버트)라고 환영했다.

2016년까지 세계적 장식예술박물관인 빅토리아 앤드 알버트(V&A) 박물관 관장도 독일인이었다. 마르틴 로스로 1955년 독일 슈투트가르트에서 태어났고 2011년 V&A 관장으로 임명됐었다. 1852년 설립된 박물관 역사상 첫 외국인 관장이었다. 그가 관둔 건 브렉시트 국민투표 여파였다. 프랑스·미국·독일 등에서도 일했던 그는 스스로를 유럽인으로 여겼다. 그동안 "난 독일인이고 싶지 않다. 막대한 인명을 살상한 나라에서 성장하고 싶지 않았다. 나에게 유럽은 공유·연대·인내를 기반으로 한 평화로운 미래란 희망을 주곤 했다"고 말했다. 그랬던 그인 만큼 영국의 EU 탈퇴는 낙담 그 자체였다고 한다.

세계에서 두 번째로 오래된 대학인 옥스퍼드대학교에서 부총장(vice chancellor)[10]에도 2015년 아일랜드인 여성이 발탁됐다. 세인트앤드루스대학교 루이스 리처드슨 총장이다. 그는 아일랜드 더블린의 트리니티칼리지에서 정치학을 공부한 학자다. 집안에서 그가 첫 대학 진학자일 정도로 어려운 가정 출신이다. 옥스퍼드대로선 785년 만에 첫 여성 부총장이기도 하다.

이뿐이 아니다 우리의 한국은행에 해당하는 영국은행장 마크 카니는 캐나다 출신의 경제학자다. 전직 캐나다은행장이었다. 이렇게까지, 싶겠지만 영국은 이런다.

----

[10] 우리 대학 기준으론 사실상 총장직이어서 때때로 총장으로 소개되곤 한다.

의회광장에서 본
영국식 사과 방식

윈스턴 처칠, 에이브러험 링컨, 넬슨 만델라.

의회민주주의의 발상지인 영국 웨스트민스터 사원 앞 의회광장에 있는 위인들이다. 2015년 봄 '새 식구'가 생겼다. 비폭력 저항운동의 상징이자 인도 독립의 아버지인 마하트마 간디다.

2014년 인도를 방문한 당시 영국의 조지 오스본 재무장관과 윌리엄 헤이그 외무장관이 간디 동상 건립 계획을 밝혔다. 오스본 장관은 "세계에서 가장 큰 민주주의 국가(인구 기준)의 아버지인 간디가 모든 의회의 어머니(영국 의회 지칭) 앞에 자리를 가질 때가 됐다"고 말했다. 헤이그 장관도 "간디의 평화 사상과 차별에 대한 저항, 인도를 발전시키려는 열망과 비폭력주의는 당대뿐 아니라 오늘날에도 의의가 있다"고 했다.

이듬해 동상 제막식에서도 데이비드 캐머런 영국 총리는 "세계 정치 역사에서 가장 높다란 인물 중 한 명에 대한 헌사(獻辭)"라며 "간디를

2015년 봄 런던 의회광장에 세워진 마하트마 간디 동상(영국 외무성 제공).

이 유명한 광장에 놓음으로써 그에게 우리나라에 영원한 안식처를 주려는 것"이라고 말했다.

20세기 초만 해도 영국은 식민지 인도를 착취하는 압제자였다. 반대로 간디는 영국에겐 '적'이었다. 대영제국 '왕관의 보석'으로 여겨졌던, 영국이 끝까지 놓기 싫어했던 인도를 독립으로 이끈 인물이기 때문이다.

실제 의회광장의 '이웃'인 처칠은 끝까지 인도자치법안에 반대했으며 단식투쟁 중이던 간디를 두고 아사(餓死)했으면 좋겠다고 말한 일이 있을 정도다. 인도의 한 언론인이 "처칠 동상이 간디 동상을 보곤 눈살을 찌푸릴 것"이라고 논평한 까닭이다. 《워싱턴포스트》는 "의회광장에 간디 동상이 들어선다는 건 아이러니"라고 쓰기까지 했다.

양국 사이엔 아직 1919년 펀자브에서 벌어진 비폭력 무저항 시위를 영국군이 무력 진압하는 과정에서 수백 명이 숨진 게 논란으로 남아 있다. 2013년 데이비드 캐머런 당시 총리가 인도를 방문했을 당시 "부끄러운 일"이라고 말한 게 다. 이 때문에 간디 동상 설립을 두고 영국식 사과 메시지일 수도 있다는 해석이 나왔다. 실제 《AFP통신》은 "과거사를 기억하는 영국 나름의 방식이자 일종의 사과"라고 논평했다.

간디 동상과 유사한 사례가 의회광장에 또 있다. 20세기 전반 남아프리카공화국을 이끈 대정치가 얀 스뮈츠 전 총리의 동상의 경우다. 그는 20세기 초 제2차 보어전쟁 때 영국군에 맞서 게릴라전을 편 인물이다. 아이러니하게도 당시 종군기자가 처칠이었다. 스뮈츠는 이후 남아공 총리 신분으로 처칠이 이끄는 제2차 세계대전 당시 내각에서 처칠과 함께 일했다. 영국과 대영제국 식민지였던 국가들의 느슨한 연합체인 영연방 창설에 기여하기도 했다.

여느 나라들이 그러하듯 영국이라고 사과에 후한 건 아니다. 제국주의의 대표 격이니 사과할 데가 많은 탓도 있으리라. 공식 사과할 경우 그에 따른 배상 문제가 있을 수 있다.

19세기 영국 지배 아래 백만 명의 아일랜드인이 목숨을 잃었던 '감자 대기근'을 두고 1997년 토니 블레어 당시 총리가 "끔찍한 일을 잊지 말자"고만 했던 이유일 터다. 노예무역에서 영국인들의 역할을 두고[11] 2007년 블레어 총리가 아프리카 국가 가나의 대통령에게 "미안하

---

⑪ 영국 내에선 1700년대 말부터 "국내엔 노예가 없는데 왜 해외령엔 있느냐"는 노예 반대 운동이 일었고 1833년 노예제 폐지법이 통과됐다. 미국에선 그해 노예제폐지협회가 꾸려졌고 헌법상 금지된 건 1890년대의 일이다.

다고 말한 바 있는데 다시 그렇다고 말한다"(I have said we are sorry and I say it again)고 했을 뿐이다.

하기야 과거사 사과의 모범 사례처럼 여겨지는 독일이지만 유대인 학살에 대해서만일 뿐, 20세기 초 식민지 아프리카 나미비아에서의 대량 학살에 대해선 오랫동안 외면하지 않았나.[12]

공권력에 의한 자국민에 대한 잘못을 사과하는 데도 시간이 걸리곤 한다. 널리 알려진 인물이 비운의 수학자 앨런 튜링(Alan Turing)이다. 독일군 암호를 해석하는 데 결정적 기여를 했고 컴퓨터 과학의 선구자였다. 국가 기밀 때문에 그의 공적은 비밀에 가려졌다. 당국의 감시도 받았다. 그는 남색으로 처벌받을 위기에 처하자 대신 화학적 거세를 택했고 2년 후 41세의 나이에 청산가리를 먹고 스스로 목숨을 끊었다. 그러나 그의 공적 사실이 드러나고 사회 분위기가 바뀌면서 사면 요구가 커졌고 사후 59년 만인 2013년 사면을 받았다.

그렇다면 일상에서의 영국인은 어떨까.

가장 빈번하게 듣는 말 중 하나는 '쏘리'(sorry)다. 정말 자주 듣게 된다. 한 여론조사 기관의 연구에 따르면 보통의 영국인이라면 하루에 여덟 번 정도 쏘리란 말을 입에 올린다고 한다. 재채기를 하거나 누군가의 잘못을 지적하려고 할 때, 혹은 다른 이들과 부딪쳤을 때도 쏘리라고 한다. 인류학자로 『영국인 발견』를 쓴 케이트 폭스가 몸소 한 실험인데 폭

----

[12] 20세기 첫 인종학살로 알려져 있다. 1904년부터 약 3년간 독일제국이 지금의 나미비아에 해당하는 아프리카에서 헤레로족 수만 명을 학살한 사건이다. 독일은 2015년에야 인종학살임을 인정했으나 배상은 거부했다.

스 자신이 일부러 충돌한 건데도 상대편 영국인의 80%가 미안하다고 했다고 한다. 폭스는 "일본 사람 정도만이 영국인 수준으로 미안하다고 했다"고 전했다.

대개 영국인들의 쏘리를 '미안하다' '사과하다'로 번역하곤 하지만 실제 우리 어감만큼 미안하거나 사과한다는 건지 애매할 때도 많다. 가끔은 덜 미안해하거나 덜 사과하는 게 아닌가 싶을 때도 있다.

또 이런 것까지 미안하거나 사과할 일인가 싶을 정도로 자주, 많이 쓰기도 한다. 예를 들어 비가 내릴 때도 이렇게 말하는 이들이 있다. "Sorry about the rain." 주변 누군가가 자신의 존재로 인해 긴장한 듯 보여도,[13] 또 본의 아니게 주변 사람들의 시선을 끌 만한 행동을 했다 싶어도 "쏘리"라고 한다.

어느 날인가 하향 에스컬레이터를 타던 이가 넘어져 전속력으로 벽을 들이박았다가 코피를 흘린 채 쓰러진 걸 봤다. 지나가던 이들이 모여들어 "괜찮으냐"며 걱정하자 "괜찮다"며 연신 "쏘리"라고 말하는 걸 들었다.

세상사가 그러하듯 반전이 있다. 영국인도 진정 책임 소재를 따져야 할 일이라면 쉽사리 "쏘리"라고 말하지 않는다. 런던에서 변호사 사무실에서 일하는 한국인 지인은 "분명 자신들이 잘못했는데도 절대 미안하다고 안 한다"고 했다. 그러고 보면 한 영국인이 스스로 영국인을

----

[13] 사람들에겐 사적 공간이 있다고들 말한다. 에드워드 홀이란 학자의 근접학(Proxemics)에 따르면 사적 공간의 경우 가족이나 가까운 사이엔 대개 75cm 내외라고 한다. 영국에서의 경험과 일치한다.

표현한 문구가 떠오른다.

"영국인들이 자신이 하지 않은 일에 대해 기꺼이 사과할 태세인 걸 보면 놀랍다. 자신들이 한 일에 대해 사과하길 꺼려하는 태세 못지않다."[14]

---

[14] Henry Hitchings, 「Sorry!: the English and their manners」, Farrar, Straus and Giroux, 2013.

《BBC》가 한국어 방송을
한다는데

2014년 3월 '비공식 BBC 한국어 방송'을 본 일이 있다. 《BBC》 방송 인사들과 영국에 거주하는 남북한 출신이 함께 만든 동영상이었다. 'BBC 월드 서비스'에 한국어도 추가해야 한다는 캠페인 차원이었다.

"여기는 영국 런던입니다. BBC 한국 서비스 시험 방송을 시작하겠습니다."

동영상 속에서 남북한 출신들이 이런저런 얘기를 나눴다. 그러다 서로 응원하는 축구팀을 털어놓는 데까지 나아갔다.

"첼시."
"아스널."

"리버풀."

"볼턴."

"김정은도 응원하는 팀이 있을까요?"

누군가의 질문에 일제히 같은 답변을 했다.

"없어요."

이 캠페인에 관여한《BBC》의 댄 데이먼은 "《BBC》는 과거에도 정보가 자유롭게 유통되지 않는 국가와 사회에 정보를 제공하는 역할을 했다. 북한에도 그래야 한다. 이번 동영상을 통해 한국어 방송도 실행 가능하다는 걸 보여주고 싶었다"고 말했다.

그 무렵 의회에서도 비슷한 주장이 제기됐다. 상원의원인 알톤 경이 "《BBC》는 독재자들에 맞서 민주주의의 가치를 전파하는 데 역사적 역할을 해왔다"며 "지금이 바로 정부가《BBC》에 그런 역할을 하도록 요구할 때가 아니냐"라고 했다.

당시《BBC》는 그러다 재정 사정이 썩 좋지 않다며 난색을 표했다. 그러다 2년여 만인 2016년 11월 'BBC 월드 서비스'에 한국어 등 11개국 언어를 추가한다고 밝혔다.《BBC》는 "북한 정부로부터, '법에 의한 지배' 등의 가치를 전하는 독립된 저널리즘이 필요하다"고 설명했다.

널리 알려진 대로《BBC》는 세계적으로 존경받는 공영방송사 중 하나다. '존경' '공영'이란 말에서 딱딱함, 지루함을 연상할 개연성이 높으나 꼭 그런 것도 아니다. "정보와 교육, 오락을 제공하는 프로그램과 서비스로 민중의 삶을 풍요롭게 한다"는 게 《BBC》의 사명이다.[15] 신뢰도 높은 보도, 탁월한 영상미와 밀도의 자연·역사·교양 다큐멘터리, 못지않게 흥미로운 드라마 〈셜록〉이나 각종 쇼, 스포츠 프로그램[16]도 만들어내는 곳이란 의미다.

명민함은 사람에게나 어울리는 단어이지만 때때로 《BBC》를 보면서도 유사한 느낌을 받곤 한다. 어느 정도였는지 문화비교학자인 도널드 서순의 기술(『유럽문화사』)에서도 엿볼 수 있다.

"1950년대까지 (BBC 라디오) 토론은 대본 없이는 방송되지 않았다. 이를테면 1948년 (철학자인) 버트런트 러셀과 예수회 철학자 프레더릭 코플스턴 신부가 벌인 신의 존재에 관한 논쟁은 먼저 두 참가자가 대본 없이 자유롭게 토론하게 한 다음, 그 토론을 편집해서 대본으로 만들고 그 대본을 두 토론자가 읽게 하고 그것을 녹음해서 방송으로 내보낸 것이다. 그런 탓에 말투는 뻣뻣하고 프로그램에는 자연스러움이 없었지만 그런 덕에 품위가 넘치고 조금도 공격적이지 않은 논쟁이 보장됐다."

----

[15] 《BBC》의 태동기를 이끈 존 리스 초대 사장은 세 단어로 요약했다. inform, educate and entertain이다. 리스 자신은 스코틀랜드 캘빈파 목사의 아들로 태어났으며 엔지니어 출신이다.

[16] 프리미어리그 등 주요 축구 경기가 열리는 날 밤 방영되는 '오늘의 경기'(MOTD 또는 MotD, Match of the Day)가 대표적이다. 주로 토요일이다. 1964년 8월부터 시작됐다. 하이라이트 영상과 감독·선수들의 인터뷰에 전문가들의 분석이 곁들여진다. MOTD를 통해 축구의 참맛을 깨달았다는 이들이 적지 않다.

맨체스터 인근 솔포드에 있는 《BBC》.
런던의 본부를 제외하곤 영국 내에서 가장 크다.

도널드 서순에 따르면 《BBC》는 그 출범기부터 명백히 대영제국과 군주제, 기성 종교를 지지했다. 바로 영국을 떠받치는 골간들이다. 이와 같은 기성 체제를 옹호한다는 면에서 《BBC》는 보수적이다.[17] 지금도 크게 다르지 않다고들 말한다.

앞서 언급한 'BBC 월드 서비스'는 그 골간들 중에서도 제국과 관련된 제도다. 1932년 라디오방송으로부터 출범했는데 당시 이름이

'BBC 제국(empire) 서비스'였다.

실제 출범에 얽힌 일화들의 키워드도 '제국'이다.

개국을 알리는 첫 방송은 조지 5세의 251단어로 이뤄진 '크리스마스 메시지'였다. 인도에서 태어난 시인으로 노벨문학상 수상자이기도 한 러디어드 키플링이 썼다.

"현대 과학의 기적 덕분에 대영제국에 있는 신민들에게 말할 수 있게 됐습니다"로 시작한 인사는 이렇게 끝맺었다. "설중(雪中)이나 사막, 바다 너머 오로지 목소리만 닿을 수 있는 곳에 있는 이들에게, 또 눈이 멀거나 아파서 또는 노쇠해서 일상을 꾸려나가기 힘든 이들에게, 자녀 또는 손주들과 함께 있는 이들에게 온 마음을 담아 전합니다. 모두들에게 또 한 명 한 명에게 기원합니다. 행복한 크리스마스가 되십시오. 신의 가호가 충만하길 바랍니다."

키플링의 문구대로 국왕의 목소리는 눈·사막·바다 너머 지구에 걸쳐 있던 제국의 신민들에게 전달됐다. 당시 2000만 명이 넘는 사람이 들었다고 한다.

대성공이었지만 성사되기까지 적지 않은 난관을 겪었다. 존 리스 《BBC》 사장이 1920년대부터 국왕에게 제안했으나 국왕은 받아들이지 않아서였다. 『은하수를 여행하는 히치하이커를 위한 안내서』란 과학소설을 쓴 영국작가 더글러스 애덤스가 기술을 세 종류로 나눈 걸 참고하

----

⑰ 《BBC》가 정파적으로 보수적이란 의미는 아니다. 오히려 보수당을 향해 날카로운 비판의식을 보여왔다. 그 결과 노동당이 《BBC》에 호의적인 반면, 보수당은 "너무 진보적 가치인 정치적 올바름을 추구하는 게 아니냐"며 불만을 드러내곤 한다. 《BBC》의 명민함을 드러내는 접근법이다.

면 국왕의 마음을 이해할 수 있을 게다. 애덤스는 (1) 당신이 태어날 때부터 있던 기술은 정상적이고 일상적인 것으로 세상의 자연스러운 일부이며 (2) 15세에서 35세 사이에 개발된 기술은 새롭고 흥미로우며 혁명적인 것으로 잘 이용할 수도 있으나 (3) 35세 이후 등장한 기술들은 자연의 질서에 반하는 것이라고 했다. 당시 국왕은 50대에서 60대로 넘어갈 무렵이었다. 마뜩잖아 할 만 했다.

그러던 중 1920년대 말 처음으로 노동당 정부가 들어섰다. 리스 사장은 소탈한 풍모의 램지 맥도널드 총리에게 SOS를 쳤다. 맥도널드 총리가 국왕을 설득했다. 그 무렵 대영제국은 영연방으로 진화 중이었다. 캐나다 등 자치령에 대한 본국의 직접 지배가 사실상 폐지됐다. 맥도널드 총리는 국왕이 장차 영연방 통합의 구심이 돼야 한다고 믿었다. 그래서 국왕에서 "제국의 연대를 유지하는데 국왕의 크리스마스 메시지가 유용한 수단이 될 것"이라고 설득했다. 키플링이 원고를 쓰니 걱정하지 말라고도 했다. 램지 맥도널드 총리를 신뢰했던 국왕은 조언을 받아들였다.

1932년 크리스마스를 앞두고 국왕이 마이크 앞에 앉게 된 과정이었다. 국왕은 난생 처음 접하는 문명의 이기들 앞에서 대단히 긴장했다. 손을 부들부들 떨기도 했는데 이로 인해 종이가 바스락거리는 소리가 마이크에 담길 정도였다.

그랬던 국왕이었지만 종국엔 아들들에게 라디오 연설의 중요성을 강조하는 데까지 이르렀다. 효험을 절감했기 때문이다. 조지 6세 이르러선 전통이 됐다. 말 더듬는 버릇을 호주 출신 학자의 도움을 받아 고쳤다는 바로 그 왕이다. 영화 〈킹스 스피치〉의 주인공이다.

'BBC 제국 서비스'는 처음엔 영어 방송이었다. 그러다 1938년 아랍어와 독일어가 순차적으로 추가됐다. 이제는 40개국 언어로 방영되거나 방영될 예정이다. 2022년, 그러니까 'BBC 제국 서비스'가 시작된 지 90년 후엔 청취권이 5억 명으로 늘 것이라 한다. 1900년대 초반 '해가 지지 않는 제국'으로 불릴 당시 대영제국의 신민이 4억 명 정도로 알려졌다.

제국은 해체된 지 오래지만 그래도 '흔적'의 전파는 여전히 지구를 감싸고 있는 셈이다.

시진핑 영접법

"레드카펫을 깔다"는 레드카펫을 까는 것을 포함해 잘 대접했다는 의미로도 쓰인다. 붉디붉은 레드카펫(reddest red carpet)을 깔았다면 정말 잘 대접했다는 의미리라.

영국인들이 스스로 이런 표현을 쓰는 걸 봤다. 2015년 시진핑 중국 국가주석의 국빈방문 때였다.[18]

통상적인 국빈방문이 3박인데 4박 일정이었다. 찰스 왕세자 부부가 시 주석이 묵는 호텔로 찾아가 인사했다. 엘리자베스 2세 여왕은 환영식 후 시 주석과 함께 왕실 황금마차를 타고 버킹엄 궁까지 동행했다.

----

[18] 국가지도자의 해외 방문은 국빈방문 외에도 공식방문(official visit), 실무방문(working visit) 등이 있다. 일반적인 경우 공식방문이 많다. 영국의 경우 국빈방문은 국가 정상만 한다. 대통령이거나 군주들이다. 이에 따라 앙겔라 메르켈 독일 총리 등 내각제 국가의 총리들은 국빈방문을 하고 싶어도 못한다.

남편 필립 공은 시 주석과 근위대 사열을 했다. 이때 버킹엄 궁 인근에 있는 그린 파크와 런던 탑에서 103발의 예포가 울렸다. 영국 언론들은 "시 주석과 4박 5일간 맺을 합의가 100여 건인데 그에 맞먹는 숫자"라고 평했다. 여왕이 주재한 국빈 만찬엔 윌리엄 왕세손 부부가 함께했다. 캐서린 빈(케이트 미들턴)이 중국의 상징색인 붉은 드레스를 입었다. 중국이 기피하는 달라이 라마와 가까운 사이인 찰스 왕세자 정도만 국빈만찬에 불참했다. "지나치게 대접한다는 비판을 피하려는 노력"(《뉴욕타임스》)이란 해석이 나왔다.

시 주석은 영국 의회에서 상하원 합동연설도 했다. 이후엔 영국 총리의 시골 별장인 체커스에서 데이비드 캐머런 당시 총리 내외와 시간을 보냈다. 두 사람이 나란히 인근에 있는 술집 '더 플라우 앳 카드스덴'이란 펍도 찾았다. 영국의 대표적 음식인 피시앤칩스와 함께 맥주잔을 기울이기도 했다.[19] 축구팀 맨체스터시티의 홈구장도 함께 갔다.

어느 정도 대접한 건지 기연미연할 게다. 극진한 대접을 받았다고 국내에 홍보됐던 2013년 박근혜 당시 대통령의 영국 국빈방문과 비교해봐도 좋을 듯하다. 박 전 대통령은 힐튼호텔에서 엘리자베스 2세 여왕의 차남인 앤드루 왕자(요크 공작)의 영접을 받았다. 엘리자베스 2세와 필립 공이 그후 박 전 대통령을 맞았다. 예포 41발이 발사됐다. 황금마차엔 박 대통령과 엘리자베스 2세 여왕 부부가 함께 탔다. 박 대통령이 의

---

[19] 당시 마신 맥주가 영국 에일 맥주인 '그린 킹 IPA'였다. 1799년부터 내려온, 이 지역의 전통 맥주다. 이후 동난 듯 팔렸다. 일주일 후 그 펍에 갔더니 빈자리가 없었다. 한적한 백인 중산층 마을이었는데 거의 대부분이 동양인이었다. 필자에게도 주인이 "중국인이냐"고 물었다.

2015년 시진핑 중국 국가주석이 영국을 방문했을 때
데이비드 캐머런 총리와 함께 간 펍인 더 플라우 앳 카드스덴.
손님 중에 중국인 관광객들도 보인다.

회를 방문, 의회 관계자들과 인사했다.

차이가 느껴지나. 시 주석의 방영(訪英) 전 영국의 초청 움직임도 부산했다. 윌리엄 왕세손이 베이징을 방문해 엘리자베스 2세가 친필로 쓴 방문 요청서를 건넸다. 조지 오스본 재무장관이 별도로 중국을 찾아 "양국이 함께 황금시대(golden decade)를 만들자"고 했다. 중국과는 경제 문제를 우선한다는 선언이었다. 이른바 '오스본 독트린'이다.

결국 중국의 위상 때문이다. 2012년 캐머런 총리가 달라이 라마를 만났다가 중국과의 관계가 냉각돼 어려움을 겪은 경험이 있다. 영국으로선 중국의 경제력도 외면하기 힘들었을 게다. 시 주석이 영국 방문에서 푼 보따리만 120조 원 이상이라고 알려졌다.

이미 2014년의 리커창 총리 방문 때도 영국은 환대했었다. 영국 유력지인 《타임스》가 "여왕을 장기판의 졸로 썼다"고까지 비판할 정도였다. 국가 정상이 아닌, 경제 · 비즈니스 업무 담당 총리인데도 엘리자베스 2세를 만나겠다고 요구했고 영국이 수용했다. 리 총리 부부를 만날 때 캐머런 총리의 부인이 어떤 종류의 드레스를 입을지 알려줘야 했다고 한다. 일설엔 중국 측이 리 총리가 발을 디딜 레드카펫의 길이까지 늘려달라고 했다고 한다.

이 같은 영국을 두고 은퇴한 미국 관료는 《파이낸셜타임스》와의 인터뷰에서 "고두(叩頭)의 사례 연구 감"이며 "장기적으론 영국에 문제를 야기할 것"이라고 비판했다.

고두? 200여 년 전 일이다. 1792년 영국 왕 조지 3세가 특사를 청나라에 파견했다. 바로 조지 매카트니 백작이다. 이듬해 도착해선 건륭제에게 알현 요청을 했다. 청나라에선 주변국에서 온 외교사절은 '황제의 덕'을 연모하는 조공 사절로만 인식할 때였다. 매카트니 일행에게 중국식 의례인 삼궤구고두(三跪九叩頭), 즉 세 번 절하고 아홉 번 머리를 땅에 조아리는 예를 하라고 요구했다. 매카트니는 거절했다. 신하가 아니란 이유에서다. 결국 몇 주간의 실랑이 끝에 중국 황제 뒤에 영국 국왕의 초상화를 걸고 한쪽 무릎만을 굽히기로 낙착을 봤다. 중국은 "황제의 존엄에 대한 경외심에 압도돼 결국 고두를 했다"고 기록했지만 말이다. 영국인들 뇌리에 'kowtow'(카오타오)를 새긴 계기였다. 처음엔 그저 '절'을 뜻했는데 이내 '굴종'이란 뉘앙스가 됐다.

그러고 보면 영국이 중국에만 잘한 건 아니다. 버락 오바마 대통령의 마지막 방문 때엔 왕실과 정치권 모두가 나서서 반겼다. 윌리엄 왕세손이 자택에서 오바마 대통령에게 자신의 세 살 배기 아들 조지 왕자와 인사할 수 있게 배려하기도 했다. 오바마 대통령은 미국에서보다 영국에서 더 인기 있는 대통령이었다.

나렌드라 모디 인도 총리도 환대받은 이 중 한 명이다. 한 언론이 "모디 총리의 방영 일정이 모디 총리와 인도인들을 기쁘게 하는 데 맞춰졌다"고 평가할 정도다. 우선 방문 날짜를 인도의 최대 명절인 디왈리(燈明祭, 등명제)와 겹치게 잡았다. 영국에 사는 150만 명의 인도계에게 록스타와 비슷한 인기를 끄는 모디 총리를 직접 볼 기회를 제공한 게다. 국빈 방문이 아니어서 황금마차 탑승 등의 일정은 거의 없었지만 엘리자베스 2세 여왕과의 오찬 일정을 추가했다.

영국 의회광장에 있는 마하트마 간디 동상을 두 정상이 함께 찾는 행사도 포함했다. 영국이 과거 식민지 지배를 사과한다는 의미로 그 무렵 세운 동상이다.

또 인도 총리론 처음으로 의회 연설을 하는 자리도 마련했다. 대단히 이례적인데 영국 의원들이 모디 총리의 영국 의회 출입을 금지하려한 적이 있기 때문이다. 모디 총리가 구자라트주 총리였던 2002년 힌두교도와 이슬람교도 간 폭력 사태를 방관, 1000여 명의 사망자가 나도록 했다는 의혹 때문이다. 모디 총리가 해외 방문 때마다 대규모 군중 행사를 즐긴다는 점을 감안, 영국은 아예 웸블리구장을 빌릴 수 있도록 주선했다. 6만여 명이 들어갈 수 있는 곳이다.

모디 총리가 미국 방문을 했을 때 뉴욕의 매디슨 스퀘어 가든에서 1만 6000명을 모았던 기록을 뛰어넘을 수 있도록 말이다. 비용은 기업들이 후원했다.

영국을 두고 신사의 나라라고 말한다. 그러나 이런 걸 보면 오히려 상인의 나라란 생각이 들곤 한다.

영국 최고의 수출품은 '라운드어바웃'

한때 세계를 호령했던 대영제국의 후신인 영국은 세계에 기여한 바가 적지 않은 나라다. 의회 제도부터 축구 규칙까지 당장 떠올릴 법한 것들이다.

이런 게 교통 분야에도 있다고 한다면 누군가는 '언더그라운드' - 구어론 튜브(tube)다. 우리가 흔히 지하철이란 의미로 사용하는 단어 서브웨이(subway)는 영국에선 그저 지하보도를 가리킬 뿐이다 - 라고 불리는 영국 지하철 노선도를 예상하는 이도 있겠다. 맞다.

1931년 런던 지하철 신호부에서 근무하던 해리 베크(1902~1974)란 공학 제도사가 여가 중 그린 노선도에서 비롯됐다. 이전의 노선도는 지리 정보에 기초했다. 지도 위에 역과 노선을 그려 넣는 식이었다는 얘기다. 두 역이 멀리 떨어졌으면 멀리 떨어진 것으로 그려졌다. 그러니 역들이 촘촘하게 있는 시내에선 복잡했다. 드문드문 있는 외곽까지 표기하려니 노선도가 커져야 했다.

베크의 노선도는 통념에 반했다. 전기회로도에서 영감을 얻었다는 데 지리 정보를 뛰어넘었다. 거리나 위치보단 역과 역 사이 이동, 환승 등을 중시했다. 요즘 우리 주변에서 보는 방식의 노선도다.

그의 아이디어는 처음엔 받아들여지지 않았다. 지나치게 급진적이라고 여겨졌다. 그러나 서서히 인기를 끌었다. 그러던 중 1960년 런던 교통 당국이 빅토리아라인을 추가하면서 다른 이에게 노선도를 맡겼다. 베크는 격노했다. 당국과의 소송전은 고통스러웠다.

그의 저작권은 그의 사후인 1997년에야 인정받았다. 그 후 한동안 런던 지하철 노선도엔 'H. C. Beck'라거나 '이 노선도는 해리 베크에 의해 1931년 착안한 디자인에서 진화한 것'이란 문구가 있었다.

교통 분야에서 이런 기여가 또 있으니 '라운드어바웃'(roundabout)이다. 우리나라에선 로터리로 번역됐으나 요즘엔 회전교차로로 쓰인다. 2017년 2월 한국의 언론에선 이 같은 보도가 쏟아졌다. "안전처와 한국교통연구원에 따르면 지난 2014년에 완료한 '회전교차로설치사업' 대상지 54개소의 설치 전·후 효과를 분석한 결과 사업시행 전인 2013년에는 교통사고가 65건 발생했으나 사업시행 후인 2015년에는 27건으로 59%(38건)가 감소한 결과를 보였다. 사상자 수도 개선 전 사망 5명, 부상 102명에서 개선 후 부상 35명으로 67.3%나 감소하는 등 교통 안전성과 교통소통 측면에서도 효과가 큰 것으로 나타났다. 안전처는 교통사고 예방과 교통운영체계 선진화 방안의 일환으로 2010년부터 회전교차로 사업을 추진해 지난해까지 전국에 461개소를 설치했다."

이 라운드어바웃을 두고 영국의 시사주간지가 '영국 최고의 수출품 중 하나'라고 표현한 적이 있다.[20] 2013년 10월 보도인데 대충 이런 문구다. "축구, 증기기관, 우스터 소스, 유산탄 등 영국의 발명품이 세계를 평정했지만 이런 것 중 또 하나가 라운드어바웃"이라고 했다. 영국 언론 특유의 위트가 담긴 표현이다.

라운드어바웃은 그리 오래되지 않은 제도다. 1909년 레치워스 가든 시티란 곳에 처음 설치됐다. 마을의 기념물을 보호하기 위한 우회 회전로였다. '자동차들이 회전하는 도로'란 개념은 프랑스가 더 빨랐다. 1900년대 초 건설됐다. 뉴욕에 콜롬버스 서클이 만들어진 것도 1905년이다.

이들과 영국의 라운드어바웃의 차이는 단순해 보인다. 라운드어바웃에선 회전 차량에 우선권이 있다. 라운드어바웃에 진입하려는 차량은 회전하는 차량이 오는지 살핀 후 없을 때 저속으로 진입해야 한다. 그러나 로터리에선 진입하려는 차량에 우선권이 있다. 그런 만큼 빠른 속도로 들어서야 한다.

일견 작고 간단해 보이는 다름이 교통사고란 측면에선 큰 차이를 만들어낸다. 로터리에선 고속 진입, 고속 회전 때문에 교통사고가 발생률이 높다는 통계가 있다. 그러나 라운드어바웃에선 정반대다. 우리의 언론보도도 유사한 톤이다.

영국에선 1909년 도입 이후 라운드어바웃이 곧 인기를 끌었다. 어느 정도냐면 스윈든이란 동네에 오각형 모양의 거대한 라운드어바웃까지 건설될 정도다. 이른바 '매직 라운드어바웃'인데 그 자체가 거대한 라

----

[20] 'The widening gyre', 《이코노미스트》, 2013년 10월 3일 자.

운드어바웃이면서 동시에 각 꼭짓점에 해당하는 곳에도 각각 작은 라운
드어바웃이 있는 구조다. 거기에 한 번 들어간 적이 있는데 어떻게 나왔
는지 오직 신만이 알며, 신의 가호 덕분에 가능했다고 감사해할 정도로
오가는 차량에 신경을 곤두세웠던 기억이 난다.

영국 내 라운드어바웃을 평가하는 모임(The UK Roundabout Apprecia-
tion Society)도 있다. 매년 가장 훌륭한 라운드어바웃을 뽑는다.

여느 제도처럼 이 또한 다른 나라들이 따라 하기 시작했다. 1997년
전 세계적으로 3만~4만개 정도 있었는데 지금은 6만 개 정도로 늘었다
고 한다. 이 중 절반이 프랑스에 있다. 영국 도버에서 배를 타면 도착하는
프랑스 쪽 항구 중 하나인 칼레에서도 라운드어바웃을 적지 않게 봤다.

영국인들이 누군가, 숫자를 세는 데에서 한 발 더 나아가 제도가 만

들어진 철학적 의미까지 따진다. 우선 국민성이다. "빈 교차로에 서 있게 하기보다는 다소 불편을 감수하더라도 회전하게 하는 게 나을 수 있다. 차에 탄 사람이 (맞은편 교차로에 선 차 속의) 얼굴을 마주보지 않아도 되고 말이다. 내성적인 영국인들에겐 합리적 해결책이다. 대치하기보단 협조하는 것이기도 하고"란 식이다.

이 제도의 성공을 위해선 문화적 토양도 있어야 한다는 주장도 나온다. 페어플레이 정신과 규칙(혹은 관습) 준수의식 등이다. 쉽게 말하면 서로서로 양보하고 배려하면서 운전해야 한다는 것이다. 즉 회전 차량이 있는데도 들어가거나, 라운드어바웃 밖으로 나간다며 급하게 차선을 변경해서도 안 된다는 얘기다. 교통 상황도 깔끔해야 한다. 차량 흐름이 많은 곳에선 누구에게 우선권이 있는지 파악하기 힘들기 때문이다. 여기에 자전거, 오토바이 운전자까지 낄 경우 더욱 혼란스러울 수 있다.

《이코노미스트》는 그래서 "라운드어바웃의 운명은 또 다른 영국의 수출품인 의회민주주의와 유사하다. 좋은 아이디어지만 속임수나 협잡과 합쳐지면 엉망이 되는 것"이라고 했다.

우리나라도 라운드어바웃이 느는 걸 보면 괜찮은 나라가 되어간다는 의미일까.

5장

웨스트민스터
에서

웨스트민스터는 런던의 정치 중심지다. 버킹엄 궁도, 의회도, 정부도 있다. 수백 년에 걸쳐 이네들의 정치 동역학이 영국식 의회민주주의 체제를 만들어냈다. 이른바 웨스트민스터 정치 체제다. 우리에겐 익숙지 않은 체계다. 세계적으론 그러나 더 범용이다.

센 사람일수록
질문 받을 의무가 있다

영국 런던의 웨스트민스터 의회 주변은 늘 사람들로 북적인다. 세계에서 가장 오랜 의회민주주의의 성소이니 그럴 법도 하다. 영국식 민주주의를 '웨스트민스터 민주주의'라고도 하지 않나. 건물은 또 좀 고색창연한가.

내부는 그 이상이다. 방문자들이 흔히 통과하게 되는 웨스트민스터 홀부터 그렇다. 1097년 건립됐다는 말이 실감 날 정도로, 중세 느낌이 물씬 나는 목조 장식의 천장부터 영국사를 호령했던 인물 이름이 새겨진 바닥의 동판들까지 어디 하나 소홀히 넘길 데가 없다. 조각상들이 즐비한 계단을 올라 상·하원으로 갈라지는 중앙 로비에 서면 공간 자체로부터 압박감을 느낀다. 영국 정치의 중심이란 데서 오는 위용이다.

건물에만 눈길이 가는 게 아니다. 흰색 가발을 쓰고 검정 타이츠를 착용한 입법서기(the Clerk, 클러크)들은 어떤가. 수백 년째 같은 차림이었을 그들을 보며 누구라도 세월을 거슬러 올라가는 듯 느낄 게다. 그래도 이런 건 과거로부터의 잔영이라고 치부할 수 있다. 중요한 건 현재일 터이니 말이다.

실제 진정으로 인상 깊었던 건 바로 문답, 특히 '총리에의 질문'(P-MQ, Prime Minister's Questions)이다. 영국의 여느 제도—정치 제도를 포함해—가 그러하듯 수세기에 걸쳐 이어져온 헌법적 관습이다. 의원들이 요구하면 총리와 장관들이 의회에 출석해 답한다. 1881년 이후 총리의 경우엔 시간을 한정했다. 72세이던 윌리엄 글래드스턴을 위한 배려였다고 한다. 윈스턴 처칠 때는 주 2회에 각 15분으로 정했다. 토니 블레어 때 1회 30분으로 조정했다. 지금의 형식이다. 수요일 낮 12시부터 30분 정도 한다. 총리를 상대로 야당 당수와 의원들이 질문을 쏟아낸다.

어떻기에 싶을 터인데 콜로세움을 떠올리면 된다. 검투사들의 생명을 건 결투 말이다. 칼 대신 말로 한다는 점이 차이다. 관중들이 그러하듯 의원들의 야유와 박수, 발 구름이 만들어내는 엄청난 데시벨의 소음이 회의장을 가득 메운다. 평의원들이 벌떡벌떡 일어서기도 한다. 그저 괴성이려니 했는데 실제론 "Hear"(들어)란 외침이란다. 하원의장이 수시로 조용히 하라는 의미로 "Order"(질서)를 외친다. 그 목소리 역시 압도적이어서 필시 의장의 덕목 중 '목청이 남다르게 좋을 것'이란 항목이 있을 것이란 확신이 들 정도다. 이들에 비하면 우리네 국회의원들이 얌전한 축이다.

PMQ 중에서도 하이라이트는 총리와 야당 당수 간의 질의응답이다. 미래 권력을 꿈꾸는 이가 공격하고, 현재 권력이 반격하며 일합을 겨룬다. 야당 당수가 여섯 번까지 발언할 수 있으니 정확하게는 육 합이랄

1834년 하원의 모습. 지금의 모습과 크게 다르지 않다.
차이가 있다면 하원의장이 가발을 쓰지 않는다는 것 정도다.

수 있겠다. 두 사람은 각자 노트 하나만 보며 치고받는다. 장수 간 대결로 승부를 가렸던 중세시대의 전투가 이랬으리라.

PMQ를 꼭대기 관람석에서 두 번 봤다. TV 중계로 볼 때보다 더 시끄러웠고 더 현란했다. 두 권력이 뿜어내는 말의 에너지가 관람석 꼭대기에까지 전달될 정도였다. 저런 것까지 묻나 싶은 것도 물었고 저런 걸 다 알고 있나 싶은 것까지 답했다. 비교평가도 가능했다. 둘 다 열심히 안 할 도리가 없겠다 싶었다.

총리로선 웬만하면 피하고 싶겠지만 그럴 수 없다. 의회가 열리는 회기 중엔 매주 열린다. 특별한 이유가 없는 한이다. 그 '특별한'이란 게 우리 통념에 비춰보면 대단히 특별한 듯했다. 2015년 시진핑 중국 국가주석의 영국 국빈방문은 엘리자베스 2세 등 왕실 가족까지 총출동했을 정도로 영국 정부가 공들인 행사였다. 그럼에도 양국 정상회담이 PMQ 이후로 잡혔다. 캐머런 총리는 당일 30개의 질문을 받았다. 제러미 코빈 노동당 당수도, 의원들도 집요했다. 한 야당 의원이 총리를 향해 고함을 치자 하원의장이 "신사답게 행동해라. 진정해라. 그마저도 안 되면 안정제를 먹어라"고 타박을 줄 정도였다.

캐머런 총리는 바로 전날에도 유럽 정상들과의 회의 결과를 보고하느라 하원 회의장에 섰다. 코빈 당수가 "마지막으로"란 말을 하자 보수당 석에서 "만세"란 고함이 터져 나올 정도로, 역시 긴 주장과 질문이 뒤섞인 발언을 했다. 얼추 십여 개의 사안에 대해 물은 듯했다. 주제와 동떨어졌다고 여길 수도 있는 "중국산 철강 때문에 영국 철강 회사들이 문을 닫거나 노동자를 해고하는 현실을 타개할 대책이 있는가"란 질문도 포함해서다. 이후에도 문답이 이어졌다. 코빈을 빼고도 52명의 의원이 질문을 했다. 절반 이상이 야당 의원들이었다. 약 한 시간 동안 총리는 일어났다 앉았다를 반복했다. 답할 땐 서서, 들을 땐 앉기 때문이다. 그사이 '쪽지'는커녕 귀엣말하는 이도 없었다. 오로지 자신의 메모와 기억에 의지해 답했다. 지력도 체력도 남달라야 했다.

짐작하겠지만 국회에서 발언할 주제에 제한이 있는 것도 아니다. 언젠가 캐머런 총리가 의회에서 IS의 대원인 영국인을 드론으로 사살하도록 명령했다고 공개한 일도 있다. 엘리자베스 2세 등이 참석한 행사에서 폭탄을 터뜨리려 한 혐의를 받는 이였다고 했다. 국가안보회의에서 검토했는데 제지할 다른 방도가 없었다고 해명했다. 미국과 달리 영국은 제2차 세계대전 이후엔 전시가 아닌 평시에 자국민을 살해한 적은 없다. 영국은 자국민이 어떠한 잘못을 했더라도 재판을 거쳐 징계하는 걸 기본으로 삼았다. IS와의 전쟁이란 명분 아래 그게 무너진 게다. 영국 사회에서 논란이 벌어질 수밖에 없었다. 캐머런 총리 나름으로 자초지종을 설명했다. 그러곤 주어를 당국, 정부에서 '나'로 바꾸곤 이렇게 말했다. "우리의 거리에서 테러가 벌어진 후 여기에 서서 막을 수 있었고 막을 기회도 있었는데 그걸 왜 살리지 못했는지 해명할 준비가 나는 돼 있지 않다." 최악을 상정할 만큼 홀로 고뇌했다는 얘기다. 국민뿐 아니라 역사 앞에서도 책임져야 하는 정상으로서의 숙명이 느껴지는 대목이었다.

우리는 권력 있는 사람일수록 대중 앞에서 말을 안 해도 되는 특권을 누린다. 말을 하더라도 사람들이 궁금해하는 것에 대해서가 아니라 자신이 하고 싶은 말을 한다. 그마저도 대리인을 내세울 때가 많다. 육성(肉聲)이 있어야 할 자리를 무언(無言) 또는 전언(傳言)이 대신하곤 한다. 'ㅇㅇㅇ 측' 말이다.

영국에서도 대의민주주의 위기란 우려가 나온다. 브렉시트가 그 예다. 정치인들도 불신을 받는다. 영국이나 한국이나 싶을 때도 많다.

PMQ가 정치 연극에 불과할 뿐이라고 비판하는 이들도 많다. 대화의 장이 아닌, 주장을 극적으로 전달하는 기예의 장이란 견해다. 지나치게 대결적, 혹자에 따라선 적대적이라고도 여긴다. 여야가 마주 보는 공간 배치 때문일 것이란 의견도 있어 스코틀랜드에선 1999년 자치 의회 건물을 지으면서 의석을 우리와 비슷한 방사형으로 배치하기도 했다. 잉글랜드와 달리 합의를 추구하겠다는 취지다. 그렇다고 더 낫다고 말할 순 있는 건 아닌 듯하지만 말이다.

그렇더라도 PMQ의 본질 자체인 '센 사람일수록 국민 앞에서, 또 국민을 대표하는 의원들 앞에서 설명할 의무가 있다'는 정신은 인상적이었다. 질문을 받는 게 시혜가 아니었다. 의당 해야 할 일이었다. 이 제도를 '총리 답변'이 아닌 '총리 질문'이라고 하는 까닭일 게다.

택시 타는 하원의장

영국 의회인 웨스트민스터 궁에서 걸음을 뗀다. 아이러니한 공간이다.

바로 옆인 웨스트민스터 사원은 영국 왕들이 대관식을 치르는 곳이자 또 숨진 후 묻히는 곳이다. 중요 인물들의 영면처다. 영국 혼이란 게 있어 어딘가에 머문다면 바로 여기일 것이란 기운이 느껴지는 곳이기도 하다.

그런데도 웨스트민스터 궁 뜰엔 찰스 1세를 참수하고 영국 역사상 유일한 공화국 시기를 이끈 올리버 크롬웰(Oliver Cromwell, 1599~1658)의 동상이 우뚝 서 있다. 사실 '크롬웰=찰스 1세 참수'라고 말하기엔 논란이 없는 건 아니다. 그의 치세에 벌어진 일이라곤 하나 의회가 의결하는 형식이었다. 그는 더욱이 왕이 되어달라는 요구를 뿌리치고 '호국경'(Lord Protector)으로 남았다.

돌아온 왕은 그러나 크롬웰을 용서하지 않았다. 웨스트민스터 사원에 묻힌 그의 시신을 꺼내 참수했다. 말 그대로 부관참시였다. 사원 그 자리엔 '크롬웰이 묻혔던 곳'이란 판돌만 남겼다.

　　점차 군주의 힘이 빠지고 의회의 발언권이 세지면서 의회 내에 크롬웰의 동상을 세워야 한다는 주장이 제기됐고 마침내 19세기에 성공했다. 지금 우리가 보는 거다. 사실 웨스트민스터 사원에 서서 웨스트민스터 궁을 봤을 때 동상이 하나 더 보인다. 중세 절대왕권의 상징이자 십자군 원정의 영웅인 사자심왕(King of the Lionheart) 리처드 1세(1157~1199)의 기마상이다. 크롬웰과 사자심왕, 기이한 대비다.

　　곧 지나치게 되는 의회광장에서 마주하는 동상들에서도 모순을 느낀다. 윈스턴 처칠은 제2차 세계대전 발발 전까지 전쟁광으로 여겨졌다. 곧 세계를 구한 영웅으로 추앙받지만 종전 직후 선거에서 내동댕이쳐진

브렉시트 국민투표 후 의회광장에 모인 시민들.
영국의 EU 잔류를 주장하는 이들. 처칠 동상이 보인다.

다. 제1차 세계대전 당시 총리였던 데이비드 로이드조지는 자유당 정치인으로 정점에 선 인물이자 당의 몰락을 재촉한 이다. 남아공의 건국의 아버지 격에 해당하는 얀 스뮈츠는 영국에 맞서 남아공의 독립을 이뤄냈지만 제2차 세계대전 중엔 영국과 함께 자유세계를 지켜냈다. 대영제국은 해체했지만 영연방을 탄생시켰다.

계속 걸으면 찰스 1세(1600~1649)가 처형된 건물이 나온다. 당시 왕궁(화이트 홀) 중 유일하게 현존하는 부분이다. 지금은 일종의 정부 청사다. 그 맞은편이 다우닝 가, 현재 권력의 거처인 총리 관저다.

이런저런 상념 속에서도 발길을 재촉하는 이유는 하나. 존 버커우 하원의장 때문이다. 그가 택시비로 172파운드를 냈다는 길을 따라 걸었다. 장거리겠다고? 1km 남짓이다. 영국의 살인적 물가 탓이겠다고? 금(金)물을 연료로 쓰는 것도 아닌데, 일반 택시론 대충 1만 2000원 정도다. 버커우 의장은 고급차를 빌렸다. 그는 런던 외곽의 루턴공항을 갈 때도 67만원을 지불했다.

'영국도 별수 없구나' 하고 지레 단정할 수도 있으나 뭔가 걸린다. 하원의장이 공무임에도 택시를 타야 하는 현실 말이다. 국회의원들이 국회 본관에서 의원회관으로 200m 이동하는 데도 기사가 딸린 차량을 이용하곤 하는 우리네로선 인지부조화다.

결론부터 얘기하면 영국의 의원(장관이 아닌 경우)들에겐 차량 지원이 없다. 운전을 전담하는 비서도 사실상 없다. 의원은 물론이고 의장도 마찬가지다. 총리 관저-정부-의회가 밀집한 덕에 주로 걷거나 자전거를 이용한다. 이 덕분에 인근에 있는 세인트 제임스 파크 인근을 걷다보면 운 좋게 정부 각료를 만날 수도 있다. 일반 의원은 오후 7시 30분 넘어 회의가 끝났다고 입증해야 택시비를 받을 수 있다.

의원에 대한 지원 규정 중 교통비만 빡빡한 게 아니다. 의원 연봉이 우리와 같은 1억 원대라지만 영국의 소득수준을 감안하면 박하다고 할 수 있다. 런던의 물가가 살인적이라 런던이 지역구인 의원들에겐 더 주긴 한다. 장관을 겸한 의원들에게는 추가 혜택도 있다. 그렇더라도 우리와 비교해 결코 많다고 보기 어려운 액수다.

의원들이 650명으로 우리네(300명)보다 많다곤 해도 여당 의원의 상당수가 내각에, 또 야당 의원의 상당수가 내각을 감시하는 예비내각(shadow cabinet)에 참여해 일을 덜 할 리 만무한데도 보좌진 인건비 총액은 2억 원에 불과하다. 우리는 7000만 원대부터 2000만 원대까지 9명을 두고 여기에 인턴 2명까지 더 있다.

상원의원들에겐 기본급이란 개념조차 없다. 회의를 하게 되면 그에 따른 회의 수당을 줄 뿐이다. 최대가 300파운드다. 한 상원의원을 의회 밖에서 만나려 했더니 만남 장소까지 이동하는 택시비를 내달라고 했다. 편도 10파운드 정도였다.

이네들이 근무하는 공간에서도 비슷한 감정을 느끼게 된다. 웨스트민스터 궁의 화려한 외양에 탄복하기 십상이다. 그러나 속사정은 다르다. "웨스트민스터 궁전을 대폭 수리하지 않으면 20년 이내에 궁전을 버려야 할지 모른다"고들 말한다.

웨스트민스터 궁 중 대개 방문객이 먼저 거치는 곳인 웨스트민스터 홀은 900년이 넘었다. 헨리 8세(1491~1547)가 테니스를 쳤던 곳이라고 한다. 하지만 대다수의 건물은 1850년대 전후 지어졌다. 1834년 화재로 올드 팰리스로 불리던 의회 건물 대부분이 불에 타서다. 《BBC》는

"빅토리아 여왕 시대에 다시 지을 때 외국인들에게 깊은 인상을 주겠다는 의도로 설계됐다"고 설명했다. 그러나 그 후 대대적인 보수 공사를 한 적이 없다.

설립자들로선 예상치 못한 동거자들도 있으니 쥐다. "푸딩을 먹는데 쥐가 지나갔다"고 말하는 의원들도 많다. 외벽이 허물어져 내리고 곳곳에서 물이 새니 해충도 적지 않다. 문제는 30억 파운드로 추정되는 보수비용이다. 의회로선 발을 동동 구르고 있다.

이에 비해 우리 국회의 외관은 화려하기 그지없다. 1975년 본관이 준공됐고 이후엔 의원회관과 의회도서관, 여기에 국회방송 건물이 줄줄이 지어졌다. 그리고 환경 관리 명목에서 소소한 시설들도 끊임없이 들어선다.

걷기 시작한 지 15분. 버커우 의장의 172파운드 목적지에 도착했다. 국회의원 욕하는 게 국민적 스포츠인 우리나라가 의도했든 안 했든 국회의원을 후하게 대접하고 있다는 생각이 든다. 감시도 덜 하고 말이다. 아이러니다.

파워 1위가 총리가 아닌
재무장관

2014년 런던에서 발간되는 석간신문인 《이브닝 스탠다드》가 발표한 '런던 파워 리스트 1000'이다. 한마디로 힘센 사람 순이다. 길지만 20위까지 인용한다.

1. 조지 오스본(재무장관)

2. 보리스 존슨(런던 시장)

3. 데미스 하사비스('딥 마인드' 설립자)

4. 아말 클루니(변호사)

5. 마크 카니(영란은행장)

6. 테리사 메이(내무장관)

7. 해리 왕자

8. 폴 너스 경(노벨상 수상자 겸 '프란시스 크릭' 연구소 소장)

9. 빅토리아 베컴(디자이너 겸 UN 친선대사)

10. 데이비드 캐머런(총리)

11. 피터 헨디 경(런던교통청 청장)

12. 말랄라 유사프자이(노벨 평화상 수상자)

13. 에드 밀리밴드(노동당 당수)

14. 니콜라스 세로타(영국 테이트 미술관장)

15. 안데르 발라즈(호텔리어 겸 레스토랑 '칠튼 소방소' 소유주)

16. 케이트 부시(가수)

17. 호세 무리뉴(첼시 FC 감독)

18. 스티븐 호킹(과학자)

19. 버나드 호건-하우(런던경찰청장)

20. 베네딕트 컴버배치(배우)

일단 다채로움에 눈길이 갈 수 있다. 정·경·사에 예술·체육 분야까지 아우른다. 알파고로 세계적 화제가 되기 전인데도 딥 마인드의 하사비스가 3위에 올랐다. 딥 마인드가 구글에 6억 5000만 달러에 인수된 직후여서였을 게다. 그 무렵 조지 클루니와 결혼하면서 유명세를 탄 인권변호사 아말 클루니와, 한때 가수였다가 축구선수의 아내로 널리 알려졌고 이젠 패션 디자이너로 성가를 올리고 있는 빅토리아 베컴도 보인다. 셜록 홈즈와 앨런 튜링, 닥터 스트레인지 등 괴팍한 인물을 연기하면서 세계적 인기를 누리는 배우 베네딕트 컴버배치도 20위에 올랐다.

명단을 쭉 훑은 후엔 뭔가 생경하다는 느낌을 받을 수도 있다. 정작 정부 수반인 총리가 10위에 올라서다. 야당인 노동당 당수인 에드 밀리밴드도 13위였다.

대신 1위는 조지 오스본 재무장관이다. 유럽 주요 국가들과 달리 영국의 경제를 순항토록 했고 런던을 좀 더 세계적인 도시로 끌어올렸다는 평가와 함께였다. 2017년 현재 총리인 테리사 메이도, 외무장관인 보리스 존슨도 상위권이다.

물론 런던에서 발간되는 신문이 런던을 판단 기준으로 삼아 정한 명단이긴 하다. 그래도 장관이 누군지 모를 뿐 아니라 몰라도 무방할 정도로 존재감이 미약한 우리와는 큰 차이다.

우린 어디에서건 대통령 홀로 두드러진다. 대통령 역점 사업은 물론, 일반 정책, 심지어 실·국장 인사에서도 대통령의 그림자가 어른거린다. '박근혜-최순실 사태'는 대통령이 마음만 먹으면 어느 선까지 좌지우지할 수 있는지 보여줬다. 상상 이상이다.

영국 정치는 다르다. 테리사 메이 총리가 강한 내각 장악력을 발휘하던 시기에도 장관들은 각자 영역을 지켰다. 굵직한 결정은 총리가 내리지만 구체적 방향은 장관들이 잡는다. 내각에 참여한 이들끼리 열띤 토론도 벌어지곤 한다. 한 가지 '족쇄' 장치가 있긴 한데 내각이 내린 결정에 대해선 내각 구성원이 공개적으로 이견을 달 수 없다는 것 정도다 (cabinet collective responsibility). 엄밀하게 보면 총리도 주말마다 유권자들과 만나야 하는 지역구 의원 중 한 명이긴 하다.

그 한 사례가 예산이다. 영국에선 재무장관의 이름을 붙여서 '○○○ 예산'이라고 부르곤 한다. 필립 해먼드 재무장관이면 '해먼드 예산'이라고 한다. 그만큼 재무장관이 예산 편성을 주도한다는 의미다. 다른 정책도 비슷하다. 캐머런 정부 당시 메이 내무장관이 이민 정책을 쥐락펴락했다.

이럴 수 있는 게 장관들도 일종의 '베테랑'들이어서다. 내각제다보니 의원들이 여든 야든 정책을 들여다보고 관여할 기회가 많다. 여당에서 장관·부장관 등의 정부직, 그리고 당직을 맡고 있는 의원이 100여 명이 넘는다. 제1 야당도 예비내각을 꾸리니 비슷한 규모다. 이른바 '프런트 벤처'(frontbencher)[1]들이다. 적어도 전체 의원(650명)의 상당수가 어떤 자리인가는 맡고 있다는 얘기다. 능력을 인정받으면 평의원에서 프런트 벤처로, 또 프런트 벤처 안에서도 부장관에서 장관으로, 또 중요 부처 장관으로 올라선다.

이 과정에서 자연스럽게 리더십을 쌓게 된다. 누가 차기 후계자란 공감대가 형성된다. 캐머런 총리 때엔 권력이 성성할 때인데도 후계 경쟁 구도를 허용했다. 2015년 집권여당인 보수당의 전당대회에선 차기 주자들이 자기 색깔을 드러내는 일도 벌어졌다. 메이 내무장관은 엄격한 이민 정책을 펴겠다고 했다. 조지 오스본 재무장관은 "우린 건설자"라고 외쳤다. 낙후된 사회간접자본(SOC)을 증설하겠다는 얘기였다. 또 "우리 당이야말로 노동자를 위한 유일한 정당"이란 말도 했다. 정치 평론가들이 "보수당 전당대회가 차기 리더십을 위한 '미인대회' 같다"고 평할 정도였다. 보수당의 현재뿐 아니라 미래까지 보여준 게다.

이듬해 브렉시트 국민투표 이후, 브렉시트 자체에 반대했던 캐머

----

[1] 회의장 안에서 총리(야당 당수)와 함께 맨 앞줄에 앉는데서 유래했다. 재무·내무·외무 등 중요 장관들이다. 뒷줄에 앉는 의원들은 '백 벤처'(backbencher)라고 부른다. 당직이나 정부직 (또는 예비내각)에 참여하지 않는 평의원들이다.

런 총리가 책임을 지고 물러났지만 보수당은 채 20일도 안 돼 새 총리를 뽑을 수 있었다. 바로 3인의 후보군 중 한 명인 메이가 후임이었다.

지도자의 부상에 시간이 걸리는 만큼 지도자의 수명도 길다. 노동당이 본격적으로 집권한 1945년 이후 보수당·노동당의 양당 체제가 공고했는데, 당수 재임 기간은 최소 3~4년이고 길면 수십 년인 경우도 있다. '의원내각제는 불안정한 정치 체제'라는 우리네 통념과는 거리가 있는 수치다. 총선에서 지더라도 당수직을 유지하기도 한다. 3선(選) 총리인 마거릿 대처의 집권기는 노동당엔 닐 키녹의 시대이기도 했다. 그만큼 안정적이며 예측 가능한 정치다.

이에 비해 우리는 늘 정치를 바꿔줄 새 인물을 갈구하고 일단 가능성을 보고 뽑는다. 그러곤 첫날부터 잘하길 바란다. 못하면 언제든 갈아치운다. 이력에 '대표'라고 새긴 이는 기하급수적으로 느는데 정작 지도자급 인물은 그에 반비례해 희귀해져간다. 우리가 새 인물이라고 기용했다가 갈아치우길 반복할 정도로 인물 또는 지도자급이 많이 태어나는 것도 아닌데 말이다.

~~~~~~~~~~~~~~~~

하원 입구를 지키는 두 인물
: 로이드조지와 처칠

영국 하원 회의장으로 향하는 로비 양쪽엔 두 인물의 동상이 있다. 동상 발끝이 만질만질한데 의원들이 회의장을 들락날락할 때마다 그 부위를 쓰다듬곤 해서다. 행운을 바라는 차원이라고 한다. 의원들에게 기복(祈福)의 대상일 정도로 괜찮은 인물들이다.

바로 데이비드 로이드조지(1863~1945)와 윈스턴 처칠(1874~1965)이다. 각각 제1, 2차 세계대전을 승리로 이끈 총리들이다. 둘 다 카리스마 넘치는 거인이었다. 하지만 참으로 다른 이였다.

로이드조지는 웨일스 출신이다. 모국어가 웨일스어다. 영어가 제2 언어였다는 얘기다. 능수능란한 정치력으로 '웨일스에서 온 마법사'로 불렸다. 지금껏 웨일스 출신의 유일한 총리다.

출신 지역만 색달랐던 게 아니다. 성장 배경도 그렇다. 로이드조지는 교사였던 부친의 요절로 구두수선공인 삼촌 아래에서 컸다. 어려운 살림살이였다. 사실상 아버지였던 삼촌은 그에게 법학을 공부하도록, 그래서 종국엔 정치인이 되도록 이끌었다. 원래 데이비드 조지였던 그가 존경의 마음을 담아 삼촌의 성(로이드)을 자신의 성에 추가한 이유다.[2]

그는 영국 제국주의 역사에서 분수령이 된 보어전쟁[3]을 강력하게 비판하면서 주목을 받았다. 버락 오바마 미국 대통령이 이라크전쟁에 대해 "바보 전쟁"(dumb war)이라고 각을 세우며 정치인으로서 존재감을 드러낸 것과 유사했다.

자유당 소속의 자유주의자인 그는 재무장관으로 영국을 현대화하는 조치들을 취했다. 대표적인 게 복지였다. 이를 위해 부자 증세를 했다. 이 과정에서 귀족들로 이뤄진 상원과 갈등했는데 1909년 인민 예산(People's Budget)을 계기로 상원에 대한 하원의 우위권을 확립했다.

그에겐 허버트 애스퀴스란 강력한 당내 경쟁자가 있었다. "애스퀴스 하의 자유당은 새로움을 보여줄 수 없었고 변화를 이끌 수 있었던 로이드조지는 자유당의 주류로부터 소외돼 있었다"[4]는 평가였다.

제1차 세계대전이 발발하자 그는 몇 주간 침묵했다. 그러다 "자유를 위해 끝까지 싸워야 한다"는 결론에 도달했고 참전을 지지했다. 전쟁에 부정적이었던 그의 가세로, 영국인들에겐 '정당한 전쟁'이란 인식이

---

② 데이비드 로이드조지의 영문은 David Lloyd George다. Lloyd와 George가 떨어져 있음에도 성으로 인정하고 있다. 한글론 붙여 쓴다.

③ 1899년에 영국이 금이나 다이아몬드를 차지하기 위해 남아프리카에 보어인이 건설한 트란스발공화국과 오렌지자유국에 침략해 벌인 전쟁.

④ 강원택의 『정당은 어떻게 몰락하나?: 영국 자유당의 역사』.

심어졌다. 막대한 인명 피해를 낳은 전쟁을 견디는 힘을 준 셈이었다. 그 자신은 재무장관 –군수장관 –전쟁장관을 거쳐 1916년 총리가 됐다. 놀라울 정도의 효율성으로 전쟁을 승리로 이끌었다.

그러나 결국 애스퀴스의 자유당과 결별하고 무소속인 채 보수당과 정부를 구성했으나 끝내 보수당으로부터도 버림받았다. 1922년 총리직에서 물러난 이래 다시 그 자리로 올라서지 못했다.

그는 도덕적으로는 논란이 많은 인물이었다. 선거 자금을 만드는 과정에서 늘 구설에 올랐다.[5] 비서와 사실상 중혼(重婚) 관계였다. 여성 편력도 심했다. 당시 "로이드조지가 남편을 안다. 그리고 아내도 안다"는 비아냥조 노래가 유행했다.

로이드조지가 전쟁을 꺼려했고, 마지못해 전시 총리가 됐다면 처칠은 달랐다. 전쟁을 싫어하지 않는 인물이었다. 제1차 세계대전 후 전쟁을 꺼려하던 사회 분위기 속에서도 처칠은 끊임없이 전쟁 가능성을 경고했기에 오히려 '전쟁광'으로 불리곤 했다.

출신도 하늘과 땅 차이였다. 처칠은 로이드조지와 달리 명문가의 후손이다. 옥스퍼드대학교 인근에 있는 블레넘 궁에서 태어났다. 왕족, 종교 지도자들이 거주하는 건물이 아닌데도 궁(palace)이란 호칭이 붙은 드문 곳 중 하나다.

1815년 유럽을 휩쓸던 나폴레옹의 거센 기세를 패퇴시킨 게 웰링턴 공작의 워털루전쟁이었다면 그보다 한 세기에 앞서 유럽 질서를 결

----

[5] 로이드조지는 공직을 제공하는 대가로 기부를 받아 자신의 정치 기금인 로이드조지 기금을 모았다. 1922년 총리직을 물러난 게 귀족과 기사 작위를 팔았다는 스캔들 때문이었다.

블레넘 궁의 한 침실. 처칠 초상화가 보인다.
처칠의 모친이 블레넘 궁을 방문했다가 이 방에서 그를 조산(早産)했다.

정한 전쟁이 말버러 공작[6]의 블레넘전쟁이었다. 당시 존 처칠 장군이 1
대 공작이 됐다. 윈스턴 처칠은 7대 공작의 손자다. 윈스턴 처칠의 아버
지는 촉망받는 보수당의 지도자였던 랜돌프 처칠이었다.

윈스턴 처칠의 성장기가 행복했다는 뜻은 아니다. 처칠은 늦된 아
이였다. 말도 더듬곤 했다. 46세에 요절한 부친은 아들이 부족하다고 여
겼고 늘 엄격했다. 뉴욕 출신의 어머니는 사교 활동으로 바빴다. 처칠은
영국 지배층의 자제라면 의당 가야 할 옥스퍼드대학교나 케임브리지대
학교에 진학하지도 못했다.

처칠은 그러나 역사서를 탐독했고 영국 정치인들의 위대한 연설을

------

[6] Marlborough인데 대개 영어사전들이 '말버러'로 표기한다. 현지인들은 '몰버러'에 가까운
소리를 낸다.

면밀히 공부했다. 신문기자를 거쳐 정계에 입문한 이후엔 곧 두각을 나타냈다. 제1차 세계대전 때 해군성·군수장관을 지냈다.

제1차 세계대전과 제2차 세계대전 사이의 전간기(戰間期)는 그로선 침체기였다. 홀로 독일 히틀러의 부상(浮上)을 우려했고 전쟁 가능성을 제기했다. 《BBC》 방송이 그의 주장을 의도적으로 보도하지 않았다는 말이 나올 정도로, 당시 언론과 껄끄러웠고 여론과 동떨어져 있었다. 그 무렵 그의 인생은 실패한 것처럼 보였다.

하지만 1940년 급변했다. 그의 오랜 경고대로 히틀러가 주변국을 침공했다. 전시 내각을 이끌 만한 능력과 명분을 지닌 인물은 처칠밖에 없었다. 그의 나이 66세였다. 제2차 세계대전 상당 기간 자유세계 지도자론 유일하게 히틀러에 맞섰다. 국민들 중에선 영연방만 싸웠다. 영국인들이 '가장 좋은 시간'이라고 즐겨 말하는 시기다. 1945년 나치의 항복 선언 이후 황홀감과 성취감, 안도감이 영국인들을 사로잡았을 때 그가 영웅으로 떠오른 건 당연했다.

처칠은 그러나 곧 내동댕이쳐졌다. 그해 총선에서 그가 당수로 있던 보수당이 197석(이전 386석)을 얻으며 참패했다. 총리직을 내놓아야 했다. 국민들로선 전쟁 승리는 승리일 뿐, 변화가 필요하다고 느꼈던 게다. 냉철한 판단이었다.

결과가 나온 당일 밤 처칠이 비서에게 했다는 말이다. "더 이상 나를 생각해선 안 되네. 이젠 (새로 총리가 된 노동당 당수인) 애틀리가 원하는 대로 해야 해. 그에게 가보게." 그의 주변에선 "국민이 배은망덕하다"는 투덜거림이 나왔다. 처칠은 이렇게 대답했다. "아니, 그렇지 않네. 다들 정말 어려운 시기를 보냈어."

역사가들은 이 둘을 놓고 20세기에 누가 더 위대한 총리인가 논란을 벌이곤 한다. '그레이트 워'(The Great War)[7]로 불린 제1차 세계대전의 기억이 뚜렷했을 때 로이드조지는 확고했다. 하지만 점차 세월이 흐를수록 로이드조지에 대한 관심도는 덜해지는 추세다. 반면 처칠의 명성은 견고하다. 런던으로부터 자동차로 한 시간여 거리에 있는, 처칠이 말년을 보낸 집인 차트웰(Chartwell)엔 지금도 방문객이 줄을 잇는다. 더 쓸 전기(傳記)가 있나 싶은데도 계속 처칠에 대한 서적이 발간되기도 한다.

이런 추세를 두고 로이드조지의 후손이자 유명 방송인인 댄 스노는 "결국 전쟁을 통해 평화를 만들어냈느냐, 아니냐의 차이일 것"이라고 해석했다. 실제 제1차 세계대전 종전 이후 20여 년 만에 유럽은 다시 화마에 휩싸였다. 제2차 세계대전 후엔 지금껏 유럽에서 큰 전쟁은 사라졌다. 적어도 서유럽 국가들끼리 전쟁을 벌인다는 건 상상하기 어려운 일이 됐다. 그러고 보면 지도자란 모름지기 당대뿐 아니라 후대의 일도 그의 공과로 기록되는 무한 책임의 자리다.

참고로 둘은 함께 일한 적이 있다. 처칠에겐 11년 연장자인 로이드조지가 '큰 인물'이었다. 로이드조지가 한창 급진적 개혁을 추진할 때 처칠은 그의 신봉자였다. 처칠이 다다넬스 작전의 실패로 해군성에서 물

---

[7] 당대인들이 제1차 세계대전을 부른 별칭이다. 인명피해가 이전의 어떤 전쟁보다 막대한 규모였기 때문이다. 5900만 명의 병력이 동원됐고 800만 명 이상이 숨졌으며 2900만 명이 부상을 당했다. 대부분 청년들이었다. 이로 인해 서구는 정치·경제·사회·문화 전반에서 격변을 겪었다. 사실 전 지구적 전쟁이었다는 점에서 제2차 세계대전의 규모가 더 컸다. 하지만 유럽인 희생자는 제1차 세계대전 때가 더 컸다. 그레이트 워라는 말이 여전히 통용되는 이유다.

의회광장에 우뚝 선 데이비드 로이드조지(왼쪽)와 윈스턴 처칠(오른쪽)의 동상.

러났을 때 그를 내각으로 불러들인 이가 로이드조지였다.

둘 사이가 늘 좋았던 건 아니다. 그러기엔 자기애가 강한 사람들이었다. 로이드조지는 독일에 유화적인 데 비해 처칠은 강경했다. 그럼에도 1938년 로이드조지가 처칠과의 관계에 대해 "영국 정치사에서 가장 오랜 우정"이라고 비유했듯, 실제로 우정이랄 만한 게 있다. 처칠은 어떻게 표현했을 것 같은가. "주종 관계인데 내가 종"이라고 했다.

둘은 의회광장에도 나란히 있다. 모두 '동상이라면 이런 모습일 것'이란 통념을 깨는 자세다. 한 명은 팔을 벌린 채 내딛는 모습이고 한 명은 구부정한 모습이다. 각각 로이드조지와 처칠이다. 《타임스》가 2016년 역대 총리 순위를 매겼는데 역시 처칠과 로이드조지가 나란히 1, 2위를 했다. 떼려야 뗄 수 없다.

지도자의 유머

30여 분에 대한 기술(記述)이다. 11년간 영국 보수당을 그나마 인간적인 정당으로 바꾸고 영국을 나름 잘 이끌었다는 평가를 받았으나 선택 하나를 잘못하는 바람에 그 모든 걸 잃을 위기에 처한 인물의 '최후'다. 바로 데이비드 캐머런 총리다. 2016년 브렉시트 안건을 국민투표에 부쳤고 EU 잔류를 주장했다가 패한 직후 총리를 내놓았다. 같은 해 7월 캐머런이 182번째이자 총리로서 마지막인 총리에의 질문을 했다. 후임 총리가 테리사 메이로 정해진 다음이었다.

하원 회의장은 빼곡했다. 그의 마지막 모습을 보려는 시선들로 반짝였다. 호기심이었을 게다. 평소처럼 논박이 이어졌다. 달랐다면 더 웃겼고 이례적으로 덕담이 오갔다는 점 정도다.

일단 캐머런 당시 총리가 그간의 업적이랄 만한 걸 나열했다. 그리고 제러미 코빈 노동당 당수와의 문답이 이어졌다.

코빈: 업적은 말뿐이고 실지로 정책 집행은 늦었다.

캐머런: 우리가 늦었다고? 최근 몇 주를 봐라. 우린 사퇴·지명·경선에 대관식(테리사 메이 총리 결정)까지 끝냈다. (코빈파와 반코빈파가 내전 중인) 노동당은 경선 룰도 못 정했다. 너희는 설령 집권해도 누가 어디에 앉을지 정하는 데만 몇 년 걸릴 게다.

코빈: (그럴 수 있는) 민주주의가 멋진 제도다. 난 매 순간을 즐기고 있다.

캐머런: 여성 총리에 관한 한 (우리가) 2대 0이다. 너흰 기미도 없는데.

보수당에선 마거릿 대처에 이어 테리사 메이 총리까지 나온 데 비해 노동당에선 여성 총리는 고사하고 여성 당수(권한대행은 제외)도 안 나온 현실도 꼬집은 게다. 그렇더라도 늘 심각한 표정인 데다 당내 반란으로 괴로웠던 코빈도 이날만큼은 어깨를 들썩이며 웃었다.

캐머런은 자신에게 질문을 던진 보수당의 괴짜 원로에겐 이같이 말했다. "그가 재무장관이 되자 제일 먼저 한 일이 자문역이었던 나를 해고한 거였다. 총리로서 내가 처음 한 일은 그를 내각에 참여시킨 거다. 자랑스럽다. 사실 보수당의 현대화를 위해 애썼는데 그가 휴대전화를 쓰도록 하는 데까진 이르지 못했다."

그는 지정된 30분이 넘어가자 소회를 털어놓았다. "이곳의 고함도, 가시 돋친 야당의 비판도 그리울 게다. 우린 어쩌면 지도자들을 심하게 대하는지 모른다. 다른 나라보다 더. 그러나 그럴 수 있는 걸 자랑스러워해야 한다." 캐머런은 마지막으론 경쾌하게 이같이 던졌다.

"I was the future once." (나도 한때 미래였다)

2005년 12월, 8년째 야당이던 보수당의 당수가 된 뒤 첫 PMQ에서 그가 토니 블레어 당시 총리에게 했던 비판인 "당신도 한때 미래였다"를 11년 만에, 그것도 불명예 퇴진하는 자신에게 되돌린 '자해성' 농담이었다. 한물간 인물이란 얘기를 스스로에게도 한 게다. 순간 회의장엔 더 큰 웃음이 터졌고 기립박수가 이어졌다.

2016년 7월 데이비드 캐머런 총리의 마지막 총리에의 질문. 웃음과 뭉클함이 교차한 30분이었다(유튜브 캡처).

모든 정치인은 종국엔 실패한다. 떼밀리어 떠난다. 상실감과 회한, 때론 배반감에 사로잡히곤 한다. 캐머런은 더할 수도 있다. 그의 묘비명은 '브렉시트'가 될 터다. 그럼에도 그는 외면적으론 지도자다움을 유지했다. 품위도, 유머도 잃지 않았다.

그러고 보면 정치인들에겐 특히 유머가 중요하다. 필수덕목으로 여겨진다. 유력 지도자 중에 위트 있는 인물이 적지 않다.

영국인들이 가장 존경하는 인물로 꼽곤 하는 윈스턴 처칠은 달인 반열이라고 할 수 있다. 히틀러에 맞서는 유일한 서구 국가일 때도 그는 농담 던지기를 즐겼다. 영국인들이 낙천성을 잃지 않은 데 그의 리더십이 주효했음은 물론이다. 그의 유머를 엄선한 책들이 지금도 팔릴 정도다.

대표적인 몇 가지를 소개한다. 제2차 세계대전 중이던 1940년 노르웨이 파병을 앞둔 영국 해병대를 위해 방한용 총구 보호대를 만들기로 했다. 제작은 콘돔 업체가 맡았다. 처칠은 시제품이 담긴 상자들을 보곤 연신 "이대론 안 되겠어"라고 중얼거렸다. 참모가 의아해하니 처칠이 설명했다. "라벨 말이야. 상자마다 '영국인. 사이즈: 중'이라고 써야 해. 나치가 보면 알겠지. 누가 지배민족인지 말이야."

유사한 것 중엔 이런 것도 있다. 제2차 세계대전 종전 이후 총선 패배로 총리 자리에서 내려왔을 때의 일이다. 그가 화장실에서 소변을 보던 중 노동당 당수이자 새 총리인 클레멘트 애틀리가 들어섰다. 처칠이 움찔했다. 애틀리가 왜 그러냐고 물었더니 처칠의 답이 이랬다. "당신은 뭐든지 큰 것만 보면 국유화를 하자고 해서, 혹시 내 것을 보고 국유화하자고 할까 봐 겁이 난다." 노동당의 국유화 공약을 유머의 소재로 삼은 게다.

1900년 유세 중엔 이런 일이 있었다. "당신에게 투표하라고? 차라리 악마에게 하겠다"며 질색하는 유권자에게 처칠이 넌지시 말했다. "당신 친구(악마)가 출마하지 않으면 나를 지지해 줄 거죠?"

처칠은 신랄하기도 했다. 자유당으로 당적을 옮겼을 적에 한때 동료였던 보수당 의원들을 향해 "모두 존경할 만한 신사들이야. 소신을 위해 희생할 태세가 돼 있지. 물론 소신은 없어. 진실을 위해 죽을 각오도

돼 있어. 진실이 뭔지 모를 뿐이지"라고 했다.

때론 '자기비하'적이었다. 1940년 "해변·들판·거리 등에서 싸우겠다"는 취지의 항전 연설을 하는 도중 박수가 터지자 옆 사람에게 "비록 들고 싸울 게 깨진 맥주병뿐이겠지만"이라고 속삭였던 그다. 자신을 두고도, 미국 마이애미대학교에서 명예박사 학위를 받는 순간 이같이 말했다. "이토록 적은 시험에 합격하고도 이토록 많은 학위를 받은 사람은 (나 말곤) 없을 게다."

우린 대체로 진지하다. 농담은 실없는 것으로 치부되곤 한다. 그러나 유머는 삶에서도, 정치에서도 긴장을 풀게 하는 촉매다. 한층 여유 있는 마음으로 현실을 볼 수 있게 말이다.

다시 처칠의 말이다. 그는 정도 이상으로 긴 연설문을 두고 "농축하지 않은 건 순전히 게으름 탓"이라고 했다. 연설문을 유머로 바꾸어도 말이 된다. 물론 유머 부족은 게으름만이 아닌 자신감 결여, 성의 없음의 문제일 수도 있지만 말이다.

의회광장의 조지 필

다시 의회광장을 찾았다. 한 인물을 만나기 위해서다. 전면에 'Peel 1788~1850'이라고 새겨진 전신상의 주인공, 로버트 필(Robert Peel) 전 총리다.

그는 영국 보수주의의 아버지 중 한 명으로 꼽힌다. 보수당의 설립자라고도 한다. 하지만 동시에 보수당의 분열을 불러온 정치인이기도 하다. 그로 인한 분열로 보수당의 재집권은 28년 후에나 가능했다. 20세부터 줄곧 보수당을 찍었던 지지자들이라면 쉰이 다 되어서야 보수당 당수가 총리가 되는 걸 봤다는 의미다. 빛도, 그로 인한 그늘도 짙었던 인물이다.

필 총리 개인적으론 매력이 있다고 보긴 어려웠다. 당대의 언론인이 "이토록 지루한 인물이 있을까"라고 개탄했을 정도였다. 대단히 사적이어서 내면 풍경이 알려진 바도 없다. 부끄러움을 심하게 탔다고 한다.

옷소매를 내리려는 듯 연신 손을 털었고 발끝을 내밀곤 하는 버릇이 고약했다는 기록도 적지 않다.

하지만 정치적 존재감은 남달랐다. 온건하면서도 인도주의적 개혁가였다. 영국 경찰은 '보비' 또는 '필러'로 불리는데 그의 이름 – 로버트의 애칭인 봅, 필 – 에서 유래했다. 내무장관 시절 그가 근대적 개념의 경찰제를 창설한 걸 기린 것이다. 어린이와 여성의 노동시간을 제한하는 공장법을 도입했다. 재정 안정을 위해 소득세를 되살렸다. "한쪽 눈은 늘 후대에, 또 사후의 평가에 맞춰져 있다"는 말을 듣곤 했다.

결과적으로 그에게 내리막길의 시작이었던 순간이 있으니 곡물법 (Corn Laws) 폐지 문제였다. 곡물법은 곡물의 자유수입을 금지하는 내용으로, 보수당의 지지기반인 지주층의 이해를 대변한 법이었다. 싼 시세의 곡물을 수입할 수 없도록 한 정책이었다. 지주층에겐 도움이 됐을지언정 곡물을 사서 먹어야 하는 계층엔 부담이었다. 특히 하루 벌어 하루 먹는 서민에겐 악법이었다. 보수당 의원들은 지지층을 감

의회광장에 있는 동상의 주인공 11명 중 6명이 영국 총리 출신들이다. 로버트 필이 이 중 한 명이다.

안, 존속을 주장했다.

총리로서 곡물법 폐지 결정은 의원들의 지지도, 지지층도 잃는 선택이었다. 당시 기근에 시달리던 아일랜드[8]를 위해서였는지, 빵값에 허리가 휘던 노동자를 위해서였는지, 혹 그저 자신의 신념인 자유무역을 위해서였는지, 혹은 어차피 쫓겨날 처지였으니 개혁하다 쫓겨났다는 명분만이라도 챙기려 했는지 불분명하다. 혹은 다였는지 모른다. 그럼에도 '곡물법 폐지=실각'이란 정치 현실은 엄연했다. 필은 하지만 폐지를 택했고 총리에서 낙마(落馬)했다. 1846년의 일이다.

그로부터 4년 후 그는 말 그대로 말에서 떨어져 숨졌다. 그의 추종자(Peelite)들은 탈당, 종국엔 자유당의 창당 멤버가 된다. 이 중엔 장차 총리가 된 윌리엄 글래드스턴(William Gladstone, 1809~1898)이 있다.

정치인들에게 자신의 뿌리와 맞서는 게 당장의 승리와 행복을 보장하지 않는다. 단기간엔 역인 경우가 많다. 역사의 여신은 그러나 기로에 선 이들을 기억하며 시선을 미래에 둔 이에겐 호의를, 과거에 둔 이에겐 냉소를 보낸다. 의회광장에 있는 11명의 동상 중 6명이 영국 총리인데 필이 그중 한 명인 데서도 드러난다. 역사의 여신은 분명 필의 편이랄 수 있다.

그럴 만했다. 곡물법 폐지로 영국은 사회적 격변을 피할 수 있었다. 프랑스 대혁명(1789~1799)과 뒤이은 나폴레옹의 등장으로 뿌리째 흔들

----

[8] 영국의 지배 아래 가난에 시달리던 아일랜드인들은 감자를 주 식용작물로 키웠다. 감자역병이 강타하면서 1845년부터 1850년까지 감자 대기근에 시달렸고 아일랜드인 100만 명이 사망했다. 아일랜드인들의 신대륙으로의 대이주도 있었다.

리던 유럽대륙과 달리 영국은 큰 진통 없이 근대국가로 진화해갔다. 귀족들이 가장 반대했으나 역설적으로 귀족들을 구한 격이었다.

필 얘기가 나왔으니 글래드스턴에 대해서도 언급하지 않을 수 없다. 보수당의 벤저민 디즈레일리(Benjamin Disraeli, 1804~1881)와 함께 빅토리아 시대(Victorian Era)의 정치를 좌지우지했던 인물이다. 디즈레일리가 국교로도 개종한 유대인으로 현란하고 유머 있으며 때론 신뢰하기 어려운 인물이었던 데 비해 글래드스턴은 엄격하고 종교적이며 도덕적인 빅토리아인[9]의 전형이었다.

글래드스턴은 1832년 23살의 나이로 의회에 발을 들여놓을 때만 해도 극우 보수주의자에 가까웠다. 그의 웅변 능력을 필이 주목하면서 각료로 기용했고 그 이후 실력을 쌓기 시작했다. 필의 영도하에 자유주의자로 탈바꿈했다. 곡물법 파동 이후 보수당을 탈당했고 일군의 정치인들과 함께 자유당을 창당했다.

이후 30여 년간 '글래드스턴=자유당'이었다. 상무장관-식민지장관-재무장관을 거쳐 총리에 이르기까지 자유주의자의 거두였다. 균형재정, 낮은 세율, 자유방임주의를 대변했다. 탁월한 웅변가였던 그는 거리 연설을 처음 시작한 정치인이기도 하다.

----

[9] 도덕성과 근면함을 특히 강조했다. 특히 새로 형성된 중산계급은 귀족에 대응, 스스로 계급적 정체성을 확립하는데 그 결과로 나온 게 '신사'다. 노동할 필요가 없을 만큼 일정 수준의 수입이나 재산이 있으면서 세련된 교양과 예의범절을 갖추고 있고 명예를 소중히 여기며 존경할 만한 도덕성과 인격을 지닌 사람이다. 당시 지배적 이념이었다. 억눌린 이면엔 퇴폐적 요소가 있긴 했지만 말이다. 요즘도 영국에선 빅토리아 시대의 '건강성'을 회복하자는 얘기가 종종 나온다.

그도 마침내 파국을 맞았는데 아일랜드 자치 문제를 두고서다. 아일랜드 자치법을 통해 꼬인 실타래를 풀고 싶어 했으나 당내 반발로 결국 총리직을 내놓아야 했다. 아일랜드는 결국 20세기 들어 독립했다.

디즈레일리는 글래드스턴을 싫어했다. 숙적이랄 수 있었다. 재담가이기도 했던 디즈레일리는 수시로 글래드스턴을 비꼬곤 했는데 이런 일화가 있다. 누군가 디즈레일리에게 불운과 재앙의 차이를 설명해달라고 하자 이렇게 답했다. "글래드스턴이 템스 강에 빠지면 불운이고 그를 누군가 건져내면 재앙이다."

역사는 다르게 기억한다. 앞서 인용한 2016년 《타임스》의 역대 총리 평가에 따르면 글래드스턴은 3위, 디즈레일리는 10위였다. 로버트 필은 이 사이인 6위였다.

보수주의자 웰링턴의
최후

　　잉글랜드 동부의 해안가에 왈머 성(Walmer Castle)이 있다. 성이라니 떠오르는 뭔가가 있을 텐데, 누군가는 백설공주의 배경이 된 스페인 세고비아의 알카사르 성쯤을, 누군가는 영국 왕가의 윈저 성을 상상할 수 있겠다.

　　왈머 성은 규모가 작다. 방어용이었다. 1539년경 헨리 8세가 당시 적인 프랑스와 신성로마제국의 침략을 경계하는 차원에서 건설했다. 이 때문에 성 안에서 나름 넓다는 공간이라고 해도 과히 널찍하진 않다. 호사스럽지도 않다. 그중 한 방에서의 일이다. 간이침대와 의자, 책상 정도가 놓인 소박한 공간이다.

　　1852년 9월 이런 대화가 오갔다.

　　"차 드릴까요?"

(위)월머 성의 외관.
(아래)사진 속의 방은 웰링턴 공작이 숨졌던 방으로,
당시 모습 그대로 재연해뒀다.

"부디 그래주겠어요."(Yes, If you please)

아서 웰즐리(Arthur Wellesley)가 숨지기 전 남긴 마지막 말이었다. 익숙하지 않은 이름일 터인데, 웰링턴 공작(1769~1852)이다.

20세기인은 불세출의 영국 영웅으로 윈스턴 처칠을 꼽는다. 아돌프 히틀러의 손아귀에서 세계를 구해냈다고들 여긴다. 1965년 국장으로 치러진 그의 장례는 대단했다. 1935년 이래 왕실 인사가 아닌 망자(亡者) 중 첫 국장이었다. 세계 100개 나라에서 조문단이 왔는데 그중엔 샤를 드골 프랑스 대통령, 아이젠하워 미국 대통령도 있었다. 세기의 이벤트였다.

19세기인들에게 처칠 같은 인물이 웰링턴 공작이었다. 보나파르트 나폴레옹으로부터 유럽을 구한 '유럽의 구원자'(The Saviour of Europe)였다. 그의 장례식도 국장이었는데 어마어마했다고들 한다.

그의 위상이 실감 나지 않는다면 런던 시내를 조금만 돌아다녀보라. 런던의 하이드 파크 코너에 그를 기리는 대형 아치도, 그의 기마상도 있다. 금융 중심지인 시티에서도 동상을 발견할 수 있다. 실은 영국 곳곳에서 그의 조형물을 볼 수 있다. 또 다른 지표도 있으니 펍이다. 잉글랜드 내에 90개의 펍의 이름이 'The Duke of Wellington'(웰링턴 공작)이라고 한다.

그는 아일랜드에서 귀족 가문의 일원으로 태어났다. 아일랜드 출생이긴 하지만 스스로 아일랜드인이라고 여기지 않았다. 셋째 아들이었는데 모친이 "다루기 힘든 아들"(awkward son)이라고 했다니 전도유망했다고 보긴 어려웠다. 하지만 군대에서 두각을 나타냈다. 마침내 워털루에서 나폴레옹을 무찔렀다. 전쟁사가 중 상당수는 프로이센군의 게프하르트 레베레히트 폰 블뤼허 장군의 공이 그에 못지않았다고 여긴다. 영국군이 프랑스군의 공격을 받을 때 프로이센군이 늦지 않게 현장에 도착한 게 승인(勝因)이라고 여겨서다.

기실 나폴레옹은 유럽의 군주들에겐 재앙이었다. 나폴레옹이 휩쓸고 지나간 자리엔 변혁과 혁명이 싹텄다. 군주들이 질색한 이유였다. 그러니 나폴레옹을 끝장낸 웰링턴 공작에겐 명예와 권력, 부가 따를 수밖에 없었다. 운 때문인지 블뤼허 장군보다 웰링턴 공작이 더 각광을 받았다.

하이드 파크 인근에 있는 웰링턴 공작의 런던 집 앱슬리 하우스(Apsley House)만 가도 실감하게 된다. 이 건물의 '뮤지엄'엔 프랑스 루이 18세와, 오스트리아 왕과 프러시아, 작센 왕들이 선물한 으리으리한 도자기들이 전시돼 있다. 워털루 갤러리엔 스페인 왕가가 기증한 그림 165점도 있다. 워털루전쟁 당시 스페인 왕이었던 나폴레옹의 형이 도주하면서 버린 짐마차 안에서 발견된 것들이다. 나폴레옹 몰락 이후 스페인 왕으로 복귀한 페르디난드 7세가 선물했다고 한다.

웰링턴 공작이 무장(武將)이기만 한 건 아니었다. 영국 총리로도 3년 가까이 재직했다. 대단히 보수적 입장을 취했고 권위주의적이기도 했다. 시위대가 몰려와 집 유리창을 망가뜨리자 아예 철로 덧문을 해 달았다고 해서 '철의 공작'(Iron Duke)란 별명까지 얻었다. 하지만 물러서야 하는 순간을 알았고 불가피한 변화라면 수용했다. 또 새 인물이 필요한 시기라며 총리직을 사양하기도 했다. 그래서 총리에 오른 인물이 로버트 필이었다.

웰링턴 공작은 한마디로 부도 명예도 다 가진 사람이었다. 그러므로 왈머 성에서의 웰링턴 공작의 마지막 모습은 언뜻 화려한 삶과는 어울리지 않는 듯 보인다. 세상을 뜰 때 누구나 빈손이라지만 너무 극적인 게 아닌가 말이다.

하지만 그라는 인물을 들여다보면 이해가는 면이 있다. 그가 진정으로 아긴 공간은 대저택이 아닌 왈머 성이었다고 한다. 거처를 옮길 때마다 간이침대를 가지고 다녔는데 전쟁터부터의 습관이었다고 한다. 천생 군인이었던 게다. 여기에 더해 대단히 실용적이면서도 중용을 지키는 뭔가가 있다. 허세, 과도한 야망 뭐 이런 건 그만한 위치에 오른 사람답지 않았다.

그의 전원 저택에서도 드러난다. 워털루전쟁 후 국가에서 막대한 돈을 주며 궁전을 지으라고 했다. 이른바 '워털루 궁'(Palace of Waterloo)이다. 선례도 있다. 말버러 공작이 1704년 독일 블레넘[10]에서 프랑스군을 패퇴시킨 공로로 국가로부터 하사 받은 땅과 돈으로 궁전을 지었다. 윈스턴 처칠이 태어난 블레넘 궁이다. 웰링턴 공작에게도 그런 기회를 준 게다. 그는 포기했다. '계산기를 두드려보고는' 궁전을 지을 수 있을지언정, 후손들이 그걸 건사할 수 없다는 결론에 도달했기 때문이다. 그는 저택(Stratfield Saye House) 정도로 만족했다.

이쯤이면 웰링턴 공작과 나폴레옹을 비교하지 않을 수 없겠다.

----

[10] 스페인 왕위를 둘러싸고 1700년 전후 영국·네덜란드·오스트리아 3국이 계승권을 주장하며 프랑스·스페인에 맞선 전쟁이다. 1704년 존 처칠 장군이 블레넘 전투에서 프랑스·바이에른 연합군을 격파하면서 전황을 뒤집었다.

웰링턴 공작의 런던 자택인 앱슬리 하우스를 찾았을 때
웰링턴 공작(왼쪽)과 나폴레옹(오른쪽)의 초상화가 나란히 걸려 있었다.
웰링턴 공작은 평복 차림인데 비해 나폴레옹은 의복 차림이었다.
승자의 여유일까.

　　앱슬리 하우스를 찾았을 때 두 사람의 초상이 나란히 걸려 있었다. 웰링턴 공작은 평복 차림인 데 비해 나폴레옹은 의복 차림이다. 당시 안내원은 "셋째 아들이긴 했지만 귀족 가문 출신인 웰링턴 공작으로선 굳이 옷으로 자신의 신분을 강조할 필요가 없었다"고 설명했다. 나폴레옹과의 신분 차이에서 비롯된 자신감, 자기확신을 얘기하는 듯했다.

　　나폴레옹도 평민은 아니었다. 이탈리아계 소귀족 가문에서 태어났다. 지불파(知佛派)인 웰링턴 공작이 나폴레옹을 이탈리아어식으로 '부어나파르테'라고 부르곤 했던 이유다. 나폴레옹이란 인간 자체에 대한 웰링턴의 평가는 그다지 높다고 보긴 어려웠다. "온통 사기"라고 말한

런던의 하이드 파크 인근에 있는 웰링턴 아치. 워털루전쟁을 기리는 기념물 중 하나다. 오른쪽에 보이는 건물이 웰링턴 공작의 런던 자택인 앱슬리 하우스다.

일도 있다.

하지만 나폴레옹의 군사적 재능에 대해서만큼은 최고라고 여겼다. 나폴레옹과 달리 웰링턴 공작은 군사적 천재라고 보긴 어려웠다. 오히려 성실한 쪽이었다. 고대 전법부터 폭넓게 읽고 연구했다. 특히 나폴레옹의 전술에 대해선 깊숙이 공부했다. 더욱이 그는 지형도 세밀하게 파악했다. 냉정하면도 단호했다. 지는 전쟁을 꺼려했다. 인명 피해를 내켜하지 않았다. 승리에서 큰 기쁨을 누리는 군인이 아니란 얘기도 듣곤 했다.

그런데도 둘이 치른 결정적 그 전투에서 웰링턴 공작이 이겼다. 게다가 운명의 전투였다. 전쟁의 여신이 웰링턴 공작을 향해 웃었던 게다.

목사의 딸 메이와 대처

"매우 까다로운 여인."(a bloody difficult woman)

영국 총리인 테리사 메이에 대한 묘사다. 유력 정치인들의 사담(私談)에서 등장한 문구인데 메이도 스스럼없이 자청하곤 한다. 예를 들어 브렉시트 과정을 두고 "유럽 정치인들이 '내가 매우 까다로운 여인'이란 걸 알게 될 것"이라고 말하는 식이다.

빈말이 아니다. 메이는 2016년 다우닝 가 10번지의 주인이 되자마자 몇 시간도 안 돼 조각(組閣)을 시작했다. 데이비드 캐머런 총리의 중도하차에 따른 '대타 총리'여서 내각 구성원 대부분 유임될 것이란 전망이 나왔었다. 하지만 피바람이 불었다. 캐머런과 가까운 인물들을 다 날렸다.

영국의 여론을 좌우하는 총리에의 질문에서의 모습도 크게 다르지 않았다. 첫 PMQ에선 제러미 코빈 노동당 당수를 "부도덕한 보스"라며 잔혹하다 싶을 정도로 조롱했다. 상당수 언론이 "바로 마거릿 대처의 모습"이라고 보도했다.

이런 메이를 이해하는 주요 포인트는 목회자의 딸(vicar's daugther)[11]과 오랜 총리의 꿈, 그에 따른 집요함일 게다. 그의 삶을 관통한다.

메이는 1956년 영국 남부 이스트본에서 성공회 신부의 딸로 태어났다. 영국 사회에서 성공회 신부는 지식인에 속한다. 주민들에게 뭔가 가르치고 모범이 돼야 하는 인물이다. 메이는 신부의 외동딸이다. 늘 주목을 받았고 그래서 행동거지도 조심해야 했다. 썩 부유하지 않았던 가정형편 때문에 공립학교로 진학했지만 공부를 잘해 그래머스쿨(중등학교)을 거쳐 옥스퍼드대학교에 진학했다. 루터교 목회자의 딸인 앙겔라 메르켈 독일 총리처럼 종교 윤리가 그의 일부가 됐다. 스스론 성장 과정에 대해 "진열대에 서 있는 듯했다"(on show)라고 표현했다.

영국의 일간지 《타임스》는 "메이가 총리로 결정된 후 연속으로 두 차례 교회에서 나오는 모습이 사진으로 잡혔다. 이는 우연이 아니다. 메이의 정치는 이데올로기보다는 가치에 기반한다. 잘못된 걸 바로잡는 얘기를 할 때 열정으로 빛난다"고 썼다.

정치적 야심은 십 대 때로 거슬러 올라간다. 마거릿 대처가 등장하기 전이었으므로 여성 총리가 가능하단 생각이 상식이 아니던 시절이었다. 메이는 십 대 때 보수당원이 됐다. 당시 친구들은 "메이가 첫 여성 총

---

[11] 프로테스탄트의 사회인 영미권에선 반복적으로 등장한다. 조지 오웰은 『목사의 딸』이란 소설을 쓴 적도 있다.

리가 되겠다고 했다"고 기억했다. 옥스퍼드대 재학 중 대처가 총리가 됐는데, 당시 친구인 패트 프랭클랜드는 "첫 여성 총리가 나왔다는 사실에 메이가 언짢아했다"고 전했다.

남편인 필립을 만난 건 메이가 3학년 때다. 파키스탄 총리가 된 베나지르 부토(2007년 피살)가 주도한 보수당 디스코 모임이었다. 춤을 같이 췄고 바로 반했다고 한다. 둘을 묶어준 건 정치와 크리켓이었다. 크리켓은 잉글랜드의 전원성(田園性)을 대표하는 스포츠다. 이 무렵만 해도 필립이 더 정치 기대주로 여겨졌다. 옥스퍼드대 토론클럽인 '옥스퍼드 유니언' 회장을 지내서다. 정관계로 가는 발판으로 여겨지는 클럽이다. 80년 둘이 결혼했을 때 둘 모두를 아는 사람들은 "필립이 정치를 하고 메이가 뒷바라지할 수 있다"고 봤다. 1986년 메이가 런던의 시의원이 되면서 관계가 역전됐다. 메이는 점차 꿈을 키워갔고 세 차례 도전 끝에 97년 하원의원 배지를 달았다. 필립은 이 과정을 경이감을 가지고 지켜봤다고 한다. 필립은 금융인으로 남았다.

메이는 보수당 내에서 곧바로 두각을 나타냈다. 배지를 단 지 2년 만에 야당이던 보수당의 예비 내각에서 문화·교육을 담당했으며, 2002년 보수당 사상 최초의 여성 당의장으로 지명됐다. 그해 보수당 전당대회에서 "보수당이 고약한 정당(nasty party) 같다"며 개혁을 촉구해 당을 발칵 뒤집어놓기도 했다. 보수당이 집권한 2010년부터 내무장관으로 재직했다. 20세기 최장수 내무장관이었다. 메이는 디테일에 강하고 실용적이며 옳은 일이란 확신이 있으면 충돌도 마다 않는 성품의 소유자로 알려졌다. 내향적이어서 충성심 높은 소수에 의존했다. 보수당-자민당 연정 시절 닉 클레그 부총리가 "사담이라곤 없고 너무 냉정하다.

같이 일하는 게 어렵다"고 불평한 일도 있다. 메이는 대중과의 스킨십도 즐기는 편도 아니다. 전직 총리나 야당 당수들과 달리 TV 앞에 서는 것을 꺼려한다. 자신의 지역구 유권자들과는 잘 어울린다는데 지역구를 벗어나면 뻣뻣하기 이를 데 없다. 그에게 이례적인 면이 있다면 패션에의 열정일 게다. 총리가 된 뒤엔 덜해졌지만 한때 과감한 패션도 마다하지 않았다. 표범 무늬 등 독특한 구두를 수집하곤 했다.

이쯤에서 영국 최초의 여성 총리이자 최고의 총리 중 한 명으로 꼽히곤 하는 마거릿 대처와 비교하지 않을 수 없다.

대처도 메이처럼 중간계급 출신이다. 부친은 잡화상 주인으로 시의회 의원을 거쳐 시장이 됐다. 신분을 끌어올린 케이스다. 이런 부친으로부터 대처는 "노력하면 반드시 보답이 온다"는 걸 배웠다. 옥스퍼드대학교에 진학했고 화학을 전공했다. 대개 정치인들의 전공인 철학·정치·경제(PPE, Philosophy, Politics and Economics)와는 거리가 있다. 사고체계가 다를 수밖에 없다. 메이도 PPE가 아닌 지리학을 전공했다.

대처는 34세 때 처음 배지를 달았고 교육부장관으로 명성을 날렸다. 그는 자신을 중용했던 에드워드 히스 당수에게 도전, 당권을 차지했다. 50세의 나이였다. 4년 후 총리가 됐고 11년 간 그 자리에 머물렀다.

대처는 신념의 정치인이었다. "선한 사마리아 사람이 단지 좋은 의도만 가지고 있었다면 아무도 그를 기억하지 않을 것이다. 중요한 사실은 그가 돈도 가지고 있었다는 것"이라며 자본주의를 옹호했다. 로널드 레이건 미국 대통령과 함께 신자유주의 시대를 함께 이끌었다. 노조와의 전쟁에도 승리했다. 때론 비타협적이었다. '티나'(TINA)로 불렸는데 대처가 "이 길밖에 없다"(There is no alternatives)고 선언한 데서 유래했다.

대처와 메이의 리더십이 닮았다고 느낄지 모르겠다. 자기확신이란 면에서 메이는 대처 못지않을 수 있다. 메이는 자신과 대처를 비교하는 데 대해 "태만한(lazy) 비유"라고 거부감을 드러내곤 했다. 자신감이다.

대처는 좋아하든 싫어하든 영국을 바꿔놓은 인물이다. 신자유주의 길을 따라갔다. 업적이 적지 않다. 사실 지도자들의 당대 인기는 임기에 반비례하는 경향이 있다. 일을 하면 할수록, 뭔가 이루면 이룰수록 인기는 떨어질 수밖에 없어서다. 일이란 게 곧 한정된 자원을 배분, 또는 재배분하는 것이기 때문이다. 늘 혜택으로부터 배제된 이들이 생기게 마련이다. 불만의 씨앗들이다. 때론 피로감이다. 새로운 문제들도 연이어 불거질 터인데 지도자가 그에 대비돼 있지 못할 가능성도 크다. 새 해법은 새 사람에게서 나오기 쉬운 법이다. 아무리 과거 기록이 좋은 지도자라도 종국에 버려지는 까닭이다. 어찌 보면 '자기 성공의 희생자'다. 대처도 그랬다.

출발선에 선 메이는 이념적으로 대처와 다르다. 국가의 개입을 강조했다. "특혜 받은 소수가 아닌 일하는 노동자를 위한 보수당"이란 말도 했다. 권력 운용 방식도 달랐다. 초기의 대처는 반대파도 내각에 끌어안았다. 총선 승리를 거듭하면서 권력을 공고화했을 뿐이다. 이 과정이 용의주도했다. 메이는 선거를 통하지 않고 총리가 됐는데도[12] 강한 리더

---

[12] 정치엔 '맨데이트'(mandate, 권한)란 개념이 있다. 국민들이 선거를 통해 총리나 정부에 위임하는 권한을 말한다. 큰 차로 이겼다면 큰 맨데이트를 받았다고들 말한다. 그런 총리라면 강한 지도력을 발휘할 수 있다. 이에 비해 총리가 될 무렵 메이는 선거에 의한 맨데이트를 받은 상태는 아니었다. 총선이 아닌 당내 경선에 의해 당수가 됐고 그 결과 총리직까지 꿰찬 것이어서다. 야권이 "국민들로부터 맨데이트를 받지 못했다"고 비판한 이유였다.

십을 구사했다. 메이는 욕심도 냈다. 더 강한 주도권을 쥐기 위해 조기 총선이란 승부수를 던졌다. 처음으로 선거캠페인을 이끌었는데 결과적으로 승리하지 못했다. 선거전에 적합한 당수가 아니란 걸 스스로 드러냈다. 선거전을 즐기지도, 유권자들 속에 녹아들지도 않았다. 통치에 능할지언정 통치를 위해 반드시 통과해야 할 관문인 선거 앞에선 고전했다.

누군가 보수당을 두고 "국왕 살해로 이어지는 전제군주제"[13]라고 했다. 지도자에게 강력한 리더십을 발휘할 기회를 주되 기대에 못 미치면, 특히 선거 승리를 장담할 수 없어 보이면 가차 없이 내친다는 의미다. 여왕 반열까지 갔다는 얘기를 듣던 대처도 인두세(人頭稅) 도입으로 인기가 떨어지자 당내 반란에 의해 쫓겨났다.

결국엔 메이도 같은 운명일 터이다. 어느 정도의 시간이 주어질지가 문제이겠지만 말이다.

----

[13] 보수당 당수를 지낸 윌리엄 헤이그의 말이다. 정확한 문구는 다음과 같다. "an absolute monarchy moderated by regicide."

『하우스 오브 카드』의 저자
마이클 돕스

    "정치는 허업(虛業)"이라고 한 노 정객이 토로했다. 『하우스 오브 카드』가 그에 상응하는 말이겠다. 카드로 어렵사리 세우지만 언제든 무너질 수 있고 결국엔 무너져 내릴 집 말이다.

    지난해부터 미국 인터넷 콘텐트 유통 업체인 넷플릭스를 통해 상영된 정치 드라마의 제목이기도 하다. 버락 오바마 미국 대통령이 시즌 3가 나오길 고대하고 중국 정치인들이 탐닉한다는 바로 그 드라마다.

    요즘 인기몰이 중이지만 원작이 나온 지는 좀 됐다. '아기의 얼굴을 한 청부살인업자'로 불릴 정도로 마거릿 대처 전 영국 총리의 핵심 중 핵심으로 활동하다 밀려난 마이클 돕스 경이 대처와의 결별 직후인 1989년부터 94년까지 『하우스 오브 카드』 3부작을 발표했다. 정치의 빛도 어둠도 제대로 맛본 이의 체험기였다. 90년부터 《BBC》 방송의 드라마로 방영됐으니 이번 〈하우스 오브 카드〉는 20여 년 만의 리바이벌인 셈이다. 영국판에서 온갖 음모와 술수의 마키아벨리스트인 프랜시스 어커스트가 총리의 자리까지 올랐다면 미국판의 프랭크 언더우드는 대통령직을 꿰

마이클 돕스 대처의 참모 중 한 명으로 '아기의 얼굴을 한 청부살인업
자'로 불릴 정도로 노회한 인물이었다.

찬다. 영국 상원의원으로도 활동하는 돕스 경을 만나 소회를 물었다.

Q 미국판도 엄청난 인기다.

"『하우스 오브 카드』를 쓴 건 우연이었다. 책을 끝낼 수 있다고 생각지
도 못했다. 산을 오르듯, 그저 어느 정도까지 오를 수 있나보자는 심경
으로 썼다. 소설 발간 이후 이상한 일들이 벌어졌고, 결국 전업작가가
됐다. 내가 어떻게 느끼고 있느냐고? 나는 매우 운이 좋은 사람이다."

Q 대처와 헤어진 이후 소설을 쓰게 됐다고 들었다.

"수년간 대처와 아주 가까운 사이였다 틀어졌는데 대처가 나를 굉장
히 불공정하게 대했다고 생각했다. 불만을 제기하진 않았지만 큰 상
처가 남았다. 그래도 난 대처가 나라를 바꾸는 걸 지켜봤다. 70년대
영국은 통치 불능의 나라였다. 대처는 모든 단점에도 불구하고 아무
도 해내지 못한 일을 해냈다. 내 시각에서 대처는 평화기 총리 중엔

최고다. 그가 나를 엄청 열 받게 했지만 결과적으로 책을 쓰게 됐으니 오히려 덕을 봤다."

Q 언더우드 캐릭터에 영감을 준 이는.

"대처가 야당 당수이던 때 정치는 혼란 그 자체였다. 한두 표 차이로 정부가 언제든 무너질 것이라고 여겼던, 영국 정치사에서도 기이했던 시기였다. 여야 간 전쟁이었다. 기발한 술책(extraordinary tactics)은 물론이고 (악의적 · 이기적 목적을 위해 무자비한 힘을 동원하는) 흑마술(dark arts)도 동원됐다. 결국 한 표 차이로 노동당 정부가 무너졌고 대처가 집권했다. 당시엔 병상에 있다가도 투표하러 나왔다. 당시 영국 정계에선 흑마술이 횡행했다. 그게 당신이 드라마에서 보는 바다. 그러나 〈하우스 오브 카드〉는 다큐멘터리가 아니라 드라마다. 내가 정치 동료들에게 꼭 하는 얘기다."

Q 결국 대처가 언더우드란 말인가.

"아니다. 여럿으로부터 조금씩 취했다. 이름을 밝힐 순 없다."

Q 정치인은 마키아벨리스트여야 하나.

"아주 고귀한 사람들, 절대적으로 옳은 일을 하는 사람들도 많다. 정치인으로서 내 일의 대부분은 따분한 것들이기도 하다. 드라마는 의도적으로 어둡고 고통받는 부분에, 악당과 유혹 그리고 정치게임에 주목했다. 의도적으로 사악했던 거다. 단언컨대 (극이 전개될수록) 더 사악해질 거다."

Q 미국 정치 드라마 〈웨스트 윙〉과 비교하지 않을 수 없는데.

"굳이 비유하자면 〈하우스 오브 카드〉는 늑대인간들의 〈웨스트 윙〉이랄 수 있다. 〈웨스트 윙〉이 이상주의적이며 선한 사람들의 얘기였다면 〈하우스 오브 카드〉는 사악한 얘기다. 정치 드라마는 시대를 반영한다. 집필 당시 영국엔 정치에 대한 엄청난 냉소주의가 있었다. 정권이 영리하고 교묘하면서도 사기꾼 같다고들 느꼈다. 〈하우스 오브 카드〉는 그걸 양분 삼았다. 반면 〈웨스트 윙〉은 조지 W. 부시 대통령 시대의 산물이다. 논쟁적 우파 대통령의 시기에 나온 좌파 드라마라고 할 수 있다(이상적 대통령의 전형인 주인공 제드 바틀렛 대통령은 민주당 소속이다). 지금 오바마 대통령은 좌파 대통령으로 이상주의적이다. 그러니 이젠 언더우드 같은 이가 나와 헤집고 다니길 바라는지도 모르겠다. 언더우드는 적어도 원하는 바를 알고 어떻게 얻는지도 아니까."

Q 이 시대가 언더우드를 필요로 한다고 보나.

"내가 데이비드 캐머런 총리에게 '이건 엔터테인먼트지 교범이 아니다'고 말했다. 그럼에도 그 질문에 답한다면 정치는 매우 심각한 일이라고 말하고 싶다. '네 차례니까 네가 해. 내 차례엔 내가 할게'가 아니다. 물론 타협해야 한다. 그러지 않으면 얻을 수 있는 게 없다. 그러나 어느 정도 타협하느냐도 중요하다. 정작 원하는 걸 얻을 수 없는데도 타협해야 하는가. 성공한 정치인이 되기 위해선 야망과 욕망이 있어야 한다. 어느 위대한 정치인도 옆에 있기 편한 사람은 없었다. 대처도 처칠도 안 그랬다. 진정 변화를 만들어낼 이라면 누군가의 마음을 상하게 할 것이다. 그건 필연이다."

Q 드라마 얘기를 해보자. 영·미판을 비교해달라.

"케빈 스페이시가 연기하는 언더우드가 훨씬 더 어둡고 사악하다. 사람들이 종종 어느 쪽이 좋으냐고 묻는다. 올림픽 금메달 두 개를 딴 격인데 내가 왜 하나를 골라야 하나. 절대 어느 쪽이 낫다는 답변을 못 들을 것이다."

Q 스페이시가 하는 일이라면 무엇이든 좋다고 답한 인터뷰를 봤다.

"정말 비범한 개인이다. 진지한 연극인이면서 동시에 매우 재미있는 사람이다(스페이시는 2004년 영국의 전통극장 올드빅의 예술감독으로 부임해 폐쇄 직전의 극장을 되살려냈다). 그리고 남의 흉내를 정말 잘 낸다. 한 번은 유명 방송인 조니 카슨인 척하더라. 다소 거만하더라도 봐줄 만한데 거만하지도 않다."

Q 언더우드의 부인 역 로빈 라이트도 인상적이다.

"언더우드만큼이나 사악하다. 실제론 달콤하고 사랑스럽지만. 지금 골든글로브상 하나 받았지만 시리즈가 끝날 무렵엔 여러 개로 늘어나 있을 것이다."

Q 『하우스 오브 카드』를 집필한 지 30년 가까이 흘렀다. 정치에 대한 시각은 여전한가.

"근래 이슈들은 이데올로기적으로 과거만큼 선명하지 않다. 요즘 영국 정치인들은 이데올로기의 전사라기보다는 매니저 같다. 대학 때부터 정치를 해서 정계에 대해선 너무나 잘 알지만 나머지 세계에 대해선 잘 모른다. 과거가 그리울 때가 있다."

Q 장차 정치하려는 이에게 조언한다면.

"정치하기에 좋은 시기가 따로 있는 건 아니다. 정치에서 지금 다루는 게 수십 년 영향을 미친다. 정치가 잘못되면 우리 아이들이 더 어렵고 위험한 세상에서 살아가게 될 것이다."

Q 결국 정치가 중요하단 얘기인데 자녀에게도 권하겠나.

"18세 아들이 절망적일 정도로 정치에 관심이 많다. 잘못된 축구팀을 응원할 뿐 아니라 잘못된 정당(노동당 지칭)까지 지지한다. 내 아이가 정치를 안 했으면 하는 건 매우 어렵게 살아야 하기 때문이다. 안온한 삶을 원한다면 비즈니스에 힘을 쏟는 게 낫다. 정치는 '큰돈도 편안한 삶도 추구하지 않겠다. 다른 사람들을 위해 더 나은 세상을 만들겠다'는 사람들이 해야 한다. 어느 현자가 '모든 정치가의 경력은 결국엔 실패자로 귀결된다'고 했다. 전적으로 옳은지 모르겠으나 분명 모든 정치가는 반드시 엄청난 실패와 낙담을 겪게 돼 있다. 다시 말하지만 안온한 삶을 원한다면 정치하지 마라."

6장

내가
'만난'
영국인들

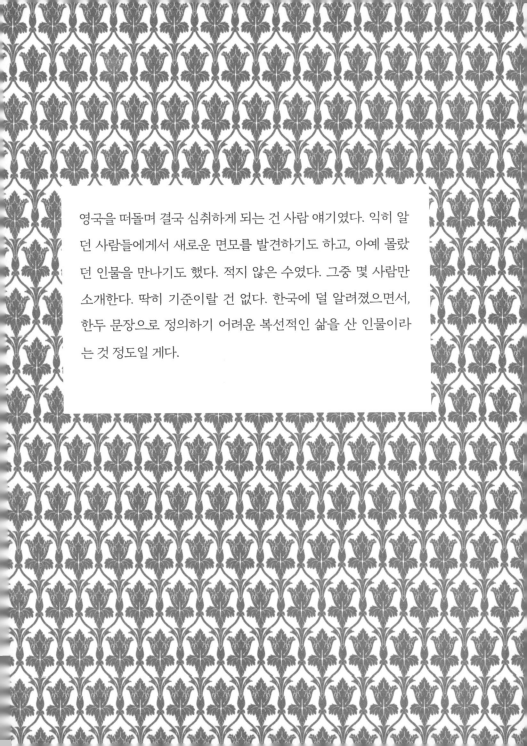

영국을 떠돌며 결국 심취하게 되는 건 사람 얘기였다. 익히 알
던 사람들에게서 새로운 면모를 발견하기도 하고, 아예 몰랐
던 인물을 만나기도 했다. 적지 않은 수였다. 그중 몇 사람만
소개한다. 딱히 기준이랄 건 없다. 한국에 덜 알려졌으면서,
한두 문장으로 정의하기 어려운 복선적인 삶을 산 인물이라
는 것 정도일 게다.

윌리엄 마셜과 마그나카르타

웨일스 남부에 있는 펨브룩 성에 가려고 했던 이유는 단순했다. 헨리 7세가 태어난 곳이어서다.

영국 왕가는 현재로부터 거슬러 올라가면 독일(윈저·하노버)-스코틀랜드(스튜어트)계를 거쳐 웨일스계에 이른다. 헨리 8세의 화려한 결혼 이력으로 유명한 바로 그 튜더 왕조다.

펨브룩 성은 헨리 8세의 아버지 헨리 7세인 헨리 튜더가 태어난 곳이다. 튜더가는 웨일스의 명문가였다. 색슨족과 싸웠다는 기록도 있다. 켈트족 영웅인 아서왕과도 닿아 있다고 주장한다. 그러다 잉글랜드 왕권이 확립되면서 잉글랜드 왕에게 충성하기 시작했다는 게다. 1400년대 들어선 두 차례 결혼으로 잉글랜드 왕가의 피를 물려받았는데 그중 하나가 헨리 7세의 어머니인 마거릿 보퍼트로 에드워드 3세의 딸이었다.

웨일스 남부에 있는 펨브록 성에서 내려다본 풍경.
성 자체는 헨리 7세가 태어난 곳으로 유명하다.

정작 펨브룩 성에서 인상 깊었던 인물은 따로 있었다. 윌리엄 마셜(William Marshal, 1147~1219)이다.[1] 동시대인들에게 '위대한 기사'로 불렸다. 다섯 명의 잉글랜드 왕과 얽히며 종국엔 마그나카르타의 오늘을 가능케 한 이기도 하다.

그의 시작은 그저 그랬다. 귀족 가문 출신이었지만 말단 귀족에 불과했고 둘째 아들이어서 땅도 작위도 물려받을 수 없는 처지였다. 왕위를 둘러싼 내전 중엔 다섯 살임에도 부친을 대신해 처형당할 뻔도 했다.

열세 살 때 프랑스 노르망디의 귀족이자 외삼촌인 윌리엄 드 탕카르빌(William de Tancarville)에게 간 게 그에게 돌파구가 됐다. 당시 잉글랜드 왕은 잉글랜드와 아일랜드 일부뿐만 아니라 노르망디·앙주 등의 프랑스령도 다스렸다. 마셜은 거기에서 열아홉 살에 기사가 됐다. 무술과 용맹함으로 이름이 났다.

21세 때 1168년 헨리 2세의 부인인 아키텐의 엘레오노르[2]를 호위하던 중 습격을 받았다. 왕비가 대피할 시간을 벌기 위해 싸웠고 부상도 당했다. 이 덕분에 헨리 2세의 장남인 헨리의 가신이 됐다. 마상시합으

----

[1] 이 장에 나오는 얘기의 대부분은 토마스 아스브리지의 『The Greatest Knight: The Remarkable Life of William Marshal, The Power behind Five English Thrones』를 참고했다.

[2] 엘레오노르(1122~1204) 왕비는 프랑스왕 루이 7세의 왕비였으나 이혼하고, 자신보다 열두 살 연하인 잉글랜드 왕 헨리 2세의 왕비가 됐다. 루이 때와는 아들이 없었으나 헨리와 사이에 둔 자녀 중 일곱 명이 성년에 이르렀으며 그중 네 명이 아들이었다. 둘째가 '사자심왕'으로 불리는 리처드 1세다. 엘레오노르는 나중 아들들과 함께 헨리 2세에 반기를 들었다가 투옥됐고 리처드 1세가 왕위에 오르면서 풀려났다.

로 명성도 부도 얻었다. 헨리 왕자의 사망 후엔 십자군 원정을 갔다.

돌아와선 헨리 2세의 신하가 됐다. 그러다 왕위를 물려받으려고 헨리 2세에게 반기를 든 아들 리처드 왕자와 대적하는 일이 벌어졌다. 부친을 급히 추적하느라 리처드는 갑옷을 입지 않은 채 칼만 든 상태였다. 마셜은 갑옷은 물론이고 방패와 창도 들었다. 마셜에게 절대적으로 유리한 마상결투였다.

리처드는 "나를 죽이지 마라. 무장도 안 했는데 (나를 죽이는 건) 사악한 짓"이라고 외쳤다. 마셜은 "내 손으론 안 하겠다. 악마가 그러도록 하겠다"고 답했다. 그러곤 말을 리처드 쪽으로 몰아가다 막판 창끝을 살짝 내렸다. 창에 맞은 리처드의 말이 즉사했고 리처드는 내동댕이쳐졌다.

쫓기던 헨리 2세는 곧 비참하게 죽어갔다. 당시 시신을 수습하고 지킨 게 마셜이었다. 왕위에 오른 리처드, 즉 '사자심왕' 리처드 1세가 빈소를 찾았다. 아무런 감정도 드러내지 않았다. 그러나 마셜을 따로 부르더니 이렇게 말했다.

"마셜, 지난번 나를 죽이려 했다. 내 무기로 창을 쳐내지 않았다면 나를 죽였을 게다."

마셜로선 위험한 순간이었다. 왕의 체면을 살려주기 위해 리처드 1세의 말을 인정할 것인가. 그렇다면 왕을 죽이려 했다는 사실 또한 받아들여야 했다. 아니면 '역린'을 거스르며 부인할 텐가. 마셜은 후자를 택했다.

"당신을 죽이려는 건 내 의도가 아니었다. 난 여전히 강하다. 창으로 당신 몸을 찌르길 원했다면 그럴 수 있었다. 말을 찔렀듯 말이다."

이 대화는 당 태종 이세민과 그의 양신(良臣) 위징과의 대화를 떠올리게 한다. 애초 위징은 당 태종의 형이자 태자인 이건성을 지원했던 책사였다. 형을 살해하고 왕위에 오른 당 태종은 위징에게 이렇게 물었다. "그대는 왜 우리 형제들을 이간했는가." 이에 대한 위징의 답은 이랬다. "만약 이전의 태자께서 제 말을 들었다면 분명 오늘과 같은 화는 벌어지지 않았을 것이다."[3]

당 태종이 위징을 곁에 두었듯 리처드 1세도 마셜을 중용했다. 주군과 끝까지 같이한 충성심을 높게 산 게다. 전쟁터도 함께 누볐다. 왕은 마셜의 혼처를 마련해줬다. 펨브룩 성을 포함, 남부 웨일스와 아일랜드 일대 토지를 상속한 이사벨 드 클레어였다. 마셜은 이사벨의 남편이 되면서 진정 거물이 됐다.

리처드 1세의 급사 이후 동생인 존 왕이 즉위했는데 "존 왕이 죽었다"는 게 존 왕의 업적으로 꼽힐 정도로 폭군이었다. 프랑스령을 잃고 그걸 회복하겠다고 군비를 염출하자 귀족들이 반란을 일으켰다. 1215년 존 왕과 귀족들 간 합의한 문서가 마그나카르타였다. 곧 사문화(死文化)됐다.

그런 존 왕이 죽는 것 말고도 잘한 게 있으니 1216년 숨질 때 마셜에게 아홉 살이던 아들 헨리를 맡긴 것이었다. 당시 마셜은 69세였다.

----

[3] 멍셴스의 『정관의 치』.

마셜의 입장에서 정치적으로만 보자면 헨리를 버리는 게 맞았다. 부자지간에도 유혈 왕권 분쟁이 벌어지던 중세에 어린 왕만큼 연약한 존재는 없었다. 마셜이 헨리를 포기한다면 프랑스의 루이 왕자가 잉글랜드의 왕이 될 수 있었다. 마셜은 또 충성심을 택했다. "나를 빼고 모두 왕을 버리는 일이 있다면 내가 무엇을 할 거라고 보나? 힘이 닿는 한 왕을 업고 빌어먹는 한이 있더라도 이 섬에서 저 섬으로, 이 나라에서 저 나라로 다닐 걸세." 그는 왕국의 수호자가 됐다.

그는 전장에서의 용맹도, 정치적 노련함도 발휘했다. 69세의 나이에 직접 출전해 이겼다. 귀족들을 돌려세우기 위해 '죽은 문서'였던 마그나카르타도 되살려냈다. 덕분에 헨리 3세 체제가 가능했다. 마셜은 섭정으로 있다가 72세 때인 1219년에 숨졌다.

사실 경이로운 건 마셜의 삶만이 아니다. 그의 얘기가 전해질 수 있었다는 사실도 그랬다. 기적에 가까운 기연이 있었다. 1861년 런던에서 열린 경매에 고문서가 등장했다. '노르만-프랑스 연대기'란 제목이었다. 곧 팔려나갔다. 당시 문서를 본 전문가가 이후 그 문서를 찾아 나섰다. 마침내 발견한 건 20년이 흘러서였다. 꼼꼼히 읽기 시작한 후엔 '윌리엄 마셜의 일대기'란 걸 알게 됐다.

마셜의 사후 그와 돈독했던 아내 이사벨과 장남인 윌리엄이 주문 제작한 네 부 중 한 부였다. 역시 기록을 남겨야 역사에서 자기 목소리를 갖게 된다.

마셜과 관련해서 기이한 얘기는 또 있다. 마셜이 아일랜드 일부 지역도 점령했는데 당시 아일랜드의 주교가 했다는 예언이다. "다음 대에선 마셜이란 성이 사라지고 재산도 흩어질 것이다." 마셜에겐 네 명의

아들이 있었는데 모두 후사 없이 숨졌다. 웨일스 일대의 방대한 마셜의
재산은 다섯 명의 딸들에게 상속되면서 흩어졌다.

토마스 크롬웰과
윌리엄 세실

런던에서 한 번은 찾게 되는 곳이 런던 탑이다. 정복왕 윌리엄이 왕권을 쥔 후 이곳에 요새를 짓기 시작했다. 한때 왕궁이었으며 왕족이나 귀족들의 감옥이었다. 열 차례 처형도 있었는데 그중엔 세 명의 왕비도 포함됐다. 헨리 8세의 부인이었던 앤 불린(1501~1536)과 캐서린 하워드(1523~1542), 그리고 왕권을 주장했던 제인 그레이(1537~1554)다. 요즘엔 왕가의 보물을 전시한 곳으로 유명하다.

이 장의 얘기는 런던 탑에 대한 게 아니다. 거기에 가기 위해 이용하는 지하철역 타워 힐에서 시작한다. 타워 힐 주변도 처형지였다. 이곳에서 헨리 8세의 총신(寵臣) 토마스 크롬웰(1485~1540)이 참수당했다.

크롬웰은 그의 마지막 장소로부터 13㎞ 떨어진 퍼트니의 대장장이의 아들로 태어났다. 아버지는 술꾼인 데다 걸핏하면 주먹을 휘두르는 사람이었다. 크롬웰은 십 대 초반 가출해 유럽대륙을 돌아다녔다. 영국으로 돌아왔을 무렵엔 '무슨 일이든 맡기면 해낸다'는 평판을 받는 이가 됐다. 최고 실력자였던 토마스 울시 추기경의 눈에 든다. 크롬웰은 변호사였다. 울시 추기경 자신은, 헨리 8세가 스페인 출신의 캐서린 왕비와 이혼하고 앤 불린과 결혼하는 과정을 매끄럽게 처리하지 못하면서 몰락했다. 그러나 크롬웰은 살아남았고 헨리 8세의 핵심 참모가 됐다.

크롬웰은 헨리 8세가 로마 가톨릭과 단절하고 영국 국왕이 수장인 국교회를 만드는 과정을 주도했다. 앤 불린도 지원했다. 이후 수도원도 철폐했다.

크롬웰에게 위기가 오는데 헨리 8세가 아들을 낳지 못한 앤 불린 대신 제인 시무어(1508~1537)에게 눈길을 보내면서다. 앤 불린이 간통을 했는지 여부는 지금도 논란이다. 크롬웰은 여하튼 관련 진술을 받아냈고 앤 불린은 참수됐다.

제인 시무어가 아들을 낳고 바로 숨지자 헨리 8세는 2년여 후 결혼을 추진했다. 크롬웰은 신성로마제국의 공주인 클레브의 앤(Anne of Cleves)을 추천했다. 그의 부친이 프랑스와 맞선, 종교개혁 지지자였다는 점이 고려됐다. 궁정 화가인 한스 홀바인을 보냈다. 헨리 8세는 클레브의 앤 초상화를 보곤 결혼을 결심했다. 그러나 실물을 보곤 실망했고 크롬웰에게 격분했다.

크롬웰은 이 무렵 자기파괴적 결정을 했다. 마지막 남은 수도원을 폐쇄했는데 당대 최고의 귀족 가문인 노퍽 공작의 조상묘가 있는 셋퍼드 수도원이었다. 노퍽 공작은 "수도원을 일반 대학으로 전환하겠다"고 호소했으나 결국 해산됐다. 노퍽 공작은 조상묘를 자신들의 영지 프래밍엄(Framlingham)에 있는 작은 교회로 옮겨야 했다.

클레브의 앤 사건을 계기로 노퍽 공작의 반격이 시작됐다. 캐서린 하워드에 대한 헨리 8세의 관심이 커지는 것과 맞물렸다. 캐서린 하워드는 앤 불린의 사촌으로 역시 노퍽가의 여인이었다. 헨리 8세는 클레브의 앤과의 결혼이 무효란 결정을 했고 크롬웰은 반역죄로 체포됐다.

크롬웰이 참수되는 날 바로 그날 헨리 8세가 캐서린 하워드와 결혼을 했다. 다섯 번째 결혼이었다. 캐서린 하워드는 그러나 1년 6개월여 만에 간통 혐의로 참수됐다. 당시 나이 열아홉 살이었다.

크롬웰은 수도원 철폐와 앤 불린의 부침에 관여한 전력 때문에 마키아벨리스트적 정치인으로 여겨지곤 한다. 그러나 점차 그가 복음주의적 믿음을 가진 신념의 정치인이었다는 주장도 나온다. 그의 얘기를 담은 소설(힐러리 맨틀, 『울프 홀』)엔 크롬웰이 "성경 어디에 연옥이 쓰여 있는지 내게 보여줘요. 어디에 유물과 수도사와 수녀가 쓰여 있는지 보여줘요. 어디에 '교황'이 쓰여 있는지 보여달라고요"라고 말하는 대목이 나온다. 한 학자는 "미천한 출신으로 프로테스탄트와 입헌군주제 영국으로 가는 길을 닦은 가장 중요한 정치인"[4]이라고 평가했다.

헨리 8세의 딸 엘리자베스 1세에게도 책사가 있다. 역할은 못지않았으나 크롬웰보단 불행하지 않았다. 개인 역량일 수도, 그만큼 사회가 안정됐다는 의미이기도 했다. 바로 세실 가문이다.

런던으로부터 두 시간여 자동차로 올라가면 만나는 곳이다. 영국을 대표하는 대저택들 중 하나인 벌리 하우스다. 엘리자베스 시대의 웅장한 고딕 건물이다.

----

[4] 영국 역사학자 다이아메이드 맥클로흐.

(위)벌리 하우스의 웅장한 외관.
(아래)벌리 하우스의 '천국의 방'(Heaven Room). 지옥 그림으로 가득한 계단도 있다.
벌리 하우스는 영화 〈다빈치 코드〉의 로케이션 장소 중 한 곳이다.

엘리자베스 1세의 대신(大臣)인 벌리 경 윌리엄 세실(1520~1598)에서 비롯했다. 세실은 웨일스계 변호사였다. 토머스 크롬웰이 속했던 법학원 그레이스 인(Gray's Inn) 출신이다. 원래 이름이 Sitsylt이었는데 아버지 때에 영국화한 이름 Cecil로 바꿨다. 1547년 스탬퍼드에서 하원의원에 당선되어 서머싯 공작의 비서가 되었으며 1549년 공작의 몰락과 함께 한때 투옥되었다. 프로테스탄트인 그는 가톨릭교도인 메리 1세 치세엔 다시 물러나 있어야 했다. 엘리자베스 공주와 가까운 관계를 유지했고 공주가 엘리자베스 1세로 등극하면서 중용됐다. 여왕은 세실을 "내 뜻에 반해서도 진실하게 조언할 사람이며 부패하지 않은 인물"이라고 여겼다.

그는 국무장관(1557~1572)과 재무장관(1572~1598)을 역임하는 등 엘리자베스 1세 치하에서 40년간 각료로 있었다. 그사이 근면성과 실용성, 그리고 유능함으로 프로테스탄트 국가로서의 영국 정체성을 분명히 한 인물로 평가된다. 이른바 국교(國敎)체계의 확립이다. 스코틀랜드 여왕인 메리 스튜어트가 엘리자베스 1세의 왕권에 도전하지 못하도록 조치하기도 했다. 결국 메리 스튜어트의 처형으로 이어져 스코틀랜드인들에겐 세실이 사악한 정치인으로 각인돼 있다.

그가 했다고 알려진 말 중엔 이런 게 있다.

"마음을 사라. 그러면 권력도 재산도 얻을 수 있다."
"고상함으론 시장에서 아무것도 살 수 없다."
"평화기 군인은 여름철 굴뚝이나 마찬가지다."
"영국은 결코 멸망하지 않는다. 의회에 의하지 않고선."

그에겐 두 차례 결혼에서 각각 얻은 두 아들이 있다. 벌리 하우스를 물려받은 장남인 토마스 세실은 엑시터 후작이 됐다. 7대 후작 때 캐나다로 이주했고 현 8대 후작은 미국에 산다. 현 벌리 하우스 거주자는 8대 후작의 5촌이다.

윌리엄 세실의 둘째 아들인 로버트를 만나려면 벌리 하우스에서 남쪽으로 움직여야 한다. 햇필드 하우스다. 런던으로부터 자동차로 한 시간여 북쪽에 있다. 햇필드 하우스 자체는 왕가였다. 헨리 8세의 자식들이 자란 궁전이다. 어머니와 떨어져 지내야 했던 메리 1세(1516~1558)는 불행했던 반면 어머니를 일찍 잃은 엘리자베스 1세(1533~1603)와 에

잉글랜드 북부에 있는 하드윅 홀.
'하드윅의 베스'로 불린 여주인 엘리자베스는 엘리자베스 1세와 동시대인으로 여왕에 이어 두 번째로 부유한 여인으로 꼽혔다. 한때 스코틀랜드 여왕인 메리의 '간수' 역할을 했다.

드워드 6세(1537~1553)는 잘 지내는 편이었다. 엘리자베스는 남동생 버금가는 교육을 받았다. 엘리자베스 1세가 메리 1세 사망 이후 여왕으로 등극한 후 신하들을 처음으로 불러 모은 곳도 햇필드 하우스다.

그게 로버트 세실에게 넘어온 건 제임스 1세(1566~1625) 때다. 로버트 세실이 소유한 시어벌드 저택을 탐내, 햇필드 하우스와 바꾸자고 제안했다고 한다. 1607년의 일이다. 그 이후 햇필드 하우스는 로버트 세실의 후손들의 거처가 됐다. 솔즈베리 후작가다.

윌리엄 세실의 두 아들 중 로버트가 부친의 정치 유전자를 물려받은 쪽이었다. 아버지에 이어 엘리자베스 1세의 신하가 됐다. 선친과 차이가 있긴 했는데 엘리자베스 1세와 윌리엄 세실의 관계는 주종 이상의 신뢰가 있었다면 로버트 세실과는 군신 관계였다는 게다. 로버트 세실은 제임스 1세 체제가 안착하는 데도 혁혁한 역할을 한다. 화약 음모 사건을 밝힌 게 그였다.

그의 후손 중에 200여 년 뒤 못지않은 정치가가 나오는데 로버트 개스코인-세실(1830~1903)이다.[5] 3대 솔즈베리 후작으로 빅토리아 여왕이 아끼는 총리였다. 세 차례 총리를 역임했는데 마지막 총리직은 아서 벨푸어(1848~1930)에게 넘어갔다. 벨푸어의 어머니가 솔즈베리 후작의 여동생이었다.

---

[5] 2대 솔즈베리 후작은 메리 개스코인과 결혼한 후 성(姓)에 개스코인을 추가했다. 장인이 노예제 폐지를 주장한 정치인이었다.

영국의 풍경을 바꿔놓은
조경사 브라운

　광활한 목초지와 무심하게 풀을 뜯는 가축들, 듬성듬성 보이는 살아 있는 나무와 그보다 덜한 빈도의 죽어가는(또는 죽은) 나무들, 그리고 길게 휜 강(또는 호수), 그리고 그사이 군데군데 있는 고건축물.

　영국의 대저택에서 보게 되는 전형적 풍경이다. 지극히 자연스럽다. 그렇지만 자연의 산물이 아닌 경우가 적지 않다. 지주들이 저택을 지으면서 사냥을 위한 숲이었던 걸, 또 생업을 위한 농토이거나 초지였던 걸 감상용 풍경으로 바꿔놓은 게다. 17세기부터의 일이다.

　"지주들이 유럽대륙으로 여행하면서 클로드와 푸생의 그림을 수집했고, (그림을 통해) 풍경을 보는 새로운 방법을 배웠다. 귀국 후 자기 저택에서 조망 가능한 곳에 바로 그와 같은 풍경을 창조했다. 여기서 '창조했다'는 것은 브라운이나 켄트, 렙턴을 고용했다는 의미다."[6]

랜슬롯 브라운의 손끝을 거쳐 탄생한 풍경인 스토(Stow).

영국의 문화이론가 레이먼드 윌리엄스의 설명이다. 빛과 그림자와 물을 화면 구성하듯 배치하고 물과 나무에 수직선을 강조하는 역할을 맡기고 어두운 색조의 나무를 전경에 배치했다는 말이다. 윌리엄스는 "'자연'을 예정된 계획에 따라 움직이게 만들 수 있다는 이런 확신이야말로 지주 계급의 진정한 발명품"이라고 했다.

그가 고용됐다고 언급한 브라운·켄트·렙턴 모두 당대 최고의 조경사(gardener)[7]였다. 그중 랜슬롯 브라운(Lancelot Brown, 1716~1783)이 특히 유명하다. '능력자'(Capability)란 별명이 붙을 정도로 능력이 출중했다.

----

⑥ 레이먼드 윌리엄스의 『시골과 도시』.

⑦ 우리말로는 정원사, 원예사로 번역된다. 그러나 영국 대저택의 정원은 우리 통념 속의 규모를 넘어선다. 조경사(landscape architect)로 번역한 이유다. 그래서 가드너도 병기했다.

그는 풍경을 위해서라면 거침없이 교회를 옮겼고 물길을 바꿨으며 호수를 만들거나 땅을 다졌고 다리를 놓았다. 숲을 만들었고 때론 숲을 없앴다. 35년간 무려 170여 곳의 대저택 영지들을 바꿔놓았다.

어느 정도일까 궁금할 텐데 웬만한 대저택이라면 한두 번 브라운의 눈길 또는 손길을 거쳤다고 보면 된다. 윈스턴 처칠의 생가인 블레넘 궁전, 데번셔 공작인 캐번디시가의 저택으로 2005년 영화 〈오만과 편견〉의 다아시 저택으로 나온 채츠워스 하우스 등이다. 브라운은 한두 번 둘러보고도 어떤 모습으로 만들어낼지 알았다고 한다. 마주한 자연 안에 내재한 '풍경'을 뽑아낸 게다.

이전엔 딱히 영국식 정원이랄 게 없었다. 이탈리아 · 프랑스 · 네덜란드의 영향을 받았을 뿐이었다. 그러나 브라운 등으로 인해 영국 나름의 새 정원 문법이 만들어졌다. 이른바 '영국식 풍경 정원'(The English Landscape Garden)이다.

(위)랜슬롯 브라운의 손길이 닿은 오들리 엔드.
(왼쪽)19세기 건축가인 조지프 팩스턴이 채츠워스에 지은 대형 온실.지금은 철거된 상태다.

한 가지, 이게 가능해진 건 일견 사소해 보이는 발명이 앞서 있었기에 가능했다는 걸 말해야겠다. 이들 저택에서 창밖을 내다보면 풍경이 쭉 이어진다. 나무도 호수도 보인다. 양들도 자유롭게 풀을 뜯는다. 울타리든 담장이든 시선을 끊는 경계선이 없다. 그럼에도 양들이 앞마당까지 들어오지 않는다. 바로 하하(haha) 덕분이다. '움푹 들어간 울타리'로 번역되는데 깊이 판 고랑이다. 저택에서 보면 그저 초지인 듯 보이지만 도중에 하하가 있다. 양으로선 넘지 못할 '울타리'인데 저택 쪽에선 보이지 않는다. 일종의 착시를 이용한 게다.

다시 브라운 얘기다. 그는 52세의 나이에 잉글랜드 중부 펜스탄톤이란 마을에 있는 저택을 구입했다. 자신의 정원을 꾸밀 계획을 세우곤 했다. 그러나 한창 일하던 중인 67세 때 급작스럽게 숨졌다. 정작 브라운 자신의 정원은 미완인 채로 남았다.

그를 한때 고용했던 귀족이 그의 사망 소식에 "나무 요정들이 상복을 입어야겠는걸. 자연의 여신의 두 번째 남편이자 그네들의 의붓아버지가 숨졌다네"라고 말했다. 농반진반의 얘기다. 그럼에도 그는 '자연의 여신의 남편'으로 비유될 만큼 큰 인물이었다.

가드닝은 이후 귀족·지주계급만이 아닌 중산층도 빠져드는 일이 됐다. 훌륭한 정원을 조성했다는 것으로도 주류 사회에 편입되기도 했다. 일종의 '정원=과시재'였다.

제국주의 시절엔 영국으로 쏟아져 들어오는 전 세계 특산물 중엔 식물종도 있었다. 세계를 돌아다니며 새로운 종을 찾는 '플랜트 헌터'(plant hunter)란 직종도 있었다.

어느 정도로 다채롭고 풍성했는지 궁금할 텐데 바나나의 일화에서 엿볼 수 있을 게다. 1950년대까지 인류의 벗이었던 그로미셸 품종의 바나나가 파나마병으로 사실상 절멸했을 때 대체한 품종이 채츠워스 하우스의 정원에서 나왔다. 캐번디시 바나나(musa cavendishii)다. 지금 우리가 먹고 있는 바나나다. 앞서 언급한 바로 그 데본셔 공작의 가드너가 개량한 종이다.

잉글랜드 중부에 있는 '비둘프 그레인지'(Biddulph Grange) 정원도 예로 들 만하다. 1850년대 제임스 베이트먼의 작품으로, 귀족들의 대저택에 비해 규모는 작지만 그 안에 전 세계가 담겼다. 이탈리아, 중국에 히

(위)제임스 베이트먼이 만든 비둘프 그레인지 정원과
(아래)로스차일드의 전원주택인 아스콧의 모습이다.

말라야까지 재현돼 있다.

지금도 크게 다르지 않다. 사회적 명사들 중 상당수가 취미에 가드
닝이라고 적는다. 남녀 불문이다.

영국 전원에서 만난
로스차일드가

"돈은 우리 시대의 신이며 로스차일드는 신의 예언자다."

시인 하인리히 하이네의 말이다. 세계의 부를 쥐락펴락했던 바로 그 로스차일드다.

독일 프랑크푸르트의 좁디좁은 유덴가세(Judengasse) 출신인 이들은 마이어 암셀(1724~1812)의 자식 대에 이르러 세계를 좌지우지하는 부를 일궜다. 런던(나탄)·비엔나(잘로몬)·나폴리(칼)·파리(제임스) 등 네 곳에서 기반을 다졌다. 여기에 프랑크푸르트까지, 이른바 로스차일드의 '다섯 개의 화살'이다.

한때 이들은 거주이전은 물론이고 토지소유의 자유도 없었다. 이 때문에 마이어 암셀의 장남인 암셀(1773~1859)이 정원을 마련한 게 가문 안팎에서 큰 논란거리가 되기도 했다. 그러다 큰 부를 일구면서 한창때 엔 유럽 곳곳에 40여 채의 저택을 소유하기에 이르렀다.

로스차일드가의 와디스던 저택.
네오르네상스 스타일로 지어졌다.

　　그중 하나가 런던으로부터 두 시간여 거리에 있는 버킹엄셔의 와
디스던에 있다(Waddesdon Manor). 한눈에 영국에서 보아오던 건물과 다르
다고 느낀다면 눈이 정확했다. 영국이 아닌 대륙의 감각으로 지어진 건
물이다. 프랑스 네오르네상스 스타일이다.

　　비엔나를 근거지로 했던 잘로몬의 아들인 페르디난트의 작품이
다. 런던에 왔다가 사랑에 빠졌다. 여인[8]에게도, 자연에게도였다. 27세

---

⑧ 조카인 에블리나다. 로스차일드가는 족내혼으로 널리 알려졌다. 유덴가세 시절엔 그 안에서
　　만 결혼해야 하니 그럴 수밖에 없는 요소가 있었다. 점차 재산 유지란 경제적 요인도 작동했
　　다. 이들 가문에선 족내혼으로 인한 유전적 결함 문제가 나타나지 않았다.

에 동갑의 아내를 잃었지만 영국에 대한 애정을 잃진 않았다. 와디스던에 화려한 건물을 짓고 그 안을 그 이상으로 화려한 볼거리로 가득 채웠다. 페르디난트는 귀금속 장식물을 무게 단위로 살 정도로 돈을 쏟아부었다. 1870년대와 80년대 곤경에 처한 영국 귀족들이 시장에 내놓은 가보(家寶)도 싹쓸이했다. 그중 한 명이 말버러 공작이다.[9] 사실 와디스던 영지도 말버러 공작으로부터 구매했다.

토요일부터 월요일까지 이어진 연회엔 세계적 명사들이 모습을 드러냈다. 에드워드 왕세자(후일 에드워드 7세)는 빈번히 방문했고 윌리엄 글래드스턴, 윈스턴 처칠도 찾은 적이 있다고 한다.

손님들은 세기의 진미를 맛볼지언정 페르디난트 자신은 차가운 토스트와 약병을 끼고 살았다. 그는 아주 친한 지인에게 "금빛으로 빛나고 대리석으로 지은 집에서 살지 몰라도 난 외롭고 고통을 받으며 때때로 아주 비참한 사람일 뿐"이라고 말한 적도 있다.

사실 버킹엄셔 주도인 에일즈버리 일대엔 로스차일드 저택들이 몰려 있다. 로스차일드에 주(shire)를 붙여 '로스차일드셔'라고 불리는 이유다. 와디스던도 그중 한 곳이다.

----

[9] 말버러 공작 가문은 몇 차례 경제적 어려움을 겪을 때마다 부유한 아내를 얻는 방식으로 어려움을 타개하곤 했다. 가장 대표적인 케이스가 미국 대부호 밴더빌트가의 콘수엘로와의 결혼이다. 9대 공작에겐 돈이 필요했고 밴더빌트에선 '공작 부인'이란 호칭이 중요했다. 당시 지참금이 250만 달러였다는데 2007년 가치로 6200만 달러라고 한다. 공작은 "다른 여인을 사랑하지만 블레넘을 구하기 위해 결혼한다"고 실토했다고 한다. 둘 사이엔 두 아들이 있다. 공작 부인은 "계승자와 예비용"(heir and spare)이라고 불렀는데 말버러 가문 여인인 다이애나비도 아들 윌리엄과 해리 왕자를 두고 같은 표현을 쓰곤 했다.

와디스던 저택의 다이닝룸이다.
호화스럽기 그지없다.

그러나 로스차일드 저택의 운명은 제각각이었다. 제일 먼저 지어
진 멘트모어의 저택(Mentmore Tower)은 1850년대 런던 패밀리 2세대(메이
어)의 산물이다. 그럼에도 엘리자베스 1세 때 건축 양식으로 지었다. 영
국 왕실에 비견될 만한 소장품을 가진 것으로 유명했다. 빅토리아 앤드
알버트 박물관이 탐냈다. 1973년 당시 소유자였던 로즈버리 백작이 숨
졌을 때가 절호의 기회였다. 유족들은 저택과 소장품을 국가에 기증할
테니 상속세를 갈음하고도 200만 파운드를 달라고 했다.

노동당 정부는 거부했다. 결국 경매를 통해 소장품들이 전 세계로
흩어졌고 대부분 공중의 시선으로부터 사라졌다. 낙찰가만 600만 파운
드였다고 한다. 노동당 정부는 상속세를 받긴 했으나 더 큰 걸 잃었다는
비판을 거세게 받았다. 일종의 소탐대실이었다. 영국 내 문화 보존 운동
사에선 또 다른 전기가 됐다. 멘트모어 저택 자체는 골프장이 딸린 호화

리조트로 변모했다.

와디스던 저택의 운명은 달랐다. 후사가 없었던 페르디난트는 여동생인 앨리스(1847~1922)에게 저택을 넘겼고 미혼인 앨리스는 조카인 제임스(1878~1957)에게 상속했다. 파리·비엔나·나폴리 쪽 로스차일드의 피를 물려받은 이였다. 제임스에게도 후사가 없었다. 제임스는 "19세기의 모습 그대로 보존한다"는 조건을 달고 저택을 내셔널 트러스트에 기증했다. 독립적인 운영도 보장받았다. 로스차일드 가문이 깊숙이 간여하는 구조다. 그건 페르디난트의 아이디어이기도 했다. 와디스던 저택엔 연간 30만 명이 방문한다. 인간의 부로, 어느 정도까지 호화스러워질 수 있는지 보여주는 생생한 현장이다.

혹 로스차일드가가 다 이런 모습이겠거니 여길 수도 있으니 한 곳을 더 소개한다. 아스콧(Ascott) 저택이다. 영국 전통 방식으로 지어진 비교적 소박한 공간이다. 집 자체보다 정원이 더 인상적이다. 나탄의 넷째이자 막내아들이 지은 집이다. 멘트모어 저택과 함께인데 분위기는 영 다르다. 내셔널 트러스트 소유지만 로스차일드가가 지금도 시골 저택으로 쓴다.

로디언과
내셔널 트러스트

1993년 영화 〈남아 있는 나날〉의 한 장면이다. 루이스 미 하원의원이 영국의 달링턴 경이 주최한 연찬에서 건배사를 한다.

"달링턴 경은 영국 신사입니다. 품위 있고 존경할 만하며 호의로 가득 찼습니다. 이런 얘기를 해서 미안하지만 (달링턴 경을 포함한) 여러분 모두 아마추어입니다. 세계가 어떻게 돌아가는지 모릅니다. 신사가 아닌 전문가가 필요한 때입니다. 전문가를 위하여 건배!"

제2차 세계대전 직전의 상황이었다. 달링턴 경은 제1차 대전 승전국들이 독일에 가혹했다고 여겼다. 아돌프 히틀러의 선의도 믿었다. 독일 유화 정책을 지지하는 모임을 열곤 했다. 루이스 하원의원은 이 같은 견해에 냉소적이었다. 건배사를 통해 달링턴 경을 신사일지 몰라도 전문가는 아니라고 비판한 이유다. 제2차 세계대전이 발발했고 달링턴 경은 나치 지지자로 몰렸고 불명예 속에서 삶을 마감한다.

영화의 화자인 집사 스티븐스는 집사로서 달링턴 경의 각종 모임을 챙기는 본분을 다하느라 부친의 임종을 지켜보지 못했고 사랑하는 이도 떠나보냈다.

일본계 영국 작가인 가즈오 이시구로의 동명 소설을 영화화한 게다.

실존 인물이 모델이다. 필립 커, 11대 로디언 후작(1882~1940)이다. 데이비드 로이드조지 정부에서 장관을 지냈다. 제1차 세계대전 종전 후 연합국과 독일 사이 체결된 베르사유조약 체결 과정에 깊숙이 관여했다.

영화 속 달링턴 경처럼 그도 독일이 부당한 대우를 받았다고 믿었고 이후 대독일 유화책이 필요하다고 목소리를 높였다. 그는 '친독파'(Germanophile) 모임인 '클리브던 사람들'(Cliveden Set)의 일원이었다. 애스터 경 내외 등이 포함된 고위층들이다. 애스터 경의 대저택이 클리브던이어서 붙은 이름이다. 로디언 후작은 나치즘을 두고도 "분열에 대항하기 위한 독일 국내의 정치적 움직임"이라고 평가했다. 30년대 후반엔 히틀러를 만나곤 "독일이 전쟁 의사가 없다"고 주장했다.

그는 나치 독일이 체코를 점령한 후에야 생각을 바꿨다. 영화와 달리 그는 그러나 제2차 세계대전이 발발할 무렵 주미 영국대사로 임명됐고 1년여 후에 숨졌다. 재임 중 전쟁을 수행하느라 빈털터리가 된 영국을 미국이 지원하도록 애썼다.

막판 노력했더라도 정치적으론 논란이 있을 수밖에 없는 삶이었다. 그러나 대저택 보존 운동과 관련해선, 로디언 후작은 논쟁의 여지가 없는 공로자다. 상속세율 인상 등으로 대저택 소유주들이 세금을 낼 돈을 마련하기 위해 집을 팔아야 하는 일이 벌어지자, 상속세를 집 기증으로 갈음할 수 있도록 한 법(National Trust Act, 1937)을 만들어냈다. 덕분에 수백 채가 살아남았다고 한다.

결혼하지 않았고 후손을 남기지 않았던 그는 자신의 집도 기증했다. 바로 대저택인 '블리클링 에스테이트'(Blickling Estate)다. 한때 토마스 불린이 소유한 집이다. 헨리 8세의 두 번째 부인인 앤 불린의 아버지다. 그 자신은 유능한 외교관이었다. 이곳은 히버 성과 함께 앤이 태어났음 직한 두 곳 중 한 곳이다. 지금도 목 없는 앤 불린의 유령이 나타나곤 한다는 괴담이 도는 곳이기도 하다. 실제로 괴이한 분위기가 있긴 하다.

로디언 후작은 단지 저택만 기증한 게 아니었다. 막대한 돈을 들여 저택을 일일이 손을 본 후에야 넘겼다. 토지도 넘겼다. 최종 내셔널 트러스트에 기증한 목록에 따르면 저택과 저택 안의 가구 등 물품들, 그리고 용산구 면적의 땅(5000에이커)이었다. 내셔널 트러스트는 "특별하면서도 선례가 없을 정도로 관대한 기증으로 인해 블리클링을 보존할 수 있었고 이후 많은 저택들을 내셔널 트러스트가 인수할 수 있도록 길을 냈다"고 평가했다. 그를 어떻게 평가해야 할까.

여담으로 클리브던 애기를 좀 더 한다. 장소에도 혼이 있다는데 그렇다면 클리브던은 '유흥'과 '스캔들'일 수 있겠다. 과장을 섞은 비유란 점을 감안해달라. 350여 년 묵은 저택이니 평온했거나 사실상 빈집이었던 시기가 압도적으론 길긴 했다.

첫 일화는 1667년 2대 버킹엄 공작인 조지 빌리어스 때로 올라간다. 공작은 당대의 미녀였던 쉬루즈버리 백작의 아내 애나에 빠져들었다. 이듬해 애나의 남편인 백작이 공작에게 결투 신청을 했는데 칼싸움 끝

로디언 후작의 소유인 블리클링 에스테이트의 외부 경관과 내부 모습.
그는 사후 이 저택을 내셔널 트러스트에 기증했다. 과거 이 저택은 앤 불린 부친의 소
유였다. 오른쪽 벽면 부조의 여인이 앤 불린이다.

클리브던의 모습.

에 숨진 건 백작이었다. 애나는 소년 복장을 한 채 공작의 말고삐를 잡고 결투 현장을 지켜봤다고 한다. 공작과 애나 사이엔 이후 혼외 아이가 태어났는데 웨스트민스터 사원에서 세례까지 받았다. 당시 도덕적 기준으로도 충격적인 사안이었다. 찰스 2세가 분노했다. 애나는 한동안 프랑스 수녀원으로 피신해 있어야 했다.

클리브던이 다시 주목을 받은 건 20세기 중반이었다. 당시엔 미국에서 귀화한 애스터 가문 소유였다. 월도프 애스터, 2대 애스터 자작은 클리브던을 '환대'의 공간으로 만들었다. 승마·테니스·수영·낚시 등도 할 수 있었다. 당대의 명사들이 방문하는 곳이 됐다. 윈스턴 처칠, 프랭클린 D. 루스벨트, 존 F. 케네디의 부친으로 주영 미국대사였던 조제프 케네디, 버나드 쇼, 마하트마 간디, 찰리 채플린 등이다.

1960년대에도 이 전통은 이어졌다. 61년 7월 클리브던에서 열린 파티에서 보수당 정부의 국방장관이었던 존 프로퓨모(당시 46세)가 19세의 런던 무용수 크리스틴 킬러를 소개받았다. 킬러는 러시아 무관 유진 이바노프의 연인이기도 했다. 프로퓨모는 곧 킬러와 불륜관계를 맺게 됐다. 한창 냉전 중이던 때 이 얘기가 알려지며 대형 스캔들로 번졌다. 국방장관이 '러시아 스파이'에 포섭된 게 아니냐는 우려 때문이다. 프로퓨모는 의회 청문회장에 섰고 결국 보수당 정부도 무너져 내렸다.

　클리브던은 이후 호텔로 바뀌었다. 그 무렵 한 정치인이 "클리브던이 언제 호텔이 아니었던 적이 있느냐"고 했다고 한다. 진실로 그렇다.

윌리엄 모리스,
시인이자 장식미술가이며 공산주의자

'그레이트 콕스웰 반'(Great Coxwell Barn). 런던으로부터 과히 멀지 않은 버크셔에 있는 건물이다. 1300년대 뷸리 수도원의 부속 건물로 지어졌다. 반(barn)을 흔히들 외양간으로 번역하지만 이 건물은 그러기엔 규모가 크다. 오히려 온갖 것들의 저장고, 즉 창고라고 보는 게 맞겠다. 헨리 8세에 의해 수도원들이 해산되고 대부분의 부속 건물들은 사라졌지만 이건 굳건히 남았다.

외지인들에겐 무명이었을 창고 건물이 크게 알려진 건 한 인물 때문이었다.

윌리엄 모리스(William Morris, 1834~1896). 시인이자 소설가·번역가·출판가·화가·직물디자이너, 태피스트리 자수가였으며 스테인드 글라스 도안가, 정치사상가, 사회주의 운동가였다. 그 어느 수식어를 써도 최고이거나 최고 반열의 인물이었으며 이 모든 수식어를 포괄한 거

13세기에 지어진 창고 건물인 그레이트 콕스웰 반.
윌리엄 모리스는 잉글랜드에서 가장 아름다운 건축물이라고 칭송했다.

인이었다. 그가 그레이트 콕스웰 반을 영국에서 가장 아름다운 건축물이라고 극찬했다. 그로 인해 그저 한적한, 사람의 왕래가 드물 법한 시골에 있는 창고 건물인데도, 순례객이 끊이질 않는다.

그의 친구인 건축가 필립 웨브가 이 건물에 대해 한 말이다.

"아무것도 없는 버크셔 들판 가운데서 헛간은 옆의 농가들을 지배하고 있었다. 매끈하게 잘린 멋진 돌로 만들어진 건물로 웅장함, 아주 정확한 건물구조, 단순한 건축물의 섬세한 부분 등 성당 이상으로 아름다녔으나 전혀 허세를 떨지 않았다. 헛간으로 꼭 알맞았고 그 이상도 그 이하도 아니었다. 이 건물을 세운 노동자들은 영원히 남을 멋진 건물을 지었다…. 내가 조용한 버크셔의 풍경 속에서 이 건물이 갖는 의미와 이 건물을 지은 사람들의 역사와 기술을 분명히 보았다면 모리스는 이 건물 내부와 주변에서 얼마나 더 많은 것을 보았겠는가. 이 건물이나 이런 종류의 건축물은 그에게 무한한 기쁨을 주었다."[10]

웨브처럼 전문가적 감상평을 내놓긴 어려울 게다. 그러나 건물을 보면 한눈에, 범상치 않은 건물이란 게 느껴진다. 소박하되 당당함이 있다. 얕잡아 보기 어려운 위엄이 있다. 그래서 뭉클하기도 했다. 하지만 의문이 들 수도 있겠다. 훌륭한 건물인 건 알겠는데 영국 최고까지라고 하기엔…, 이라고 말이다.

윌리엄 모리스의 삶을 들여다보면 그러나 고개가 끄덕여질 게다. 다소 길 순 있다. 그만큼 다채로운 사람이었다.

그는 중산층 가정에서 태어났다. 빅토리아 시대의 한복판이었다. 도덕적이고 금욕적이었으나 철저히 자본주의적 시대이기도 했다. 제국으로부터 흘러들어온 부가 중산층으로도 넘쳐흘렀다. 이들은 돈이 될 법한 곳에 돈을 쏟아부었다. 운하였고 철도였으며 광산이었다. 모리스의 부친도 콘월 지방 광산의 주식을 샀다. 모리스가 평생 상대적 안락함을 누릴 수 있었던 이유다.

옥스퍼드대학교 재학 시절엔 사회문화비평가인 존 러스킨에 빠졌

---

[10] 에드워드 파머 톰슨의 저서 『윌리엄 모리스』에는 모리스의 전인적 면모가 담겼다.

다. 화가 단테 가브리엘 로세티와 만나면서 라파엘전파[11]와도 만났다. 모리스 자신은 건축가를 염두에 뒀다가 시를 쓰게 됐다.

　그는 라파엘전파의 뮤즈인 제인 버든[12]과 결혼했다. 제인은 하층계급 출신이었다. 모리스로선 이상 속 여인의 현신(現身)이라고 믿었다. 현실의 제인은 그럴 수 없었고 그렇지도 않았다. 둘은 이내 불행해졌다. 엄밀하게 모리스 쪽이 더 그랬다.

　결혼 초 그나마 희망적이었고 이상주의적이었으며 낭만주의적이었던 모리스는 집을 지었다. 자신은 물론 예술가 친구들과 함께하는 공간을 꿈꿨다. 당시론 혁신적이었는데 벡슬리히스(Bexleyheath)에 있는 붉은 벽돌집 레드 하우스였다. 그의 친구인 필립 웨브가 건축가였다. 모리스의 당시 주문이 "유용하거나 아름답다고 여겨지지 않는 걸 집 안에 두지 않는다"는 것이었다고 한다. 스테인드글라스부터 가구까지 그 기조에 맞게 만들었다. 이게 모리스 장식 회사의 설립으로까지 이어졌다. 로세티는 "우리 시대의 경이"라고 감탄했다.

　사실상 제인과의 관계가 끝장난 이후 모리스와 가족들은 그 집을

---

[11] Pre-Raphaelites Brotherhood. 1848년 왕립미술원(Royal Academy of Arts)에서 최고 존경의 대상으로 삼았던 라파엘로와 미켈란젤로의 미술을 비판하며, 그 이전(pre) 시대의 미술로 돌아가자고 주장한 일군의 예술가들. 로세티와 존 에버렛 밀레이 등이 유명하다. 1853년 원래의 라파엘전파들은 사실상 흩어졌으나 이후 로세티와 모리스 등이 어울리면서 보다 광범위한 예술운동이 됐다.

[12] 모리스의 시 중 '가깝지만 머나먼'(Near but Far Away)이란 게 있다. "그녀는 아침엔 친구이고 낮엔 이방인이며 저녁엔 적이었다"고 적었다. 아마 제인에 대한 묘사이리라. 모리스는 제인에게서 상냥함·진솔함·친밀감·동지애와 동등한 지적 교류 등을 꿈꾸었으나 현실에선 불가능했다.

윌리엄 모리스가 행복하던 시절 지은 집인 레드 하우스.
윌리엄 모리스와 그의 친구들의 작품으로 꾸민 '마운트 그레이스 프라이어리' 저택.

떠났다. 모리스는 이후 레드 하우스엔 눈길도 주지 않았다. 한 전기 작가는 "시선을 두기엔 너무나 고통스러워했다"고 했다. 둘은 모리스가 먼저 숨질 때까지 명목상 결혼 관계를 유지했다. 모리스는 제인이 로세티의 연인이 되는 걸 받아들였다.

모리스 사적으론 고통스러운 시간이었으나 공적으론 굳건해지는 시기였다. 그는 자본주의를 혐오했고 노동으로부터 소외되지 않는 삶을 꿈꿨다. 매일매일 보통 하는 일을 숭고하게 여기는 '예술의 민주화'였다. 벽지·태피스트리 등을 만드는 모리스 장식 회사를 운영하며 구현하려던 가치였다. 그는 대표이자 대표 디자이너였다. 그럼에도 유리 가열·자수·목판술·조판술·제본술·직조술은 물론 필사본 채식(彩飾)까지 직접 했다. 이를 위해 "나를 위해 지은 박물관"이라며 아끼던 박물관에도 상주하다시피 했다. 바로 빅토리아 앤드 알버트 박물관이다.[13]

제인과의 사랑이 그러하듯, '소외 없는 노동'이란 이상에서도 그는 모순적 상황에 처했다. 모리스의 제품을 사랑한 건 중산층 이상이었다. 노동자의 취향일 수도, 노동자가 감당할 수도 없었다.

그는 눈을 과거로, 중세로 돌렸다. 인간이 소외되기 전, 즉 자본주의 이전의 사회였다. 종국에 공산주의자가 됐다. 또 고건축물에도 빠져들었다. 그는 "우리의 오래된 건축물은 인간 사상의 발전, 즉 역사의 연속성을 증언하며 그럼으로써 지나가는 세대에게 지속적인 교훈, 아니 교육을 제공한다"고 믿었다. 그레이트 콕스웰 반이 대표적이다. 또 그가

---

[13] 빅토리아 앤드 알버트 박물관 내 기념품 가게 한쪽엔 윌리엄 모리스가 디자인한 제품들이 판매되고 있다.

사랑한 집이 있으니 그레이트 콕스웰 반으로부터 과히 멀지 않은 '켈름스콧 매너'다. 켈름스콧이란 마을에 있는데 중세 때 지어졌다. 모리스는 "보통 사람이 지었을 게다. 격변의 세월에도 견뎠다"고 감탄했다. 1871년 그는 이 집을 자신과 제인, 로세티를 위한 공간으로 꾸몄다.

모리스는 체구가 컸던 것으로 알려졌다. 그러나 그의 삶을 보면 체구만 컸던 게 아니다. 여러모로 거인이었다.

낸시 애스터와 키어 하디,
두 '최초'의 하원의원

현재에 너무나 익숙해 과거로부터 얼마나 멀리 왔는지 잊곤 한다. 미래만 아득한 게 아니다. 때때로 과거도 그렇다. 절대적 거리감도 잃곤 한다.

마지막 글은 영국 하원 '최초'의 인물들에 대한 얘기다. 과히 멀지 않은 과거의 이들이다.

우선 낸시 애스터(Nancy Astor, 1879~1964)다. 성(姓)이 친숙하다고 느낀다면 옳다. 앞서 소개한 클리브던의 안주인이다. 수백 년 금녀(禁女)의 철옹성인 하원 회의장에 발을 들여놓은 첫 여성 의원이기도 했다.

이 대목에서 '발을 들여놓았다'는 건 비유적 표현이 아닌, 실제로 그랬다는 의미다. 최초로 선출된 여성 의원은 따로 있어서다. 여성 투표권[14]이 처음으로 부여된 1918년 아일랜드에서 당선된 콘스탄스 마키비츠(1868~1927)이다. 아일랜드 독립을 주장하는 신페인 소속이어서 하원

의회로부터 남서쪽에 있는 빅토리아 타워 가든의 에멀린 팽크허스트 동상. 여성 참정권 운동을 이끈 맨체스터 출신 팽크허스트 모녀 중 딸이다.

회의장에 출석한 바는 없다.

애스터는 원래 미국인이었다. 버지니아에서 태어났다. 사업가인 부친의 사업이 한때 크게 어려웠는데 그가 출생할 무렵이었다. 십 대에 들었을 무렵엔 거부가 됐다.

18세에 만난 보스턴 명문가 출신의 군인과 결혼했다. 술꾼이었다.

⑭ 19세기 말 영국에선 여성에게도 참정권을 달라는 운동이 벌어졌다. 1897년 밀리센트 포세트에 의해 결성된 '여성참정권협회전국동맹'은 온건파였다. 투표권 또는 참정권(suffrage)을 주장하는 사람이란 의미로 서프러지스트(suffragist)로 불렸다. 맨체스터 출신인 팽크허스트 모녀에 의해 만들어진 여성 노동자까지 포함한 '여성사회정치동맹'은 폭력·단식도 불사하는 전투적 참정론자였다. 서프러제트(suffragette)라고 했다. 제1차 세계대전에서 여성들의 기여를 계기로 1918년 투표권이 주어졌다. 2017년 테리사 메이 총리는 의회광장에 포세트의 동상을 세우겠다고 했다. 11명의 남성들 사이에 처음으로 여성 정치인의 자리가 마련된다는 의미다.

4년 만에 이혼했고 둘 사이 태어난 아이와 함께 영국행을 택했다. 당시 미국 부잣집 딸들이 영국 신사와 결혼하는 게 유행이었다. "당신도 내 남편과 결혼하러 왔느냐"는 한 영국 귀부인의 질문에 심드렁하게 "내 남편을 없애려고 내가 얼마나 고생한 줄 알면…"이라고 답할 정도로 솔직하면서도 재치가 있었다. 그 역시 결국엔 영국 귀족과 결혼했는데 동갑내기인 월도프 애스터 자작이었다. 둘에겐 미국계면서 종교적이란 공통점이 있었다.

낸시 애스터는 1919년 하원의원이 됐다. 원래 남편의 지역구였으나 남편이 작위를 물려받아야 해 공석이 되자 아내가 대신 출마한 것이었다. 1945년까지 의원직을 지냈다.

당시 하원에선 여성 의원의 존재 자체가 변화였고 개혁이었다. 애스터 스스로 날카로운 유머를 구사하곤 했다. 윈스턴 처칠도 예외는 아니었는데 둘 사이에 일화가 제법 있다. 처칠이 여성의 하원 입성을 "목욕탕에 있는데 누가 들어오는 격"이라고 비유하자 애스터는 "당신은 그런 공포를 느낄 만큼 잘생기지 않았다"고 대꾸했다. 처칠이 목욕탕에 있으면 아무도 들어갈 마음이 생기지 않을 것이란 비꼼이었다. 애스터가 처칠에게 "당신이 내 남편이라면 마시는 차에 독을 탈 것"이라고 하자 처칠이 "내가 당신 남편이라면 그걸 마시겠다"고 응수한 일도 있다. 애스터의 남편으로 사느니 독살당하는 게 낫다는 독설이었다.

애스터는 미모에 재치, 막대한 부까지 겸비한 인기 정치인이었다. 그러나 1930년대 독일 유화 정책을 지지한 게 오점으로 남았다.

77세 때인 1956년 그와 《BBC》의 인터뷰 동영상을 본 적이 있다. 다음과 같은 문답이 오갔다.

_Q_ **여성이 정치를 하는 데 정신적으로도 육체적으로도 적합하다고 보나.**

"여러 측면에서 더 적합하다고 말할 수 있다. 여성은 남성보다 쉽게 발림소리에 넘어가지 않는다."

_Q_ **여성이 감정적으로 불안정하며 주관적이란 평가도 있다.**

"난 당신의 말 중 단 한 마디에도 동의하지 않는다. 남자들을 (내 편으로) 삼으려면 어떻게 하면 되는 줄 아나. (인터뷰어를 보며 미소 지은 채) '당신에 대해 좀 더 얘기해달라.' (이 한 마디만 해도 남자들은) 줄줄 털어놓을 것이다."

애스터는 그러곤 인터뷰어로부터 시선을 확 돌렸다. 웃음기 없는 단호한 표정이었다. 대단히 강렬했다.

또 다른 인물이다. 일곱 살 때부터 일했다. 조선소의 배달소년이었다. 열 살부터 광산에서 일했다. 지하갱도에서 문을 여닫는 역할이었다. 스무 살엔 능숙한 광부가 됐다.

갱도 밖의 삶을 꿈꾼 그는 읽고 쓰는 법을 배웠다. 복음주의 활동과 연결됐다. 곧 광부 동료들의 불만을 전하는 통로가 됐다. 광산 소유주에겐 '선동가'로 분류됐다.

키어 하디(Keir Hardie, 1856~1915)의 성장기다. 노동운동가가 된 그는 1881년 스코틀랜드 에어셔 일대 광산에서 10주간 파업을 이끌었다. 공식적으론 실패였으나 광산 소유주들은 곧 보수를 올려줬다. 하디 자신은 한때 자유당을 지지했으나 곧 노동자를 위한 당이 필요하다고 느꼈다. 1892년 런던 근교에서 '친노동' 무소속으로 당선됐다.

당시 의원들의 드레스코드는 검정색 프록코트에 검정 실크해트, 그리고 윙칼라였다. 하디는 이 복장을 거부했다. 트위드 재킷에 사냥 모자, 붉은 타이 차림이었다. 당시 의회는 발칵 뒤집혔다. 2003년 유시민 의원이 국회 본 회의장에 백바지를 입고 등장했을 때 한국 사회가 느낀 충격은 저리 가라였을 게다. 누군가 그를 보곤 "지붕 일을 하러 왔느냐" (노동자란 의미)라고 하자 "바닥 일(on the floor, 토의 중이란 의미도 있음)을 하러 왔다"고 받아쳤다고 한다.

존재 자체가 '혁명'이었던 그는 250여 명의 광부가 숨진 탄광사고에 대한 조의 메시지를 내자는 제안이 거부당하자 군주제를 강하게 성토했다. 일종의 '터부'를 깬 격이었다. 그로 인해 1895년 낙선했다.

하디는 굴하지 않았다. 1900년 노동대표위원회(Labour Representation Committee)를 만드는 걸 주도했다. 노동당의 시작이었다. 그해 선거에서 노동당 소속이 두 명이 당선됐는데 한 명이 하디였다. 1908년 노동당 당수를 사임한 후엔 여성 참정권 운동을 도왔다.

정치인으로서 하디의 주장은 이랬다. 소득이 증가할수록 세율이 증가하는 누진소득세, 하루 8시간 노동, 최저임금제, 무료교육, 연금, 그리고 여성 투표권 등의 도입이었다. 당시엔 급진적 주장이었다. 지금의 눈으론 선견지명이었다.

2008년 노동당 전당대회에서 "누가 가장 위대한 노동당 사람인가"란 조사에서 1위를 한 이는 키어 하디였다. 애스터나 하디나 반세기, 혹은 한 세기 전 인물이다. 과히 오래지 않은 과거다. 참고로 영국 하원에 흑인 의원이 처음으로 입성한 게 1987년이었다.

고정애의 영국 편력기

영국이라는 나라

초판 1쇄 발행   2017년 9월 09일
초판 3쇄 발행   2018년 6월 22일

지은이   고정애
펴낸이   최용범

편집   김종오
디자인   신정난
영업   손기주
경영지원   강은선

펴낸곳   페이퍼로드
출판등록   제10-2427호(2002년 8월 7일)
주소   서울시 마포구 연남로3길 72 2층
전화   (02)326-0328
팩스   (02)335-0334
이메일   book@paperroad.net
홈페이지   http://paperroad.net
블로그   blog.naver.com/paperoad
포스트   http://post.naver.com/paperoad
페이스북   www.facebook.com/paperroadbook

ISBN   979-11-86256-85-5 (03900)